物流规划理论与案例分析

李毅学　编著

中国物资出版社

图书在版编目（CIP）数据

物流规划理论与案例分析/李毅学编著．—北京：中国物资出版社，2010.12

ISBN 978－7－5047－3116－6

Ⅰ.①物…　Ⅱ.①李…　Ⅲ.①物流—经济规划—案例—分析　Ⅳ.①F253

中国版本图书馆 CIP 数据核字（2009）第 094062 号

策划编辑　王佳蕾
责任编辑　王佳蕾
责任印制　何崇杭
责任校对　孙会香　梁　凡

中国物资出版社出版发行
网址：http：//www.clph.cn
社址：北京市西城区月坛北街 25 号
电话：（010）68589540　邮政编码：100834
全国新华书店经销
北京京都六环印刷厂印刷

开本：710mm×1000mm　1/16　印张：17.75　字数：318 千字
2010 年 12 月第 1 版　2010 年 12 月第 1 次印刷
书号：ISBN 978－7－5047－3116－6/F·1232
印数：0001—3000 册
定价：35.00 元

序 言

我国现代物流发展与先进国家相比尚有很大差距，但市场潜力和发展前景十分广阔。尤其是全球金融危机之后，加快我国现代物流发展，对于优化资源配置，调整经济结构，促进产业升级，增强企业竞争能力和综合国力，提高经济运行质量和效益，实现可持续发展战略，推进我国经济体制与经济增长方式的根本性转变，具有非常重要而深远的意义。

物流作为一个复杂的社会经济系统，其规模庞大、结构复杂、目标众多。因此，用系统的观点来研究物流活动，做好物流系统的规划和设计，已是其良好运作的前提。

一般而言，科学的物流规划大体包括以下步骤：

(1) 明确物流规划目标。在对一个物流系统进行规划之前，重要的是要描述系统规划的目的和目标。物流规划目标的不同会影响资料数据的收集、规划的方法选择以及规划的具体实施。

(2) 收集整理资料数据。在明确了预测目标之后，一个重要的问题就是如何能有效地收集和整理相关的资料和数据，以能够为物流需求的准确预测提供科学分析的依据。收集物流需求资料与数据的方法主要包括观察法、调查法、访谈法、问卷法等。

(3) 物流需求预测。在收集和整理相关资料和数据后，就需要根据物流市场过去和现在的需求状况以及影响物流市场需求变化的因素之间的关系，利用一定的经验判断、技术方法和预测模型，对相关物流需求指标的变化以及发展的趋势进行预测。物流需求预测的目的是及时准确地掌握物流需求情况的变化规律，结合企业的实际状况，采取一定的分析方法准确预测未来的物流需求规模和质量等指标，从而实施科学的物流规划，保证物流服务的供给与需求之间的相对平衡，指导诸如物流网络的构建、物流设施的配备、信息系统的构建等物流工作的开展。

(4) 物流供给系统方案设计。按照物流需求预测的结果，从供需平衡与系统发展的角度，确定物流供给系统总体方案设计内容，确定物流供给系统的功能、规模、数量等关键指标，并进行具体的实施。物流供给系统规划主要包括与物流、信息流和资金流相关的系统规划，其中与物流相关的规划针对物流决策的三角形，即物流网络规划（重点是物流结点的选址规划）和物流储运系统规划，与信息流相关的规划指的是物流信息系统规划，而与资金流相关的规划指的是物流金融系统规划。

按照这样的规划逻辑，本书分为7章对物流规划的理论与实践进行了阐述：

第1章是物流规划概论。归纳了物流系统的特征、结构和发展趋势，并针对物流系统的规划问题，简单介绍了物流规划的一些常用方法和技术，总结了物流规划的步骤和本书的内容框架。

第2章是物流系统需求预测。首先介绍了物流系统需求的内涵和特征，然后简单分析了物流需求预测的概念、影响因素和基本步骤。在系统了解物流需求预测的基础上，对物流需求预测的方法进行了重点介绍。最后对定性预测法中的专家评分法、专家会议法和德尔菲法，以及定量预测中的时间序列预测法、回归分析预测法、弹性系数预测法和灰色预测法进行了专门介绍。

第3章是物流网络系统规划。首先，主要介绍了物流网络的相关概念、物流结点的分类以及物流网络的结构。然后，介绍了物流网络规划的内涵和意义，系统分析了影响物流网络规划的主要因素，并设计了物流网络规划的基本实施步骤。最后，专门讨论了物流结点选址的基本问题、方法和技术，主要包括专家评分法、因素评分法、德尔菲法和层次分析法等定性方法，以及单个物流结点和多个物流结点的选址模型等。

第 4 章是物流储运系统规划。主要介绍了仓储系统规划、库存控制系统规划、运输系统规划和配送系统规划。其中，仓储系统规划分仓储需求分析、仓储总体供给规划、选址规划、功能设计与布局规划、设施规划、设备选用与设计、作业流程设计以及仓储信息系统规划八个方面进行了系统分析。对于库存控制系统规划，系统介绍了 ABC 库存控制方法、CVA 库存管理方法、经济批量库存控制方法、定量库存控制方法和定期库存控制方法等经典的库存系统规划方法和技术。对于运输系统规划，重点对不同供需情况下的运输路线问题进行了技术分析。对于配送系统规划，简单介绍了配送线路的优化、配载的方式和方法以及车辆调度问题的解决方法。

第 5 章是物流信息系统规划。首先，介绍了物流信息管理与物流信息系统的基本概况，了解了物流信息内涵和特征，介绍了物流信息管理的四个发展阶段，并对现阶段专门从事物流信息管理的信息化集成工具平台——物流信息系统的作用、分类和结构进行了分析。其次，分析了物流信息技术在物流规划中的作用和发展趋势，分别介绍了物流信息采集技术、物流设备跟踪与控制技术以及物流信息传输与处理技术，并对物流信息技术综合应用的新趋势——物联网的发展状况及其在物流中的应用前景进行了分析。最后，重点分析了物流信息系统规划和设计的原则、步骤和方法。

第 6 章是物流金融系统规划。对现实中的物流金融服务进行了系统的归纳和总结，将现实中纷繁多样的物流金融服务划分为基于交易关系的预付款融资、基于存货的物流金融服务和基于应收账款的物流金融服务三大类，并分别阐述了存货质押融资、应收账款质押融资和订单融资业务这三种现阶段流行模式的表现形式。在归纳了物流金融服务的基本特征和结构后，从存货质押融资业务的管理与控制、应收账款融资业务的管理与控制以及订单融资业务的管理与控制三个方面对现实中的物流金融系统进行了规划，提出了不同类型物流金融系统控制的步骤与方法。

第7章是物流规划案例综合分析。按照物流规划理论内容的顺序，整理了7个案例对物流规划的整个过程进行了综合分析。

本书的创新与特色主要表现在以下几个方面：

(1) 本书根据物流规划的实践操作设计相应结构，并紧扣现代物流系统的发展前沿。

(2) 本书的内容体现了现代供应链管理中物流、信息流和资金流的整合优化思想，对现代物流系统的规划具有较强的指导意义，并具有鲜明的时代特色。

(3) 本书收集和整理的案例与理论内容相互对应、相互作用并相互支持，促进了物流规划理论与实践的有机结合。

本书的编写得到了社会各界朋友的大力支持，参考和借鉴了不少国内外书籍、期刊和资料，在此向有关朋友表示深深的感谢。特别感谢中国科学院数学与系统科学研究院汪寿阳研究员和西安交通大学公共政策与管理学院冯耕中教授的关心、支持和指导；感谢中国科学院物流与供应链管理讨论班老师和同学们的支持和帮助；感谢中国物流与采购联合会何黎明会长、戴定一副会长、贺登才副会长等领导的关心和支持；感谢江西财经大学工商管理学院胡宇辰教授、熊绍辉书记、刘浩华教授以及全体物流管理系教师的关心和帮助。中国物资出版社为本书的写作提供了多方面的支持，胡郁林主任、王佳蕾编辑对本书的编写提供了极大帮助，在此对他们表示真诚的感谢。

本书得到了国家自然科学基金资助项目（70731003，71062013）、教育部人文社会科学研究项目（09YJC790127）、中国博士后科学基金特别资助项目（200902147）、中国博士后科学基金面上资助一等资助项目（20080440072）、江西省自然科学基金资助项目（2009GQS0006）、江西省社会科学“十一五”规划项目（08YJ91）和江西省教育厅科技项目（GJJ09555）的支持。

限于时间和水平的局限，本书疏漏与不足在所难免，恳请专家和读者不吝指正。

李毅学

2010年10月

目　录

1 物流规划概论

1.1 物流系统

1.1.1 物流系统的内涵

一般系统论的创始人贝塔朗菲认为系统是“处在一定相互联系中的与环境发生关系的各组成部分的整体”。我国著名科学家钱学森也认为，系统就是“由相互作用和相互联系的若干组成部分结合而成的具有特定功能的整体”。按照这些经典定义，我们认为系统就是指为了达到某种共同的目标，由各种相互作用的要素有机结合而构成的整体。关于系统的内涵具体如下：

首先，从系统的组成内容上看，所有的系统都是由要素组成的整体。要素是系统最基本的成分，单个要素不能构成系统。作为构成系统的要素却可以是单个事物，也可以是一群事物组成的小系统，所以系统和要素的区分是相对的。

其次，从构成方式上看，所有系统都是结构和功能的统一体。系统中所有排列方式形成了系统的结构，所有要素活动的秩序决定了系统的功能。系统整体具有不同于各个组成要素的新功能，系统相对于各要素的个别功能而言具有非加合的性质，它是由系统的结构所决定的。系统、结构、要素三者之间是一种辩证关系。

再次，从作用方式上看，所有系统都不是孤立地存在的，它总是处于一定的外部环境之中，既作用于环境，又受制于环境。

最后，从演化机制上看，不论是天然的、人工的自然系统，还是复杂的、大型的社会系统都处在不断的变化之中。系统不仅能保持原有的功能特性，而且在外部环境的作用下，还可以产生新的功能、发生新的变化。

系统强调各要素共同致力于目标的实现而建立的相互协调合作的关系，具有的主要属性包括：集合性、相关性、层次性、整体性、目的性和系统对于环境的适应性等。系统可以说是无处不在，层次各异，相互渗透，相互作用。作为整个社会经济大系统中的一个有机组成部分，物流系统在现代社会经济活动中的作用变得越来越大。简而言之，从系统的观点看，物流系统是指在一定的时间和空间里，由人、财、物和信息等若干要素构成，并能够完成运输、存储、装卸、搬运、包装、流通加工、配送、信息处理等特定物流服务功能的有机整体。

物流系统的目的是实现物资的空间效益和时间效益，在保证社会再生产进行的前提条件下，实现各种物流环节的合理衔接，并取得最佳的经济效益。物流活动的诸要素能否组成物流系统，其关键就在于它们是否能够在一个共同的目标下经过权衡和协调达到较优的配合，从而使物流系统整体达到最优。

1.1.2 物流系统的特征

1. 物流系统具有多目标属性

物流系统的总目标是实现其整体经济效益极大化，但在总目标下还存在各种分目标，主要有5S目标：①优质服务（Service）：无缺货、无损伤和丢失现象，且费用便宜；②迅速及时（Speed）：按用户指定的时间和地点迅速送达；③节约空间（Space Saving）：发展立体设施和有关的物流机械，以充分利用空间和面积，缓解城市土地紧缺的问题；④规模适当（Scale Optimization）：物流网点的优化布局，合理的物流设施规模、自动化和机械化程度；⑤合理库存（Stock Control）：合理的库存策略，合理控制库存量。物流系统的各个分目标之间存在非常强烈的“悖反”现象，因此，在物流规划时，应该考虑物流系统的多目标属性，在各个目标之间寻找平衡，以实现整体利益最大化。

2. 物流系统具有人机交互性

随着自动化技术、信息技术在物流系统中的普遍应用，物流系统具有明显的人机交互性特征。无论是在运输环节、仓储环节、装卸搬运环节这些传统的物流运营领域，还是在信息化运作、订单处理、数据处理、物流资金运作等新兴的增值服务领域，都需要人机实时的交互以实现物流系统的高效率运作。

3. 物流系统具有时空大跨度性

物流系统的大跨度性反映在空间跨度大和时间跨度大两个方面。在一条供应链上，从最上游原材料的采购直至销售到最终客户，往往要涉及各个环节原材料、半成品和产成品在不同地点的各种物流功能运作，物流系统服务的对象往往横跨多个省份、多个国家甚至几十个国家，整个链条服务也要经历很长时间，物流系统因而表现出了明显的时空大跨度特征。

4. 物流系统具有可分性

一个物流系统往往可以分解成为若干个相互联系的子系统，例如，物流大系统可以分为仓储管理子系统、运输管理子系统等，而仓储管理系统又可以分为入库子系统、出库子系统等，因而物流系统具有明显的可分性。

5. 物流系统具有复杂性

物流系统投入了人、财、物等各种资源，面对的客户要求各异，还涉及不同的行业，涉及供应商、生产商或零售商等不同主体，物流系统的运行对象也包括了社会上各种各样的物资种类，并应用了各种技术和设备，物流过程中所伴随的物流信息也异常的繁多，这些都表明物流系统是一个复杂的系统。

1.1.3 物流系统的结构

物流系统的运行模式如图 1－1 所示。

据图 1－1，物流系统的各种结构分析如下。

1. 物流系统的要素结构

与一般的管理系统一样，物流系统是由人力资源要素、物资要素、资本要素、技术要素、土地资源要素、制度要素和信息资源要素等组成的有机整体。

（1）人力资源要素：在物流系统运作中各个功能环节投入的人力。

（2）物资要素：在物流系统运作中投入的各种设备、工具和其他物资等，包括仓库货架、流通加工设备、运输设备、装卸搬运机械、分拣设备、包装工具、维护保养工具、办公设备、通信设备及线路、传真设备、计算机及网络设备等。

（3）资本要素：在物流系统运作中投入的资金。

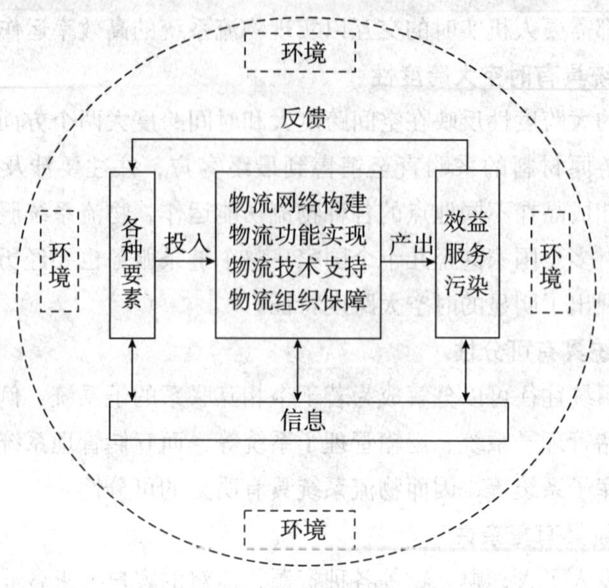

图 1－1　物流系统的运行模式

(4) 技术要素：在物流系统运作中投入的技术，包括自动化技术、信息处理技术等。

(5) 土地资源要素：在物流系统运作中，投入的土地资源，这些土地资源可以建设相应的物流设施，包括物流站、货场、物流中心、仓库、公路、铁路、港口等。

(6) 制度要素：在物流系统运作中发挥作用的体制、政策、法律、规章、行政命令和标准化系统等要素。

(7) 信息资源要素：在物流系统运作中收集、产生并发挥作用的数据、信息、资料等。

2. 物流系统的网络结构

物流系统需要构建物流网络，物流系统的网络主要是由物流线路和物流结点构成。物流功能要素中的包装、装卸、保管、分货、配货、流通加工等功能，基本是在物流结点上完成的。这些结点有的功能较单一，比较适合进行专业化经营；有的结点具有两种以上的物流功能，是复合功能的结点；而有的物流结点物流功能齐全，具备庞大和配套的基础设施及附属设施，对整个物流网络起着决定性和战略性控制作用，是物流网络的枢纽中心。物流结点之间的物流线路广义指所有可以行使和航行的陆上、水上、空中路线，狭义仅指已经开辟的，可以按规定进行物流经营的路线和航线。在线路上进行的物流活动主要是运输，包括集货运输、干线运输、配送运输等。

3. 物流系统的功能结构

物流系统具有不同的功能模块，这些功能的有机组合共同完成物流系统的运转，物流系统的功能主要包括以下几方面：

(1) 运输功能。运输是物流的核心业务之一，选择何种运输手段对于物流效率具有十分重要的意义。在决定运输手段时，必须权衡运输系统要求的运输服务和运输成本，影响运输功能实现的因素包括运费、运输时间、频度、运输能力、货物的安全性、时间的准确性、适用性、伸缩性、网络性和信息等。

(2) 仓储功能。仓储功能包括了对进入物流系统的货物进行堆存、管理、保管、保养、维护等一系列活动。随着经济的发展，物流由少品种、大批量物流进入到多品种、小批量或多批次、小批次物流时代，仓储功能从重视保管效率逐渐变为重视如何才能顺利地进行发货和配送作业。

(3) 包装功能。为使物流过程中的货物完好地运送到用户手中，并满足用户和服务对象的要求，需要对大多数商品进行不同方式、不同程度的包装。包装功能的作用体现在保护商品、单位化、便利化和商品广告等几个方面。

(4) 装卸、搬运功能。装卸、搬运是随运输和保管而产生的必要物流活动，是对运输、保管、包装、流通加工等物流活动进行衔接的中间环节，以及在保管等活动中为进行检验、维护、保养所进行的装卸活动，如货物的装上卸下、移送、拣选、分类等。

(5) 流通加工功能。流通加工功能是指在物品从生产领域向消费领域流动的过程中，为了促进产品销售、维护产品质量和实现物流效率化，对物品进行加工处理，使物品发生物理或化学性变化的功能。

(6) 配送功能。配送是物流系统中一种特殊的、综合的物流功能环节，是现代物流的一个最重要的特征，是物流与商流紧密结合的产物。

(7) 信息服务功能。物流系统的信息服务功能，包括进行与上述各项功能有关的计划、预测、动态的情报收集和处理及有关的费用情报、生产情报、市场情报的收集和处理工作。

(8) 增值服务功能。物流系统的增值服务功能包括了一切增加便利性的服务、加快反应速度的服务、降低成本的服务和拓展空间的服务等。

4. 物流系统的层次结构

按照物流系统涉及范围的层次高低，可分为国家级物流系统、省市一级物流系统和企业级物流系统。

按物流系统规划决策的层次高低，可分为战略层次、策略层次、运作层次三个层次。其中，战略层次的物流系统规划侧重于宏观控制，解决的是影响企业长远发展的战略决策等问题，策略层次的物流系统规划则是在战略规划框架下更为细致的指导性规划，运作层次的物流系统规划是在操作层次上的设计，也是企业物流规划与设计的最后一层。

1.1.4 物流系统的发展趋势

1. 集成化趋势

自20世纪70年代以来，由于信息技术的发展，交通条件的改善，交易成本大幅降低，全球价值链分工得以形成。全球价值链的形成也使物流系统的功能得到了充分分解并获得了专业化分工的效率。但同时，这些分解的物流功能环节，例如采购、运输、仓储、流通加工、配送等又需要一个综合集成系统来进行管理，以实现物流系统整体优化，提升物流服务水平，从而提供给客户一体化的物流服务，促进供应链上企业核心竞争力的提高，因而物流系统也呈现出了越来越集成化的趋势。

2. 网络化趋势

互联网的飞速发展，不仅改变了人类传统的生活方式，而且对企业的经营管理模式也产生了重大影响，促进了经济全球化电子商务时代的来临。经济全球化、供应链系统全球化、网络技术的普及化以及全球信息资源的网络化，这些都为物流系统的网络化提供了良好的经济基础和技术支撑。现代的物流系统将越来越借助网络来实现企业间的协同运作、资源的配置、信息的传递、功能的外包，尤其是物联网的启动与发展，将更加促进物流系统网络化的发展趋势。

3. 动态化趋势

随着市场变得越来越不确定，客户的需求变化越来越快，这些使得及时制、全程供应链管理、可视化供应链管理等新型的管理模式纷纷涌现，企业对相应的物流服务水平的要求也越来越高，并希望物流能够实时动态的运作，适应环境的变化，满足供应链物流无缝化运行的需要，这些也造成了现代的物流系统必须成为适应环境能力的、随环境变化而变化的动态系统，因而物流系统也呈现出了越来越动态化的趋势。

4. 连接无缝化趋势

供应链从最初的原材料采购到中间的生产运作再到最终销售到客户手上，需要经历很多的环节，时空跨度非常大，为了有效提高整体供应链运作的效率，这就要求供应链上的物流系统能够实现无缝化对接，使物流功能之间的衔接成本有效降低，并能够保证物流的实时动态运转以提高运行效率和服务水平。这种物流系统连接无缝化的趋势，随着诸如协同技术、并行技术等全程供应链管理技术的发展，将会表现得越来越明显。

5. 自动化、信息化和智能化趋势

当各项物流作业及管理事务实现计算机化、网络化管理后，物流管理者对物流系统的需求已由物流作业管理的自动化转向物流经营决策的自动化。先进的物流系统已经能够实现数据查询、排序、分类等功能达到快速信息处理，并且通过引进人工智能与机器学习、专家系统等技术来简化分析推理时间并减少人工作业的错误，增加系统运行效率。特别是随着物联网技术的启动和逐渐发展，物流系统已呈现越来越明显的自动化、信息化和智能化的特征。

1.2 物流规划

1.2.1 物流规划的内涵

物流规划是确定物流系统发展目标和设计达到目标的策略与行动的过程。物流规划是一个物流系统战略性的全局部署方案设计，它要求运用系统思想，统筹全局和权衡利弊来编制物流系统的发展方案。

物流规划是一个复杂的系统工程，物流规划的复杂性来源于物流规划目标、原则、内容及影响因素的多元化。

1. 物流规划目标的多元化

由于物流系统的多目标属性，导致物流规划的目标也不是单一的，而是多元的，物流规划的目标主要是为了实现物流系统良好的服务性，快速的反应能力，强大的信息处理功能，以及物流运营的规模化和物流成本的节约化，但这些目标往往是冲突的，进行物流规划时要明确物流规划的主导目标，把握目标间的平衡。

2. 物流规划原则的多元化

在物流规划的过程中，除了要把握局部效益和整体效益相结合的系统原则、物流系统内部设计与外部环境相融合的生态原则、当前利益与长远利益相结合的发展原则以及定性分析与定量分析相结合的技术处理原则等系统规划的一般性原则外，还要把握物流要素集成化、物流系统网络化、物流信息电子化、物流反应快速化以及物流连接无缝化等与物流系统相关的特殊性规划原则。

3. 物流规划内容的多元化

物流系统是一个复杂的多功能系统，进行物流规划不仅涉及物流系统中的物流运营问题，还包括与之配套的资金流、信息流设计问题。因此物流规划的内容是多元化的，主要包括物流战略的规划、物流网络的规划、物流仓储系统的规划、物流运输系统的规划、物流信息系统的规划、物流资金流的规划、物流设施和设备的设计等不同层面的规划问题。

4. 物流规划影响因素的多元化

影响物流规划的因素主要包括制度因素、经济因素、技术因素和自然因素四大类。其中制度因素包括各种与物流系统相关的法律、法规、政策、标准等；经济因素包括市场需求、竞争者状况、替代者状况、经济发展水平、地区经济差异、流通渠道结构等；技术因素则包括自动化技术、信息技术和管理技术等的发展状况；自然因素包括地理环境、资源环境甚至天气状况和自然灾害的影响等。

正是因为物流规划的这些多元化，要求物流规划必须统筹全局，权衡利弊，收集大量的资料和数据，应用不同的定性和定量方法，按照严格的规划程序，对物流系统进行全局的系统方案设计，以实现物流系统整体最优。

1.2.2 物流规划常用方法和技术

物流规划过程中常用的方法和技术主要包括运筹学方法、仿真技术、预测技术、系统工程理论等。

1. 运筹学

运筹学是运用数学方法，对需要进行管理的问题统筹规划，作出决策的一门应用科学。运筹学是软科学中“硬度”较大的一门学科，兼有逻辑的数学和数学的逻辑的性质，是系统工程学和现代管理科学中的一种基础理论和不可缺少的方法、手段和工具。运筹学有广阔的应用领域，它已渗透到诸如服务、库存、搜索、人口、对抗、控制、时间表、资源分配、厂址定位、能源、设计、生产、可靠性检测等各个方面，在物流规划中也发挥了重要的作用。

运筹学的研究方法一般包括：从现实生活中提炼出本质的要素来构造数学模型，从而使决策者能够寻找一个实现决策目标的定量方法；探索求解的结构并导出系统的求解过程；从可行方案中寻求系统的最优解法。作为一门用来解决实际问题的学科，运筹学在处理千差万别的各种问题时，一般包括以下几个步骤：确定目标、制订方案、建立模型、制订解法。这些步骤也适用于物流规划的过程。

运筹学应用在物流规划中的方法主要包括：规划论（包括线性规划、非线性规划、整数规划和动态规划）、图论、决策论、对策论、排队论、存储论等。

2. 仿真技术

仿真技术是一门多学科的综合性技术，它以控制论、系统论、相似原理和信息技术为基础，以计算机和专用设备为工具，利用系统模型对实际的或设想的系统进行动态试验。仿真技术具有高效、安全、受环境条件的约束较少、可改变时间比例尺等优点，已成为分析、设计、运行和评价复杂系统的重要工具。仿真技术基本可以分为两大类：连续系统的仿真技术和离散事件系统的仿真技术。

根据本书归纳的物流系统的特征，可知物流系统是一个复杂的大系统，对这一系统有时候难以建立有效的优化模型和运筹规划模型，这时利用仿真技术就能够求出比较合理的结果，因此仿真技术在物流系统中应用比较广泛。

3. 预测技术

预测技术指人们运用现代科学技术手段，事先依据一定方法，对自己的活动可能产生的后果及客观事物的发展趋势作出的科学分析。预测技术的应用步骤主要包括：①确定预测目的；②收集信息资料；③选择预测方法；④进行实际预测。预测技术应用于物流规划中的常用方法通常分为定性预测法与定量预测法两大类。

定性预测法主要是靠预测人员的知识和经验，进行综合分析，对物流市场的未来前景作出估计和判断。常用的定性预测方法有专家评分法、专家会议法、头脑风暴法、德尔菲法、主观概率法、市场预测法、类推法等。

定量预测法主要是根据完备的历史统计资料，运用一定的数学方法进行加工处理，以揭示变量间的规律性，从而对物流市场未来变化作出定量的估计。常用的定量预测方法包括时间序列预测法、回归分析预测法、经济计量模型预测法等。

4. 系统工程理论

系统工程是以大型复杂系统为研究对象，按一定目的进行设计、开发、管理与控制，以期达到总体效果最优的理论与方法。系统工程是系统科学的一个分支，也是系统科学的实际应用。系统工程理论实际上也是许多管理工程方法的高度综合，它涉及应用数学（如最优化方法、概率论、网络理论等）、基础理论（如信息论、控制论、可靠性理论等）、系统技术（如系统模拟、通信系统等）以及经济学、管理学、社会学、心理学等各种学科。系统工程理论在物流规划中的主要任务是根据物流系统总体协调的需要，把自然科学和社会科学中的基础思想、理论、策略、方法等从横的方面联系起来，应用现代数学和电子计算机等工具，对物流系统的构成要素、组织结构、信息交换和自动控制等功能进行分析研究，借以达到最优设计、最优控制和最优管理的目标。系统工程应用时的基本方法主要包括：系统分析、系统设计与系统的综合评价等。

1.2.3 物流规划的步骤与内容

1. 物流规划基本步骤

物流规划的基本步骤如图 1－2 所示。

根据图 1－2，物流规划主要包括以下四大步骤：

（1）明确物流规划目标。在对一个物流系统进行规划之前，重要的是要描述系统规划的目的和目标。物流规划目标的不同会影响资料数据的收集、规划的方法选择以及规划的具体实施。一般可以通过市场调查、访谈等手段，充分考虑自身的需求，并采用目标管理法来确定和管理物流规划的目标。

（2）收集整理资料数据。在明确了预测目标之后，一个重要的问题就是如

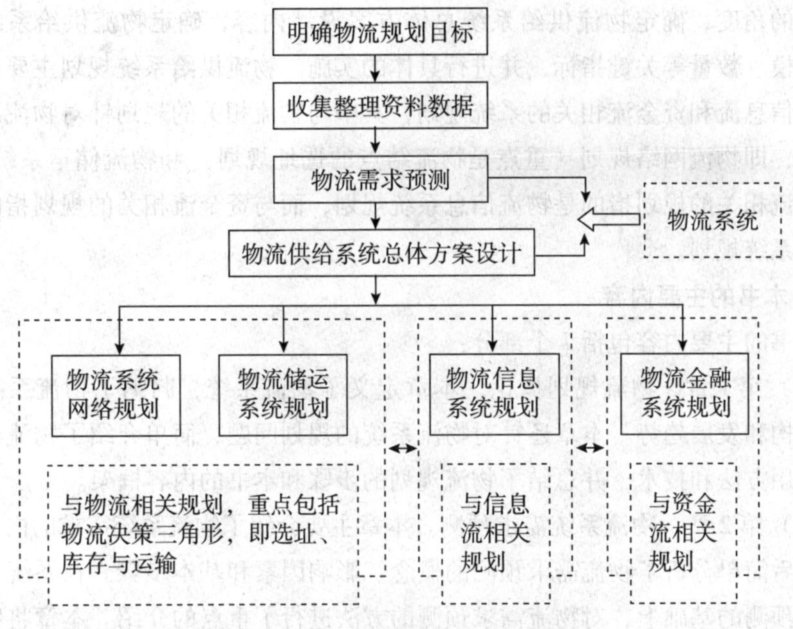

图1-2 物流规划基本步骤

何能有效地收集和整理相关的资料和数据，以能够为物流需求的准确预测提供科学分析的依据。收集物流需求资料与数据的方法主要包括观察法、调查法、访谈法、问卷法等。在进行资料和数据的调查分析时，必须确定资料和数据的来源和样本容量，分析所得到的资料和数据的充分性和正确性，对资料和数据进行分类汇总，确定收集辅助资料和数据的方法，对异常性数据进行技术处理，以及对得不到的资料和数据进行估计等。

（3）物流需求预测。在收集和整理相关资料和数据后，就需要根据物流市场过去和现在的需求状况以及影响物流市场需求变化的因素之间的关系，利用一定的经验判断、技术方法和预测模型，对相关物流需求指标的变化以及发展的趋势进行预测。物流需求预测的目的是及时准确地掌握物流需求情况的变化规律，结合企业的实际状况，采取一定的分析方法准确预测未来的物流需求规模和质量等指标，从而实施科学的物流规划，保证物流服务的供给与需求之间的相对平衡，指导诸如物流网络的构建、物流储运系统的构建、必要设施的配备、信息系统的构建等物流工作的开展。

（4）物流供给系统方案设计。按照物流需求预测的结果，从供需平衡与系统发展的角度，确定物流供给系统总体方案设计内容，确定物流供给系统的功能、规模、数量等关键指标，并进行具体的实施。物流供给系统规划主要包括与物流、信息流和资金流相关的系统规划，其中与物流相关的规划针对物流决策的三角形，即物流网络规划（重点是物流结点的选址规划）和物流储运系统规划，与信息流相关的规划指的是物流信息系统规划，而与资金流相关的规划指的是物流金融系统规划。

2. 本书的主要内容

本书的主要内容包括7个部分：

（1）第1章，物流规划概论。本章定义了物流系统，归纳了物流系统的特征、结构和发展趋势。本章还针对物流系统的规划问题，简单介绍了物流规划的一些常用方法和技术，并总结了物流规划的步骤和本书的内容框架。

（2）第2章，物流系统需求预测。本章主要介绍了物流系统需求的内涵和特征，然后简单分析了物流需求预测的概念、影响因素和基本步骤。在系统了解物流需求预测的基础上，对物流需求预测的方法进行了重点的介绍。本章将物流需求预测的常用方法划分为定性预测法与定量预测法两大类。最后本章对定性预测法中的专家评分法、专家会议法和德尔菲法，以及定量预测中的时间序列预测方法、回归分析预测法、弹性系数预测法和灰色预测法进行了专门介绍。

（3）第3章，物流网络系统规划。本章主要介绍了物流网络的相关概念、物流结点的分类以及物流网络的结构。然后，本章介绍了物流网络规划的内涵和意义，系统分析了影响物流网络规划的主要因素，并设计了物流网络规划的基本实施步骤。最后，本章专门讨论了物流结点选址的基本问题及主要方法和技术，主要包括专家评分法、因素评分法、德尔菲法和层次分析法等定性方法，以及单个物流结点和多个物流结点的选址模型等。

（4）第4章，物流储运系统规划。本章主要介绍了仓储系统规划、库存控制系统规划、运输系统规划和配送系统规划。对于仓储系统规划，本章分仓储需求分析、仓储总体供给规划、选址规划、功能设计与布局规划、设施规划、设备选用与设计、作业流程设计以及仓储信息系统规划八个方面进行了系统分析。对于库存控制系统规划，本章系统介绍了ABC库存控制方法、CVA库存管理方法、经济批量库存控制方法、定量库存控制方法和定期库存控制方法等经典的库存系统规划方法和技术。对于运输系统规划，本章重点对不同供需情况下的运输路线问题进行了技术分析。对于配送系统规划，本章简单介绍了配送线路的优化、配载的方式和方法以及车辆调度问题的解决方法。

（5）第5章，物流信息系统规划。首先，本章介绍了物流信息管理与物流信息系统的基本概况，了解了物流信息内涵和特征，介绍了物流信息管理的四个发展阶段：人工操作信息管理阶段、计算机化信息管理阶段、自动化信息管理阶段和智能化信息管理阶段。然后，本章对现阶段专门从事物流信息管理的信息化集成工具平台——物流信息系统的作用、分类和结构进行了分析。其次，本章分析了物流信息技术在物流规划中的作用和发展趋势，分别介绍了物流信息采集技术、物流设备跟踪与控制技术以及物流信息传输与处理技术，并对物流信息技术综合应用的新趋势——物联网的发展状况及其在物流中的应用前景进行了系统分析。最后，本章重点分析了物流信息系统规划和设计的原则、步骤和方法。在把握物流信息系统规划基本原则的基础上，本章将物流信息系统规划按照时间顺序划分为物流信息系统分析、物流信息系统设计、物流信息系统构建和物流信息系统运行与维护四个阶段进行了详细分析；并进一步介绍了物流信息系统需求分析方法和信息系统开发的方法。

（6）第6章，物流金融系统规划。本章对现实中的物流金融服务进行了系统的归纳和总结，将现实中纷繁多样的物流金融服务划分为基于交易关系的预付款融资、基于存货的物流金融服务和基于应收账款的物流金融服务三大类，并分别阐述了存货质押融资、应收账款质押融资和订单融资业务这三种现阶段流行模式的表现形式。

在归纳了物流金融服务的基本特征和结构后，本章从存货质押融资业务的管理与控制、应收账款融资业务的管理与控制以及订单融资业务的管理与控制三个方面对现实中的物流金融系统进行了规划，提出了不同类型物流金融系统控制的步骤与方法。

（7）第7章，物流规划案例综合分析。按照物流规划理论内容的顺序，本章整理了7个案例，包括：①物流系统诊断资料：爱佳物流系统运作快速诊断；②物流需求预测案例：镇江市物流需求预测分析；③物流系统网络规划案例：运用系统分析原理解决华润万家超市选址问题；④物流仓储系统规划案例：灵蛙无线仓库管理系统解决方案；⑤物流运输配送系统规划案例：科龙电器物流运输装载标准制定；⑥物流信息系统规划案例：SAP助海尔物流信息系统建设案例分析；⑦物流金融系统规划案例：物流金融支持下的喜马洋酒分销模式改革案例。

1.3 案例：华普公司 AVAYA 项目物流解决方案步骤①

中美合资华普信息技术有限公司是由华东计算技术研究所（原国家电子部32所）与美国惠普公司共同投资设立的高科技企业，是惠普公司在华成立的首家计算机领域的合资企业。公司投资额达900万美元，总部设在上海浦东陆家嘴金融贸易区。自1996年以来，华普连续荣获“上海市外商投资先进技术企业”称号，至2001年7月公司已在全国23个城市设有分支机构，目前仍在扩展之中。

华普公司不仅是HP的合资企业，是其在华代理商，而且还朝着代理多元化的方向发展。2002年成为Avaya产品在华一级代理商，并成立Avaya事业部大力推进多元化代理的发展。

海尔物流作为专业物流解决方案公司提出：分散独立的物流服务商很难理解华普公司的整体商务发展战略目标，华普公司需要的是一家高水准的物流服务商战略伙伴。只有战略合作伙伴的物流服务商才能为华普公司的商务发展提供全方位的物流保障，双方在战略合作中才能实现双赢的长远发展。

以下是海尔物流专为华普 Avaya 项目制订的物流解决方案的主要实施步骤。

1. 项目准备及启动

成立 Avaya 项目策划组织。该组织调研 Avaya 项目的整体物流需求，分析并形成 Avaya 操作建议书，在海尔物流内部实现有效调动各优势资源的优先权力。随即启动 Avaya 项目。

2. Avaya 项目现状了解、分析

（1）了解华普公司物流及与物流相关的操作流程，分析与其相适应的物流策略统筹管理各环节物流计划和作业。

（2）落实 Avaya 从采购订单下达到订单销售完成所产生的物流动作，根据海尔物流 Avaya 物流策略划分物流环节，同时调动相应优势资源展开。

---

① 资料来源：http：//source.globrand.com/data/soft/3942.html，海尔物流，2006。

3. 成功案例借鉴

在海尔物流资料库中查询物流界和海尔物流自身的成功案例，挖掘可借鉴的操作模式；同时根据 Avaya 的个性化进行有针对性的优化。

4. 解决方案框架提出

根据指导思想，与华普公司沟通并达成意见一致；整合第 2 步和第 3 步的信息资料，提出 Avaya 项目的方案框架。

5. 基本流程制订

在解决方案框架的基础上，为指导具体作业，针对基本作业制订相应流程。基本流程即为总体物流方案中各对应流程。

6. 试实施物流方案

根据以上方案的提出，流程的制订，管理人员将整体方案对基本项目人员进行培训，同时项目执行人员进入现场，运用基本流程指导作业。

7. 评估制度制订及流程评审

海尔物流在方案试实施过程中，成立评审小组，针对 Avaya 项目制订评审指标和评审制度，对华普完善的需求和操作现场采集的数据信息与资料进行汇总，完成数据的统计分析和流程的评审，提出评审报告。

8. 实现流程标准化

根据评审报告的建议，并进行实际操作的可行性分析，对流程进行优化，同时完成辅助流程的制订，形成完善的操作流程规范。

9. 实施全面培训

在 Avaya 项目实施的过程中，培训是极其重要的一环。这不仅包括海尔物流项目实施小组对具体操作人员的培训，还包括华普公司 Avaya 产品专家、工程师对海尔物流人员进行相关的产品特性的培训，以便使海尔物流 Avaya 项目实施操作人员更好的根据产品的特性不断优化物流流程。在规范的流程要求下，海尔物流制订了科学的培训计划，对整个物流作业流程展开全面培训。并在规定的时间进度内成功完成培训工作，实现操作的顺利推进。

1.4 本章小结

本章介绍了物流规划的对象即物流系统的内涵，认为物流系统是在一定的时间和空间里，由人、财、物和信息等若干要素构成，并能够完成运输、存储、装卸、包装、流通加工、配送、信息处理等特定物流服务功能的有机整体，本章还归纳了物流系统的特征、结构和发展趋势。

然后，本章分析了物流规划的内涵，认为物流规划是确定物流系统发展目标和设计达到目标的策略与行动的过程。本章简单介绍了物流规划的一些常用方法和技术，包括运筹学方法、仿真技术、预测技术和系统工程理论等，并总结了物流规划的步骤和本书的内容框架。

2 物流系统需求预测

2.1 物流需求概述

2.1.1 物流需求的内涵

物流系统需求，即物流需求，是指企事业单位、个人消费者在社会经济活动中，所伴随产生的对物在空间、时间和效率方面的要求，具体指的是对运输、仓储、装卸、搬运、流通加工、配送以及相关信息处理等物流活动的需求。从定义可以看出，物流需求是一种由社会经济活动引致的需求，一般从事相关社会经济活动的实体，包括工农业产品的生产者、批发商及零售商、普通消费者等，都是物流服务的需求方。

衡量物流需求的指标主要包括物流需求规模数量和质量两个方面，其中，物流需求规模是物流活动中运输、储存、包装、装卸、搬运和流通加工等物流作业量的总和，一般可用货运量、货运周转量、仓储规模、吞吐量等来衡量，而物流服务质量则是物流服务水平的反映，它包括物流服务的稳定性、时间准确性、物流作业绩效等多个方面，一般可以用物流时间、物流成本、物流效率来衡量。

由于物流活动日益渗透到采购、生产、流通、消费整个社会经济活动过程之中，与社会经济的发展存在着密切的联系，是社会经济活动的重要组成部分，因而物流需求与社会经济发展也有着密切的相关性，一般而言，影响物流需求的主要因素包括：

(1) 经济影响因素。从经济发展而言，经济总量水平，例如 GDP，是衡量社会物流需求规模的重要指标，经济发展本身直接影响物流需求；从产业结构而言，不同产业结构的差异对物流需求功能、物流需求层次以及物流需求结构等会产生不同的影响；从企业管理而言，生产企业、流通企业的不同经营理念的变化及经营方式的改变将影响物流需求；从人力资源条件而言，物流的不同功能环节对人力资源要素的要求不一样，低端的物流功能如仓储、装卸、搬运需要的是低端的物流人力，而高端的物流功能如物流增值服务、物流信息化处理等需要的是高端的物流人才，因此人力资源要素也是影响物流需求的重要因素；从市场而言，市场结构、客户消费水平和消费理念的变化也将影响物流需求。

（2）技术影响因素。技术进步，诸如通信和网络技术的发展、电子商务的广泛应用、自动化技术的发展、物联网的发展等，对物流需求的量、质和服务范围都会产生重大影响。而管理技术的发展，例如及时制、业务重组、精益生产、供应链金融等模式创新也会对物流需求产生影响。

（3）社会影响因素。社会影响因素对物流需求的影响主要包括法律、政策、标准等多个方面，例如，与物流相关的法律条款的改变，宏观经济政策和管理体制的变化以及各种物流标准的制定等都会对物流需求产生刺激或抑制作用。

（4）其他影响因素。其他如地理资源条件、重大自然灾害、重大疫情、政治斗争、国外冲突和战争等突发性事件也会直接或间接地影响物流需求。

2.1.2 物流需求的特征

物流需求是市场需求的一种，它既具有市场需求的普遍特征，又具有与物流行业相应的需求特性：

（1）物流需求的派生性。由于物流需求主要是由社会经济活动引致产生的，所以派生性是物流需求最基本的一个特性。社会经济活动是产生物流需求的本源所在，正是因为各类企业、商业以及个体消费者需要进行采购、生产、消费等活动，因而需要各种物资、商品、设备等发生空间上的位移变化，并需要对这些物资、商品、设备等进行相应的保管、存储、加工、装卸、搬运以及配套的信息处理等服务，所以会衍生出各种物流需求。

（2）物流需求的普遍性。社会经济生活的各个方面几乎都存在物资的流动，只要存在物资的流动就会有相应的物流需求。例如，企业为了生产，需要采购原材料或零部件，这些需要与供应相关的需求；企业内部的物品从上一道工序转移到下一道工序，从一个部门转移到另一个部门，这些需要企业内部物流系统的支撑；当物资销售进入流通领域，从批发商到零售商、从零售商到消费者、从配送中心到连锁商店也都存在与流通相关的物流需求。物流需求几乎渗透到了社会经济生活的各个方面，这就是为什么 2008 年全球金融危机爆发后，物流产业作为唯一的服务产业，列入了国家的十大产业振兴规划，这也表明，各行各业都需要物流的有效服务，物流需求具有普遍性。

(3) 物流需求的动态性。随着市场变得越来越不确定，客户的需求变化越来越快，企业对相应的物流服务水平也要求越来越高，并希望物流能够实时动态的运作，适应环境的变化，满足采购、生产、流通等各环节的需要，这些也造成了物流需求的动态性。

(4) 物流需求的复杂性。物流需求的复杂性主要来自于以下几个方面：

第一，物流需求涉及的主体复杂。不同类型的物流需求主体，如供应商、生产商或零售商等提出的物流需求在形式、内容方面均会有差异，这些差异造成了物流需求的复杂性。

第二，物流运营的对象复杂。物流系统的运行对象是各种物资，物资种类的多样性带来了物流系统的复杂化。例如，各种原材料、零部件和产成品等由于在重量、容积、形状、性质上各有不同，因而对运输、仓储、包装、流通加工的要求也各不相同，从而使得物流需求呈现复杂性。

第三，物流需求的层次复杂。不同的企事业组织从事的业务不同，组织机构也各异，这些造成了相应的物流需求的层次也各异，有的是较为基本的物流需求，如运输、仓储、配送、装卸、搬运和包装等物流基本环节的需求，有的是较高层次的增值物流需求，如订单处理、物流信息系统构建、系统设计、设施选址和规划等物流需求，物流需求层次的复杂也加大了物流需求的复杂性。

第四，物流过程中伴随的物流信息复杂。随着物流系统变得越来越庞大，衍生的物流信息也越来越海量化，收集、处理物流信息，并使之指导物流活动，也成为了一项复杂的工作。

(5) 物流需求的时空大跨度性。随着经济全球化，跨国公司为了降低成本，获取更高利润，纷纷将价值链进行有效分解，使之分布在世界各地，因此一个产业的供应链很可能涉及多个省份、多个国家甚至几十个国家，物流需求的空间跨度变的越来越大。而在一个产业的供应链上，从最上游原材料的采购到生产直至销售到最终客户手上，往往要涉及各个环节原材料、半成品和产成品的运输、库存、包装、装卸、搬运、流通加工等运作，物流需求的时间跨度也很大。

（6）物流需求的可分性和集成性。客户对物流的需求往往不是抽象的，而是具体的，客户有可能需要运输物品，有可能需要存储物品，有可能需要加工物品，甚至在运输、仓储这些物流的功能环节，还可以进行进一步地细分，这就说明了物流需求的可分性。但同时，随着客户对物流服务的要求越来越高，它们又往往需要物流企业能够将这些分散的物流环节有效地组合起来，提供越来越集成化的物流服务，从而提高供应链运作的效率，这也表明了物流需求越来越具有集成性。

2.2 物流需求预测概述

2.2.1 物流需求预测的内涵

预测是根据具体的决策需要，依据事物以往发展的客观规律性和当前出现的各种可能性，运用现有的科学方法和手段，对事物发展的规律性和未来状态做出的估计、测算和推断。预测研究的范围极为广泛，几乎涉及人类社会的各个领域，如社会预测、科技预测、政治预测、军事预测、文化预测、环境预测、经济预测，虽然各类预测都有其各自预测的领域、对象、方式和手段，但它们共同的本质特征就是对各自领域研究对象未来不确定的变化趋势进行估测和推断。

物流需求预测是物流市场领域的预测行为。物流需求预测是根据物流市场过去和现在的需求状况以及影响物流市场需求变化的因素之间的关系，利用一定的经验判断、技术方法和预测模型，对相关物流需求指标的变化以及发展的趋势进行预测。物流需求预测的目的是及时准确地掌握物流需求情况的变化规律，结合企业的实际状况，采取一定的分析方法准确预测未来的物流需求规模数量、种类和质量等指标，从而实施科学的物流规划，保证物流服务的供给与需求之间的相对平衡，指导诸如物流网络的构建、原材料或货物的购进、库存的控制、必要设施的配备、信息系统的构建等企业物流工作的开展。

物流需求预测的重点在于能够给物流系统的供给提供科学依据，使物流供给与物流需求能够有效的适应。一般而言，在一定时期内，当物流能力供给不能满足物流需求时，将对需求产生抑制作用，而当物流能力供给超过这种需求时，就会不可避免地造成物流供给的浪费，因此，物流需求的准确预测对于把握物流供给与物流需求的有效平衡具有重要意义。准确的物流需求预测通常能够借助定性和定量的分析手段，了解社会经济活动对于物流能力供给的需求强度，进行有效的需求管理，引导社会投资有目的地进入物流服务领域，从而有利于企业合理规划、建设物流基础设施，改进物流供给系统。

在物流需求预测时，一般应该注意以下几个事项：

(1) 物流行业协会、物流企业以及企业的物流部门都应该重视物流市场需求预测，自觉地加强市场调查研究工作，并收集保存物流需求数据和资料。

(2) 重视发挥物流咨询研究机构和科研院所的作用，注意将实践与理论有机的结合，注意将科学预测技术与专家分析有机的结合。

(3) 完善物流信息系统的建设，提高信息管理和利用的能力，重视物流需求信息的收集整理、综合分析与评估。

(4) 重视对国内外成功物流企业经验的学习和借鉴，减少物流需求预测分析中的盲目和武断行为。

(5) 加强对国际、国内经济形势的分析，掌握和了解全社会物流需求的特点，明确物流企业服务对象的需求在质和量方面的特点，提高物流需求预测分析的准确度，找准物流企业的市场切入点。

2.2.2 物流需求预测的步骤

物流需求预测的步骤如图 2－1 所示，主要分为准备、实施、验证和决策四个阶段。

1. 准备阶段

(1) 明确预测目标。明确预测目标是开展物流需求预测工作的第一步，因为预测的目标不同，预测的内容和项目、所需要的资料和所运用的方法都会有所不同。明确预测目标，就是根据物流活动存在的问题，拟定预测的项目，制订预测工作计划，编制预算，调配力量，组织实施，以保证物流需求预测工作有计划、有节奏地进行。

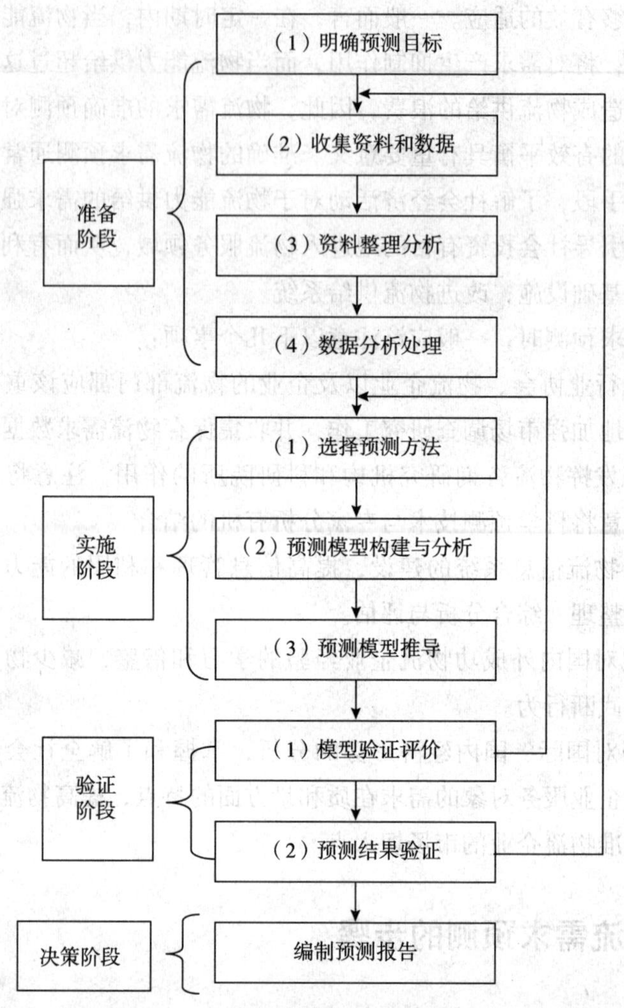

图 2-1　物流需求预测的步骤

（2）收集资料和数据。在明确了预测目标之后，一个重要的问题就是如何能有效地收集资料和数据，以能够为物流需求的准确预测提供科学分析的依据。通常收集物流需求资料与数据的方法除了从统计数据部门直接获得相关数据外，还包括观察法、调查法、访谈法、问卷法、测验法、语义分析法、内容分析法等。

（3）资料整理分析。整理资料指的是对收集来的物流需求信息的自觉加工与管理。整理资料的目的是为了便于物流需求资料的保存与应用，主要包括分类、排序和编目等工作。通常而言，物流需求资料可以按物流需求的时间、空间、数量、结构和层次等方式进行分类整理。

①按物流需求的时间。物流需求的时间是指在不同的经济发展阶段物流的需求量随时间的变化情况。由于物流需求量的大小与区域经济发展水平和速度有着直接的关系，因此，可以根据经济发展规模和预期的经济发展速度，整理不同时间阶段的物流需求资料。

②按物流需求的空间。物流需求的空间是指在同一时间段，不同区域物流需求的空间分布。一般可以按照不同的空间区域来整理物流需求资料。

③按物流需求的数量。物流需求的数量是指在物流运作中，所在区域内以及该区域与周边区域发生的对物流服务需求数量的大小，是物流需求预测分析中的重要指标。

④按物流需求的结构。物流需求的结构是指各种物流需求之间的比率结构，这种结构能够表现出不同物流需求的规模和重要程度，按物流需求的结构进行资料整理有助于后续的预测分析。

⑤按物流需求的层次。按物流需求的层次，物流需求资料包括初级层次的资料，如仓储、存货管理、发送、运输和分拨等物流功能环节的资料；中级层次的资料，如订货处理、采购和生产计划等物流功能环节的资料；高级层次的资料，包括信息通信系统、物流规划设计等方面的资料。

（4）数据分析处理。物流需求数据分析处理的过程包括数据审查、数据清理、数据转换和数据验证四大步骤。

①数据审查。该步骤检查物流需求数据的数量是否满足分析的最低要求，字段值的内容是否与调查要求一致，是否全面；还包括利用描述性统计分析，检查各个字段的字段类型、字段值的最大值、最小值、平均数、中位数等，记录个数、缺失值或空值个数等。

②数据清理。该步骤针对物流需求数据审查过程中发现的明显错误值、缺失值、异常值、重复数据和可疑数据，选用适当的方法进行“清理”，使“脏”数据变为“干净”数据，有利于后续的统计分析得出可靠的结论。

③数据转换。数据转换强调分析对象的可比性，但不同字段值由于计量单位等不同，往往造成数据不可比；对一些统计指标进行综合评价时，如果统计指标

的性质、计量单位不同，也容易引起评价结果出现较大误差，再加上分析过程中的其他一些要求，需要在分析前对数据进行变换，包括无量纲化处理、线性变换、汇总和聚集、适度概化、规范化以及属性构造等。

④数据验证。该步骤的目的是初步评估和判断物流需求数据是否满足统计分析的需要，决定是否需要增加或减少数据量。数据验证可以利用简单的线性模型，以及散点图、直方图、折线图等图形进行探索性分析，利用相关分析、一致性检验等方法对数据的准确性进行验证，确保不把错误和偏差的数据带入到数据分析中去。

上述四个步骤是一个逐步深入、由表及里的过程。先是从表面上查找容易发现的问题（如数据记录个数、最大值、最小值、缺失值或空值个数等），接着对发现的问题进行处理，即数据清理，再就是提高数据的可比性，对数据进行一些变换，使数据形式上满足分析的需要，最后则是进一步检测数据内容是否满足分析需要，诊断数据的真实性及数据之间的协调性等，确保优质的数据进入后续预测阶段。

2. 实施阶段

（1）选择预测方法。根据物流需求预测的目标以及各种预测方法的适用条件和性能，选择出合适的预测方法。物流需求预测的常用方法很多，通常可分为定性预测法与定量预测法两大类。不同的预测方法优缺点以及适用的范围都存在明显不同，预测方法的选用是否恰当，将直接影响到预测的精确性和可靠性。有时还可以运用多种预测方法来预测同一目标，以提高物流需求预测的准确性。

（2）预测模型构建与分析。运用物流需求预测方法的核心是建立描述、概括物流需求研究对象特征和变化规律的模型，关于一些典型预测模型的构建与分析可见后续章节。

（3）预测模型推导。根据所构建的模型并按照相应的方法，代入相关数据进行模型的运算，然后可以得到预测的结果。

3. 验证阶段

（1）模型验证评价。根据构建模型得到预测结果后还要对模型进行验证和评价，如果模型评价不好，还必须重新收集数据和资料，再选定预测方法进行预测，直至满意为止。

（2）预测结果验证。预测模型是否可用于实际预测，还需进行预测结果的验证和预测误差的计算。预测结果的验证必须按照不同模型的检验方法来进行检验，只有通过各种检验，且预测误差较小，才能将所建的预测模型用于预测，否则还必须重新选择预测方法。

4. 决策阶段

编制预测报告。利用确定的预测方法进行预测，分析预测结果，编制预测报告，预测报告应该概括物流需求预测研究的主要活动过程，包括物流需求预测目标、预测对象及有关因素的分析讨论，主要资料和数据，选择预测的方法和构建的模型，以及对预测结论的评估、分析和修正等。

2.3 物流系统需求预测方法

2.3.1 物流需求预测方法概述

物流需求预测的常用方法通常分为定性预测法与定量预测法两大类。

定性预测法主要是靠预测人员的知识和经验，进行综合分析，对物流需求市场的未来前景作出估计和判断。定性预测往往辅之以简单的计算完成物流需求预测工作。定性预测简便易行，灵活性强，但预测结果不够准确和受主观因素影响较大。常用的定性预测方法有专家评分法、专家会议法、头脑风暴法、德尔菲法、主观概率法、市场预测法、类推法等。

定量预测法主要是根据完备的历史统计资料，运用一定的数学方法进行加工处理，以揭示变量间的规律性，从而对物流需求未来变化作出定量的估计。定量预测方法较为准确，受主观因素影响较小。但定量预测方法不够灵活，有一定难度，要求有比较完备的历史数据和资料。定量预测方法通常分为时间序列方法和因果分析方法。时间序列预测方法是以连续性预测原理作指导，利用历史观察值形成的时间数列，对预测目标未来状态和发展趋势作出定量判断的预测方法，主要包括移动平均法、指数平滑法、趋势外推法、ARMA 模型预测法等。因果分析预测法是以因果性预测原理为指导，以分析预测目标同其他相关事件及现象之间的因果联系，对物流需求未来状态与发展趋势作出预测的定量分析方法，主要包括回归分析预测法、经济计量模型预测法、弹性系数法、投入产出分析预测法以及灰色系统模型预测方法。

预测的方法多种多样，不同的方法适用于不同的物流市场环境。选择合适的预测方法，对于提高物流需求预测精度，保证预测质量，有十分重要的意义。影响物流需求预测方法选择的因素很多，在选择预测方法时需要考虑的主要因素如下：

（1）预测的目标。预测目标不同，选择的预测方法就会有差异，如果预测目标涉及战略性决策，可以采用中长期预测的方法；如果涉及战术性决策，可以采用中期和近期预测的方法；如果涉及业务性决策，则可以采用近期和短期预测的方法。

（2）预测的时期长短。预测的时期长短，选择的预测方法也会有差异，一般适用于近期与短期的预测方法有时间序列方法、定性方法等；适用于1年以上的短期与中期的预测方法有趋势外推法、回归分析预测法、灰色预测法等；适用于长期预测的方法有层次分析法、专家判断法、趋势分析预测法等。

（3）预测的精度。一般要求高精度的预测方法有回归分析预测法、经济计量模型预测法等；适于精度要求较低的预测方法有定性判断预测法、灰色预测法、趋势外推预测法等。

（4）预测的费用。预测方法的选择，既要达到精度的要求，满足预测的目标需要，还要尽可能节省费用。因此，预测的费用也是预测方法选择的影响因素。预测的费用包括调研费用、数据处理费用、硬件购置费用、软件设计费用、专家咨询费用等。一般费用预算较低的方法有定性预测法、时间序列分析预测法等；费用预算较高的方法有经济计量模型预测法等。

（5）资料的完备程度。资料的完备程度也会影响预测方法的选择，一般资料较为完备、数据较为充分的，可以采用定量的预测方法，而当资料不够完备时，则只能采用德尔菲法等定性预测方法。

2.3.2 定性预测方法

1. 专家评分法

专家评分法指聘请一些专家，对方案所涉及的一些评价指标的好坏进行预测，并分别评分，然后求出各个方案的综合评分。把各个专家对各个方案的评分汇总，就可以选择出公认为最好的方案。

专家评分法在物流需求预测中的基本步骤如下：

（1）聘请专家，并设立专家的权值。

（2）建立备选方案。

（3）建立方案的评价指标体系及各个指标的权值。

（4）建立评价指标的评价考核标准。

（5）设计制作专家评分表。

（6）将专家评分表分别送给专家，专家进行预测评分。

（7）将专家填写好的评分表汇总、统计、加权平均、求出最好的方案。

→［实例2-1］：美的公司仓库选择决策

美的公司要在南昌选一个仓库临时存放由美的本部发到南昌的家电商品。现在根据初步分析已经确定了A、B、C三个备选地址，对备选地址制定了五个指标的评价体系，每个指标分别赋予了不同的权值，设计了一个专家评分表如表2-1所示，并分别交给了五位专家，五位专家也分别赋予了不同权值。五位专家对三个方案的评分汇总如表2-2所示。

表2-1　专家甲评分

评价指标体系		方案评分		
指标定义	指标权值	方案A	方案B	方案C
市场前景	5	10	8	5
交通条件	4	10	5	7
库房设施	3	8	7	8
存储成本	2	7	6	8
管理制度	1	9	8	7
方案加权评分		9.1	6.7	6.8

表 2-2 评分汇总

专家		方案评分		
专家名	专家权值	方案 A	方案 B	方案 C
甲	5	9.1	6.7	6.8
乙	4	8	7.3	7.3
丙	4	8.7	8.7	8
丁	3	7.3	8	8
戊	3	9	8	7
方案加权总评分		8.5	7.66	7.38

2. 专家会议法

专家会议法是指根据规定的原则选定一定数量的专家，按照一定的方式组织专家会议，发挥专家集体的智能结构效应，对物流需求预测对象未来的发展趋势及状况，作出判断的方法。其中，"头脑风暴法" 就是专家会议预测法的一种具体运用。专家会议法有助于专家们交换意见，通过互相启发，可以弥补个人意见的不足；通过内外信息的交流与反馈，产生"思维共振"，进而将产生的创造性思维活动集中于预测对象，在较短时间内得到富有成效的创造性成果，为决策提供预测依据。但是，专家会议法也有不足之处，如有时心理因素影响较大；易屈服于权威或大多数人意见；易受劝说性意见的影响；不愿意轻易改变自己已经发表过的意见，等等。运用专家会议法，必须确定专家会议的最佳人数和会议进行的时间。专家小组规模以 10～15 人为宜，会议时间一般以进行 20～60 分钟效果最佳。会议提出的设想由分析组进行系统化处理，以便在后继阶段对提出的所有设想进行评估。

3. 德尔菲法

德尔菲法，又名专家意见法，它是依据严格的程序，采用匿名发表意见的方式（即团队成员之间不得互相讨论，不发生横向联系，只能与调查人员发生关系），然后反复的填写问卷，以集结问卷填写人的共识及收集各方意见最终得到结果的方法。

德尔菲法是预测活动中的一项重要工具，在实际应用中通常可以划分三个类型：经典型德尔菲法、策略型德尔菲法和决策型德尔菲法。

德尔菲法在物流需求预测中的具体实施步骤如下：

（1）组成专家小组。按照具体物流需求预测所需要的知识范围，确定专家。专家人数的多少，可根据预测项目的大小和涉及面的宽窄而定，一般不超过20人。

（2）向所有专家提出所要预测的问题及有关要求，并附上有关这个问题的所有背景材料，同时请专家提出还需要什么材料。然后，由专家做书面答复。

（3）各个专家根据他们所收到的材料，提出自己的预测意见，并说明自己是怎样利用这些材料并提出预测值的。

（4）将各位专家第一次判断意见汇总，列成图表，进行对比，再分发给各位专家，让专家比较自己同他人的不同意见，修改自己的意见和判断。也可以把各位专家的意见加以整理，或请身份更高的其他专家加以评论，然后把这些意见再分送给各位专家，以便他们参考后修改自己的意见。

（5）将所有专家的修改意见收集起来，汇总，再次分发给各位专家，以便做第二次修改。逐轮收集意见并为专家反馈信息是德尔菲法的主要环节。收集意见和信息反馈一般要经过三四轮。在向专家进行反馈的时候，只给出各种意见，但并不说明发表各种意见的专家的具体姓名。这一过程重复进行，直到每一个专家不再改变自己的意见为止。

（6）对专家的意见进行综合处理，并确定最终的物流需求预测结果。

德尔菲法同常见的召集专家开会、通过集体讨论、得出一致预测意见的专家会议法既有联系又有区别。德尔菲法能发挥专家会议法的优点，即能充分发挥各位专家的作用，集思广益，准确性高；能把各位专家意见的分歧点表达出来，取各家之长，避各家之短。同时，德尔菲法又能避免专家会议法的缺点：权威人士的意见影响他人的意见；有些专家碍于情面，不愿意发表与其他人不同的意见；出于自尊心而不愿意修改自己原来不全面的意见。

德尔菲法的主要缺点是过程比较复杂，花费时间较长。

→［实例2-2］：德尔菲法在物流需求预测中的应用案例

某钢铁公司决定在华南区域建立物流中心，公司需要对这一区域的物流需求量做出预测，以决定物流中心的数量和规模。于是该公司成立专家小组，并聘请业务经理、物流专家和技术人员等8位专家，预测全年可能的物流需求量。8位专家提出个人判断，经过三次反馈得到结果如表2－3所示。

表2－3　　德尔菲法专家预测物流需求量　　（单位：万吨）

专家编号	第一次判断			第二次判断			第三次判断		
	最低需求量	最可能需求量	最高需求量	最低需求量	最可能需求量	最高需求量	最低需求量	最可能需求量	最高需求量
1	50	75	90	60	75	90	55	75	90
2	20	45	60	30	50	65	40	50	65
3	40	60	80	50	70	80	50	70	80
4	75	90	150	60	75	150	50	60	125
5	10	20	35	22	40	50	30	50	60
6	30	50	75	30	50	75	30	60	75
7	25	30	40	25	40	50	40	50	60
8	26	30	50	35	40	60	37	41	61
平均数	34.5	50	72.5	39	55	77.5	41.5	57	77

平均值预测：在预测时，最终一次判断是综合前几次的反馈作出的，因此在预测时一般以最后一次判断为主。如果按照8位专家第三次判断的平均值计算，则预测这一区域的平均物流需求量为：（41.5＋57＋77）/3＝58.5（万吨）

加权平均预测：将最可能需求量、最低需求量和最高需求量分别按0.50、0.20和0.30的概率加权平均，则预测平均物流需求量为：57×0.5＋41.5×0.2＋77×0.3＝59.9（万吨）

2.3.3 定量预测方法

1. 时间序列预测方法

大量社会经济统计指标都依年、季、月或日统计其指标值，随着时间的推移，形成了统计指标的时间序列。因此，时间序列是某一统计指标长期变动的数量表现。时间序列分析是一种广泛应用的数量分析方法，主要用于描述和探索现象随时间发展变化的统计规律性，以此预测今后的发展和变化。时间序列分析通常包括确定型的时间序列分析与随机型的时间序列分析两种。其中，随机型的时间序列分析主要利用自回归（AR）模型、滑动平均（MA）模型和自回归滑动平均（ARMA）模型等进行预测，基本步骤分为四个阶段：①确定模型的基本形式；②进行模型识别；③将所选择的模型应用于所取得的历史数据，求得模型的参数；④检验得到的模型是否合适。而确定型的时间序列分析是一种传统的时间序列分析预测方法，主要进行长期趋势、季节变动、循环变动等时间序列因素的分解及技术分析，以下将简单介绍确定性时间序列分析方法在物流需求预测中的应用：

第一步：数据收集和整理。收集与物流需求相关的历史数据，加以整理，编成时间序列，并根据时间序列绘成统计图，进行定性的判断。

第二步：时间序列的构成因素分解。物流需求时间序列中的每一时期的数值都是由许许多多不同的因素同时发生作用后的综合结果。时间序列各影响因素之间的关系用一定的数学关系式表示出来，就构成时间序列的分解模型，我们可以从时间序列的分解模型中将各因素分离出来并进行测定，了解各因素的具体作用如何。通常我们采用加法模型和乘法模型来描述时间序列的构成。加法模型的表达式为：$Y=T+S+C+I$，式中 Y 表示时间序列的指标数值，T、S、C、I 分别表示长期趋势、季节变动、循环变动、不规则变动，使用加法模型的基本假设前提是各个影响因素对时间序列的影响是可加的，并且是相互独立的。而乘法模型的表达式为：$Y=T\times S\times C\times I$，使用乘法模型的基本假设前提是各影响因素对时间序列的影响是相互不独立的。以下是时间序列的四大构成因素介绍：

（1）长期趋势。长期趋势是指物流需求时间序列数据在相当长的一段时期内，受某种长期的、决定性的因素影响而呈现出的持续上升或持续下降的趋势，通常以 T 表示。

（2）季节变动。季节变动是指物流需求时间序列数据在一年内，由于受到自然条件或社会条件的影响而形成的以一定时期为周期（通常指一个月或一个季度）的有规则的重复变动，通常以 S 表示。如时令商品的产量与销售量等都会受到季节的影响。应注意的是在这里提到的“季节”并非通常意义上的“四季”，季节变动中所提及的主要指广义的概念，可以理解为一年中的某个时间段，如一个月、一个季度或任何一个周期。

(3) 循环变动。循环变动是指物流需求时间序列数据持续若干年的周期变动，通常以 C 表示。循环变动的周期长短不一，没有规律，而且通常周期较长，不像季节变动有明显的变动周期（小于一年）。循环变动不是单一方向的持续变动，而是涨落相间的交替波动。

(4) 不规则变动。不规则变动是指物流需求时间序列数据由于受偶然性因素而引起的无规律、不规则的变动，如受到自然灾害等不可抗力的影响，通常以 I 表示，这种变动一般无法作出解释。

第三步：构成因素的技术分析。

(1) 长期趋势分析。长期趋势是物流需求时间序列中主要的构成因素，它是指物流需求相关数据量在一段时期内持续上升或下降的发展趋势。研究长期趋势的意义主要体现在三方面：第一，有利于认识物流需求量随时间变化的趋势，掌握物流活动的规律；第二，有利于对物流需求未来的发展作出预测；第三，有利于从时间序列中剔除它的影响，进而更好地分析其他因素的影响。时间序列的长期趋势可表现为线性趋势和非线性趋势，非线性趋势可以理解为无数线性趋势的组合，在研究方法上基于线性趋势分析方法。因此本书仅研究最简单、最基础的线性趋势。测定长期趋势的方法很多，常用的有移动平均法和趋势预测法。

①移动平均法。移动平均法是通过逐期移动时间序列，并计算一系列扩大时间间隔后的序时平均数，最终形成一个新时间序列的方法。由于序列平均数有抽象数量差异的作用，所以经过移动平均后得到的新序列相比原时间序列来说，由其他因素而引起的变动影响被削弱了，对原序列起到了修匀的作用，从而更清晰地呈现出现象的变动趋势。在进行移动平均法预测时，应该注意以下两个问题：

第一，时间间隔的选取应根据现象的特点和资料的情况来决定。一般来说，如果现象发展的资料呈现出一定的周期性，应以周期的长度作为移动间隔的长度；如果是季节资料，应采用 4 项移动平均；如果是月份资料，应采用 12 项移动平均，只有这样才能削弱周期或季节的影响。

第二，新数列中每一数值应有与之对应的时间。如果进行的是奇数项移动平均，计算的时序平均数应放在中间时期所对应的位置上，边移动边平均，每一项时序平均数都有与之对应的时间；如果进行是偶数项移动平均（如 4 项或 12 项），时序平均数同样也应放在中间时期所对应的位置上，但由于时间间隔为偶数，时序平均数所对应的时期应介于两个时间之间，不能构成时间序列，所以我们需要对相邻的时序平均数再进行一次平均。移动平均后得到的时间序列值又称趋势值。

②趋势预测法。趋势预测法是选择合适的趋势线，并利用回归分析的方法建立趋势方程来拟合时间序列的方法。

线性趋势方程的一般公式为：

$$\hat{y} = a + bt$$

式中，$\hat{y}$ ——时间序列；

t——时间标号；

a、b——待定参数。

两个待定参数可以通过最小二乘法求出。根据最小二乘法原理，对时间序列配合一条趋势线，使之满足：$\sum (y - \hat{y})^2 = \min$（$y$ 为长期趋势值）。由此条件可以推导出 a、b 的计算公式：

$$\sum (y - \hat{y})^2 = \min$$

$$\sum (y - \hat{y})^2 = \sum (y - a - bt)^2$$

$$\frac{\partial \sum (y - a - bt)^2}{\partial a} = -2 \sum (y - a - bt) = 0$$

$$\frac{\partial \sum (y - a - bt)^2}{\partial b} = -2 \sum (y - a - bt)t = 0$$

$$\sum y = na + b \sum t$$

$$\sum ty = a \sum t + b \sum t^2$$

解得：

$$b = \frac{n \sum ty - \sum t \sum y}{n \sum t^2 - \left(\sum t \right)^2}$$

$$a = \bar{y} - b\bar{t}$$

（2）季节变动分析。季节变动是指物流需求时间序列数据在一定时期内形成的有规律的周期性变动，这种变动各年强度大体相同且重复出现。测定季节变动的目的在于了解物流需求时间序列数据季节变动的规律，然后进行预测。

季节变动的测定需要计算一系列季节指数，其设计思想是：以总平均水平为对照物，用各季节的平均数与之比较，来反映季节变动高低程度。季节指数是各季（月）平均数与全时期总平均数的比率，它由一系列数值组成，个数由资料的时间间隔决定，且季节指数之和也与所掌握资料有关。如掌握资料为月份资料，则有12个季节指数，季节指数之和为1200%，如为季度资料，则有4个季节指数，季节指数之和为400%。

下面我们从物流需求时间序列是否包含长期趋势方面来介绍测定季节变动的方法。

①不包含长期趋势的时间序列——按季（月）平均法。若时间序列中不包含长期趋势和循环变动，则使用按季（月）平均法直接利用原序列进行同期平均和总平均，消除不规则变动，计算出季节指数。

②包含长期趋势的时间序列——趋势剔除法。当时间序列包含长期趋势和循环变动时，用按季平均法计算季节指数就不够准确，应采用趋势剔除法。假定时间序列各影响因素以乘法模型形式存在，趋势剔除法的基本步骤如下：

首先，用移动平均法、趋势线法等消除季节变动（S）和不规则（I）变动，计算出长期趋势和循环变动值（$T\times C$）；

其次，从乘法模型中剔除（$T\times C$），从而得到不存在长期趋势的（$S\times I$），即：

$$S\times I=\frac{Y}{T\times C}$$

最后，用按季（月）平均法消除I，得到季节指数。

（3）循环波动分析。循环波动是指物流需求时间序列数据在一个较长时期内涨落起伏的波动。测定循环波动的目的在于发现循环波动的规律，为预测提供依据。测定循环波动的思路与以上分析基本一致，先将S、T、I从原始数据Y中剔除，剩余部分作为循环波动的估计值，常用的方法是剩余法。仍然假定时间序列各影响因素满足乘法模型$Y=T\times S\times C\times I$，剩余法的基本步骤如下：

①计算季节指数（S），用Y除以季节指数S，得无季节变动数据$T\times C\times I$。

②求长期趋势T。

③用（$T \times C \times I$）除以 T，得无季节无长期趋势的数据（$C \times I$）。

④利用移动平均法来消除 I，得循环变动 C。

第四步：预测。利用物流需求的时间序列数据求出长期趋势、季节变动和不规则变动的数学模型后，可以利用它来预测未来的长期趋势值 T 和季节变动值 S，在可能的情况下预测不规则变动值 I。然后用以下模式计算出未来的时间序列的预测值 Y：

$$加法模式\ T + S + I = Y$$

$$乘法模式\ T \times S \times I = Y$$

如果不规则变动的预测值难以求得，就只求长期趋势和季节变动的预测值，以两者相乘之积或相加之和为时间序列的预测值。如果经济现象本身没有季节变动或不需预测分季分月的情况，则长期趋势的预测值就是物流需求时间序列的预测值，即 $T = Y$。

2. 回归分析预测法

物流需求的回归分析预测法，是在分析经济现象自变量和因变量之间相关关系的基础上，建立变量之间的回归方程，并将回归方程作为物流需求的预测模型，根据自变量在预测期的数量变化来预测未来物流需求这一因变量。由于物流需求属于一种衍生需求，与其他经济变量表现出很强的相关性，因此回归分析预测法是一种重要的物流需求预测方法。当我们在对物流需求进行预测时，如果能将影响物流需求的主要因素找到，并且能够取得其数量资料，就可以采用回归分析预测法进行预测。它是一种具体的、行之有效的、实用价值很高的物流需求预测方法。回归分析法在物流需求预测中的基本步骤如下：

（1）根据预测目标，确定自变量和因变量。明确预测的具体目标，也就是确定物流需求因变量。通过市场调查和查阅资料，寻找与预测目标的相关影响因素，即自变量，并从中选出主要的影响因素。

（2）建立回归预测模型。依据自变量和因变量的历史统计资料进行计算，在此基础上建立回归分析方程，即回归分析预测模型。回归分析预测法有多种类型。依据相关关系中自变量的个数不同分类，可分为一元回归分析预测法和多元回归分析预测法。在一元回归分析预测法中，自变量只有一个，而在多元回归分析预测法中，自变量有两个以上。依据自变量和因变量之间的相关关系不同，可分为线性回归预测和非线性回归预测。

一元线性回归分析预测模型表现形式如下：

$$y = a + bx_i + \varepsilon_i \qquad i = 1,2,\cdots,n$$

多元线性回归分析预测模型表现形式如下：

$$y_i = \beta_1 x_{i1} + \beta_2 x_{i2} + \cdots + \beta_m x_{im} + \varepsilon_i \qquad i = 1,2,\cdots,n$$

式中，y_i——预测目标；

x_{i1}，x_{i2}，…，x_{im}——影响因素的第 i 组预测值。

（3）进行相关分析。回归分析是对具有因果关系的影响因素（自变量）和预测对象（因变量）所进行的数理统计分析处理。只有自变量与因变量确实存在某种关系时，建立的回归方程才有意义。因此，作为自变量的因素与作为因变量的预测对象是否有关，相关程度如何，以及判断这种相关程度的把握性多大，就成为进行回归分析必须要解决的问题。进行相关分析，一般要求出相关关系，以相关系数的大小来判断自变量和因变量的相关的程度。

（4）检验回归预测模型，计算预测误差。回归预测模型是否可用于实际预测，取决于对回归预测模型的检验和对预测误差的计算。回归方程只有通过各种检验，且预测误差较小，才能将回归方程作为预测模型进行预测。

（5）计算并确定预测值。利用回归预测模型计算物流需求预测值，并对预测值进行综合分析，确定最后的预测值。

3. 弹性系数预测法

弹性系数预测法是在对一个因素发展变化预测的基础上，通过弹性系数对另一个因素的发展变化作出预测的一种间接预测方法。

该方法在物流需求量预测时是一种简单的数学模型为：

$$\hat{Y}_{T+L} = Y_T(1 + i)^L$$

$$i = E_s q = \frac{i'}{q'} q$$

式中，$\hat{Y}_{T+L}$——预测对象在未来第 L 期的预测值；

Y_T——预测对象在当前统计期值；

i'——预测对象在过去一段时间的平均增长率，%；

i——预测对象在今后一段时间的平均增长率，%；

E_s——弹性系数；

q'——类比变量在过去一段时间的平均增长率，%；

q——类比变量在今后一段时间的平均增长率,%。

讨论：某地区在某年的公路货物周转量为3000万吨公里，在过去的6年中，该地区的公路货物周转量年平均增长率为6%，而其国民生产总值的年平均增长率为9%，预计未来3年中该地区的国民生产总值将保持8%的平均增长速度，那么该地区4年后的公路货物周转量应为多少?

4. 灰色预测方法

灰色系统理论是我国著名学者邓聚龙教授1982年创立的一门新兴学科。灰色预测就是针对灰色系统所做的预测。所谓灰色系统是介于白色系统和黑箱系统之间的过渡系统，其具体的含义是：如果某一系统的全部信息已知为白色系统，全部信息未知为黑箱系统，部分信息已知，部分信息未知，那么这一系统就是灰箱系统。一般地说，社会系统、经济系统、生态系统都是灰色系统。

灰色系统理论认为对既含有已知信息又含有未知或非确定信息的系统进行预测，就是对在一定方位内变化的、与时间有关的灰色过程的预测。尽管过程中所显示的现象是随机的、杂乱无章的，但毕竟是有序的、有界的，因此这一数据集合具备潜在的规律，灰色预测就是利用这种规律建立灰色模型对灰色系统进行预测。

灰色预测法是利用灰色模型进行有关数据预测的方法。灰色模型记为GM（n，h），其中n为微分方程的阶数，h为变量个数。其中，GM（1，1）预测模型是一阶的微分方程型的灰色动态模型，应用最为广泛。GM（1，1）建模的基本思路是把无明显规律的时间序列，经过一次累加生成有规律的时间序列，为建立GM（1，1）灰色模型提供中间信息，同时弱化原序列的随机性，再采用一阶单变量动态模型GM（1，1）进行拟合，用模型推求出来的生成数回代计算值，作累减还原运算，最后对还原值进行精度检验，符合精度要求模型就可以用于预测。

关于GM（1，1）模型的构建与检验步骤如下：

（1）设原始数列为：$X^{(0)} = (x^{(0)}(1), x^{(0)}(2), \cdots, x^{(0)}(n))$，对原始数据做一次累加，其元素为：$X^{(1)}(k) = \sum_{m=1}^{k} X^{(0)}(m)(k = 1,2,\cdots,n)$，由此生成新的序列为：

$$X^{(1)} = (x^{(1)}(1), x^{(1)}(2), \cdots, x^{(1)}(n)) \tag{2-1}$$

GM（1，1）模型的原始形式为：

$$x^{(0)}(k) + ax^{(1)}(k) = b \tag{2-2}$$

（2）令 $Z^{(1)}$ 为 $X^{(1)}$ 的紧邻均值生成序列，

$$Z^{(1)} = (z^{(1)}(2), z^{(1)}(3), \cdots, z^{(1)}(n))$$

$$z^{(1)}(k) = \frac{1}{2}(x^{(1)}(k) + x^{(1)}(k-1)) \tag{2-3}$$

则 *GM*（1，1）模型的基本形式为：

$$x^{(0)}(k) + az^{(1)}(k) = b \tag{2-4}$$

（3）设 $X^{(0)}$ 为非负序列，a，b 为待估参数，分别称为发展灰数和内生控制灰数，则微分方程式（2-4）的最小二乘估计参数列满足：

$$(a, b)^{\mathrm{T}} = (B^{\mathrm{T}}B)^{-1}B^{\mathrm{T}}Y \tag{2-5}$$

其中：

$$B = \begin{pmatrix} -\frac{1}{2}(x^{(1)}(1) + x^{(1)}(2)) & 1 \\ -\frac{1}{2}(x^{(1)}(2) + x^{(1)}(3)) & 1 \\ \vdots & \vdots \\ -\frac{1}{2}(x^{(1)}(n-1) + x^{(1)}(n)) & 1 \end{pmatrix} \qquad Y = \begin{pmatrix} x^{(0)}(2) \\ x^{(0)}(3) \\ \vdots \\ x^{(0)}(n) \end{pmatrix}$$

则称

$$\frac{\mathrm{d}x^{(1)}}{\mathrm{d}t} + ax^{(1)} = b \tag{2-6}$$

为灰色预测的白化方程。将 $(a, b)^{\mathrm{T}} = (B^{\mathrm{T}}B)^{-1}B^{\mathrm{T}}Y$ 中得到的 a，b 带入式（2-6）中，并解微分方程，则 *GM*（1，1）预测模型为：

$$\hat{X}^{(1)}(k+1) = \left(X^{(0)}(1) - \frac{b}{a}\right)e^{-ak} + \frac{b}{a} \tag{2-7}$$

再用还原公式 $\hat{X}^{(0)}(k+1) = \hat{X}^{(1)}(k+1) - \hat{X}^{(1)}(k)$ 就可以进行相关预测了。

（4）灰色预测模型的检验

①残差检验。

设原始序列为

$$X^{(0)} = (x^{(0)}(1), x^{(0)}(2), \cdots, x^{(0)}(n))$$

相应得预测模型模拟序列

$$\hat{X}^{(0)} = (\hat{x}^{(0)}(1), \hat{x}^{(0)}(2), \cdots, \hat{x}^{(0)}(n))$$

得到残差数列

$$\varepsilon^{(0)} = (\varepsilon(1), \varepsilon(2), \cdots, \varepsilon(n)) = (x^{(0)}(1) - \hat{x}^{(0)}(1), x^{(0)}(2) - \hat{x}^{(0)}(2), \cdots, x^{(0)}(n) - \hat{x}^{(0)}(n)) \quad (2-8)$$

相对误差序列

$$\Delta = \left(\left| \frac{\varepsilon(1)}{x^{(0)}(1)} \right|, \left| \frac{\varepsilon(2)}{x^{(0)}(2)} \right|, \cdots, \left| \frac{\varepsilon(n)}{x^{(0)}(n)} \right| \right) = \{\Delta_k\}_1^n \quad (2-9)$$

ⅰ. 对于 $k \leqslant n$，称 $\Delta_k = \left| \frac{\varepsilon(k)}{x^{(0)}(k)} \right|$ 为 k 点模拟相对误差，称 $\bar{\Delta} = \frac{1}{n} \sum_{k=1}^{n} \Delta_k$ 为平均相对误差；

ⅱ. 称 $1 - \bar{\Delta}$ 为平均相对精度，$1 - \Delta_k$ 为 k 点的模拟精度，$k = 1, 2, \cdots, n$；

ⅲ. 给定 α，当 $\bar{\Delta} < \alpha$ 且 $\Delta_n < \alpha$ 成立时，称模型为残差合格模型。

②关联度检验。

原始数列 $X^{(0)}$ 与 $\hat{X}^{(0)}$ 的绝对误差为

$$\Delta(k) = \left| \hat{X}^{(0)}(k) - X^{(0)}(k) \right| \quad (k = 1, 2, \cdots, n) \quad (2-10)$$

关联度系数为

$$\xi(k) = \frac{\min\{\Delta(k)\} + \rho\max\{\Delta(k)\}}{\Delta(k) + \rho\max\{\Delta(k)\}} (k = 1, 2, \cdots, n) \quad (2-11)$$

式中，$\min\{\Delta(k)\}$——最小差；

$\max\{\Delta(k)\}$——最大差；

$\xi(k)$——第 k 个数据关联度系数；

ρ——取定的最大百分比，一般为 50%，即 $\rho = 0.5$。

得到关联度系数为：

$$\xi = \frac{1}{n} \sum_{k=1}^{n} \xi(k) \quad (2-12)$$

其中：ξ 为数列 $X^{(0)}$ 对 $\hat{X}^{(0)}$ 的关联度；n 为样本个数。

③后验差检验。

设 $X^{(0)}$ 为原始数列，$\hat{X}^{(0)}$ 为相应的模拟序列，$\varepsilon^{(0)}$ 为残差数列，则 $X^{(0)}$ 的均

值、方差分别为：

$$\bar{x} = \frac{1}{n}\sum_{k=1}^{n} x^{(0)}(k) \tag{2-13}$$

$$S_1^2 = \frac{1}{n}\sum_{k=1}^{n} (x^{(0)}(k) - \bar{x})^2 \tag{2-14}$$

残差的均值、方差为：

$$\bar{\varepsilon} = \frac{1}{n}\sum_{k=1}^{n} \varepsilon(k) \tag{2-15}$$

$$S_2^2 = \frac{1}{n}\sum_{k=1}^{n} (\varepsilon(k) - \bar{\varepsilon})^2 \tag{2-16}$$

ⅰ. $C = \frac{S_2}{S_1}$ 称为均方差比值，对于给定的 $C_0 > 0$，$C < C_0$ 时，称模型为均方差比合格模型；

ⅱ. $p = P\left(\left|\varepsilon(k) - \bar{\varepsilon}\right| < 0.6745\right)$ 称为小误差概率，对于给定的 $p_0 > 0$，当 $p < p_0$ 时，称模型为小误差概率合格模型。

④精度检验等级。上述几种检验方法都是通过对残差的考察来判断模型的精度，其中平均相对误差 $\bar{\Delta}$ 和模拟误差都要求越小越好，关联度 ε 要求越大越好，均方差比值 C 越小越好，小误差概率 p 越大越好，给定 $\alpha, \varepsilon_0, C_0, p_0$ 的一组取值，就确定了检验模型精度的一个等级。常用的精度等级如表 2-4 所示，可供检验模型参考。一般情况下，最常用的是相对误差检验指标。

表 2-4　　精度检验等级参照

指标临界值 / 精度等级	相对误差 α	关联度 ε_0	均方差比值 C_0	小误差概率 p_0
一级	0.01	0.90	0.35	0.95
二级	0.05	0.80	0.50	0.80
三级	0.10	0.70	0.65	0.70
四级	0.20	0.60	0.80	0.60

2.4 案例：某市废旧电器回收数量预测①

1. 基本介绍

随着我国国家科技水平的进步和人民生活水平的提高，全国居民的家用电器拥有量不断增加。从 2005 年，我国开始进入家电报废高峰期，每年估计有 1500 万台家电报废。一方面是废旧电器引起的环境污染的不断加重；另一方面国家能源和资源供给的矛盾十分突出。环境和资源供给的矛盾已经引起了人们的注意。国外的废旧家电的回收再生利用技术已经基本成熟，而国内相应的回收再利用体系还只是处在初级阶段，和国际水平之间还存在较大的差距，所以尽快建立起废旧电器回收再生利用体系，促进废旧电器的回收利用，以解决废旧电器带来的日益严重的环境污染问题，对我国的可持续发展至为关键。

某市的再生资源回收利用体系的建立将对废旧电器的回收利用、地方上的环境保护和资源节约起到良好的作用。在再生资源回收再利用体系的建设中，要重点考虑废旧电器的回收利用，并且由于这是一项涉及资源性、公益性、流通性等多种行业属性的工作，这个行业不能完全依靠市场规律，其业务的开展也不能完全根据企业的利益最大化来取舍。其建立的再生资源回收体系是由政府来主导，企业来实施的一项公益性、环保性和经济性事业。再生资源回收体系建立后，废旧电器的回收再利用将是该企业的主营业务，所以对今后若干年某市的废旧电器回收数量的科学预测将能够有效确定回收系统的建设规模，对回收企业的各项决策起到重要作用。

废旧电器的产生量可以根据当年的电器拥有量乘以一定的废弃系数获得，也可以根据达到安全使用年限的电器数量预测。本文采用后一种方法，即根据电器的购买量，预测达到安全使用年限后的废旧电器数量。

表 2－5 为 1995—2003 年某市家用电器的购买量。考虑到非城镇居民废旧电器回收的可行性程度较低，表中没有包括非城镇居民的数据。

---

① 资料来源：杨海涛．SWZ 总公司废旧电器回收产业盈亏平衡分析，西安交通大学硕士学位论文，2007 年。

表 2-5　　1995—2003 年某市城镇居民家用电器购买量　　（单位：台）

年　份	电视机	电冰箱	洗衣机	空　调	电　脑
1994	93858	62541	73431	7980	
1995	97222	58345	92779	10060	
1996	76089	104580	126547	28396	
1997	64330	72528	106549	60281	107
1998	65245	62620	78177	58024	598
1999	105825	58229	62504	67180	3387
2000	144988	59926	56443	86450	4029
2001	117277	50729	58923	74462	4671
2002	222826	98754	108278	115274	8478
2003	170292	62133	69331	89411	16839

2. 某市电器购买量的灰色预测过程

下面以电视机为例介绍灰色预测模型预测未来八年某市的家用电器购买量过程。根据式（2-1）~式（2-7）和表 2-5 中的数据，可计算出以下结果：

$$X^{(0)} = (93858, 97222, 76089, 64330, 65245, 105825, 144988, 117277, 222826, 170292)$$

$$X^{(1)} = (93858, 191080, 267169, 331499, 396744, 502569, 647557, 764834, 987660, 1157952)$$

经计算后得到：

$$B = \begin{pmatrix} -142469 & 1 \\ -229124.5 & 1 \\ -299334 & 1 \\ -364121.5 & 1 \\ -449656.5 & 1 \\ -575036 & 1 \\ -706195.5 & 1 \\ -876247 & 1 \\ -1072806 & 1 \end{pmatrix} \quad Y_n = \begin{pmatrix} 97222 \\ 76089 \\ 64330 \\ 65245 \\ 105825 \\ 144988 \\ 117277 \\ 222826 \\ 170292 \end{pmatrix}$$

由式（2-5）得到：

$$(a,b)^{T} = (B^{T}B)^{-1}B^{T}Y = \begin{pmatrix} -0.1400411289 \\ 44866.41088 \end{pmatrix}$$

将 a，b 带入式（2－7）得到电视机的灰色预测模型为：

$$\hat{X}^{(1)}(k+1)_{视} = \left(X^{(0)}(1) - \frac{b}{a}\right)e^{-ak} + \frac{b}{a} = 414238.2435e^{0.140041129t} - 320380.2435$$

通过检验，残差误差、关联度、小误差概率和方差比都在允许范围内，可以用所建模型进行预测。

通过同样的模型构建方法可以建立电冰箱的灰色预测模型为：

$$\hat{X}^{(1)}(k+1)_{冰} = \left(X^{(0)}(1) - \frac{b}{a}\right)e^{-ak} + \frac{b}{a}$$

$$= -6083032.32998e^{0.012103396t} + 6145573.330$$

建立的洗衣机的灰色预测模型为：

$$\hat{X}^{(1)}(k+1)_{洗} = \left(X^{(0)}(1) - \frac{b}{a}\right)e^{-ak} + \frac{b}{a}$$

$$= -1900211.8416e^{0.056603558t} + 1973642.842$$

建立的空调的灰色预测模型为：

$$\hat{X}^{(1)}(k+1)_{空} = \left(X^{(0)}(1) - \frac{b}{a}\right)e^{-ak} + \frac{b}{a}$$

$$= 232913.0754e^{-0.143289547t} - 224933.0754$$

建立的电脑的灰色预测模型为：

$$\hat{X}^{(1)}(k+1)_{脑} = \left(X^{(0)}(1) - \frac{b}{a}\right)e^{-ak} + \frac{b}{a}$$

$$= 1368.475288e^{-0.515932993t} - 1261.475288$$

分别利用建立的电视机、电冰箱、洗衣机、空调和电脑的灰色预测模型预测某市今后几年的电器购买量，预测结果如表2－6所示。

表2－6　　未来几年某市家电销售数量的预测结果　　（单位：台）

年　份	电视机	电冰箱	洗衣机	空　调	电　脑
2004	219605	65629	62830	130306	20421
2005	252616	64839	59373	150381	34209
2006	290590	64059	56105	173549	57307

续 表

年 份	电视机	电冰箱	洗衣机	空 调	电 脑
2007	334271	63288	53018	200287	96000
2008	384519	62527	50100	231144	160819
2009	442321	61775	47343	266755	269405
2010	508811	61032	44738	307852	451307
2011	585296	60297	42276	355281	756030

3. 废旧家电数量预测

废旧家电的数量和购买量与电器的使用年限直接相关。理论上，废旧家电数量等于达到使用年限的家电的数量。家用电器的使用年限除与产品设计和生产工艺直接相关外，还因电器的功能、使用环境和使用频率等因素的不同而不同。

电器生产商之间定下的统一使用年限是10年左右，因为根据我国的《产品质量法》，“因产品存在缺陷造成损害要求赔偿的请求权，在造成损害的缺陷产品交付最初消费者满10年丧失”。

中国电子视像行业协会于2003年1月27日发出关于执行《彩色电视机安全使用期的规定》的通知，规定彩色电视机的安全使用期最多不超过7年（从售货发票日期计算），从2003年3月1日起开始生效。明确指出：“（传统显像管型）彩色电视机的安全使用期最多不超过7年。”因为只是行业协会制定的标准，没有法律效力，所以影响并不是很大。

各类电器产品报废期的确定，基本上套用《居民用户家用电器损坏处理办法》（原国家电力工业部颁布，1996年9月1日起实施）。其规定：电视机使用年限10年，电冰箱、洗衣机和空调器为12年。

根据国际通用的电器使用年限标准规定，以下电器正常使用年限为：彩色电视机：8~10年；电冰箱：13~16年；洗衣机：12年；个人电脑：6年。

综合以上分析，本文规定电视机、电冰箱、洗衣机、空调的使用年限为10年，电脑为6年。

根据历年来某市家用电器购买量和使用年限推算量。例如，按家用电器平均使用年限10年计算，2007年某市的废旧电器数量等于1997年某市居民的购买量。考虑到1994年以前购买的家用电器也超过了使用年限，必定也要进入淘汰的行列，假设在本模型的预测期的前5年内平均淘汰。

设购买量为 x_n，那么该模型的15年的废旧电器数量预测模型为：

$$y_m = \begin{cases} x_n + Q/5 & n = 1,2,\cdots,5 \\ x_n & n = 6,7,\cdots,15 \end{cases}$$

式中，Q——超过使用年限的电器保有量；

m——n + 电器使用年限。

1993年某市居民总户数为827278户，每百户居民家用电器拥有量和全市家用电器保有量如表2－7所示。

表2－7　某市1993年各类家电居民保有量　（单位：台）

	电视机		冰　箱	洗衣机	空　调
	彩色电视机	黑白电视机			
每百户拥有量	94	26	78	92	5
全市家电保有量（Q）	777641	215092	645277	761096	41364

根据上式废旧电器数量预测模型和表2－5、表2－6和表2－7的数据，可以计算出某市废旧家电回收再利用项目未来各年废旧家电的产生量，如表2－8和图2－2所示。

表2－8　废旧电器预测数量　（单位：万台）

年　份	电视机	电冰箱	洗衣机	空　调	电　脑	合　计
2004	14.50	5.99	5.64	8.65	—	34.78
2005	25.08	11.82	11.89	15.36	0.34	64.49
2006	51.46	30.98	34.93	21.99	0.40	139.77
2007	57.98	37.25	42.75	27.80	0.47	166.24
2008	84.27	57.40	68.63	34.65	0.85	245.80
2009	10.58	5.82	6.25	6.72	1.68	31.06

续 表

年 份	电视机	电冰箱	洗衣机	空 调	电 脑	合 计
2010	14.50	5.99	5.64	8.65	2.04	36.82
2011	11.73	5.07	5.89	7.45	3.42	33.56
2012	22.28	9.88	10.83	11.53	5.73	60.24
2013	17.03	6.21	6.93	8.94	9.60	48.72
2014	21.96	6.56	6.28	13.03	16.08	63.92
2015	25.26	6.48	5.94	15.04	26.94	79.66
2016	29.06	6.41	5.61	17.35	45.13	103.56
2017	33.43	6.33	5.30	20.03	75.60	140.69
2018	38.45	6.25	5.01	23.11	—	72.83
2019	44.23	6.18	4.73	26.68	—	81.82
2020	50.88	6.10	4.47	30.79	—	92.24
2021	58.53	6.03	4.23	35.53	—	104.32

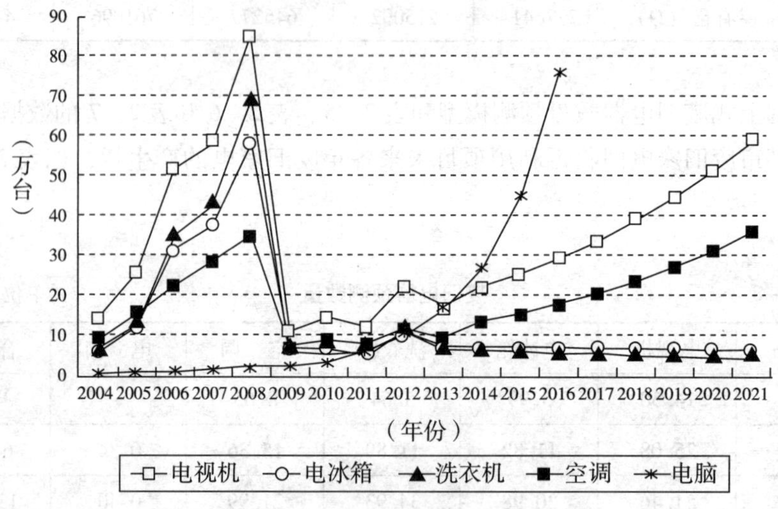

图 2-2 某市废旧电器的预测量

如表 2-8 所示，可计算出某市年平均废旧家电产生量约为 88 万台，废旧电器数量远远大于再生资源回收系统的设计规模，对于回收系统建设而言具有良好的资源保障。

2.5 本章小结

首先，本章介绍了物流系统需求的内涵和特征，然后简单分析了物流需求预测的概念、影响因素和基本步骤。

其次，在系统了解物流需求预测的基础上，本章对物流需求预测的方法进行了重点的介绍。本章将物流需求预测的常用方法划分为定性预测法与定量预测法两大类。定性预测法主要是靠预测人员的知识和经验，进行综合分析，对物流需求市场的未来前景作出估计和判断。常用的定性预测方法有专家评分法、专家会议法、头脑风暴法、德尔菲法、主观概率法、市场预测法、类推法等。定量预测法主要是根据完备的历史统计资料，运用一定的数学方法进行加工处理，以揭示变量间的规律性，从而对物流需求未来变化作出定量的估计。主要包括移动平均法、指数平滑法、趋势外推法、ARMA 模型预测法等时间序列分析方法以及回归分析预测法、经济计量模型预测法、投入产出分析预测法、弹性系数法、灰色预测法等因果分析方法。

再次，选择合适的预测方法，对于提高物流需求预测精度，保证预测质量，有十分重要的意义，因此本章还分析了选择预测方法时应综合考虑的因素。

最后，本章对定性预测法中的专家评分法、专家会议法和德尔菲法，以及定量预测中的时间序列预测方法、回归分析预测法、弹性系数预测法和灰色预测法进行了专门介绍。

3 物流系统网络规划

3.1 物流系统网络概述

3.1.1 物流系统网络的内涵

物流系统网络，即物流网络，是由在物流移动时执行使命的线路和在物流停顿时执行使命的结点这两种基本元素所组成的空间网络结构。

从定义可以看出，物流网络的主要构成要素是物流网络的结点及结点连接方式（线路），全部物流活动都是在物流线路和物流结点中进行的。

物流线路广义指所有可以行驶和航行的陆上、水上、空中路线，狭义仅指已经开辟的，可以按规定进行物流经营的路线和航线。在线路上进行的物流活动主要是运输，包括集货运输、干线运输、配送运输等。物流线路有以下几种类型：铁路线路、公路线路、海运线路和空运线路。

物流结点是物流系统中货物运往最终消费者过程中临时经过停靠的地方，是物流网络中连接物流线路的结节之处。物流功能要素中的包装、装卸、保管、分货、配货、流通加工等功能，基本是在物流结点上完成的。物流结点的种类很多，在不同线路上结点的名称也各异，例如，在铁路运输领域，结点的称谓有货运站、专用线货站、货场、转运站、编组站等；在公路运输领域，结点的称谓有货场、车站、转运站、枢纽等；在航空运输领域，结点的称谓有货运机场、航空港等；在商贸领域，结点的称谓有流通仓库、储备仓库、转运仓库、配送中心、分货中心等。

物流结点是物流系统的重要组成部分，物流效率的发挥依赖于物流结点的位置和功能配置。物流网络中物流结点对优化整个物流网络起着重要作用，现代物流中的物流结点不仅执行一般的物流职能，而且还越来越多地执行协调管理、调度和信息处理等职能。因此，有时物流结点也被称为物流据点、物流中枢或物流枢纽。归纳而言，物流结点的功能主要包括：

（1）物流处理功能。物流结点是物流系统的重要组成部分，是仓储保管、物流集疏、流通加工、配送、包装等活动的基地和载体，是完成各种物流功能运作、提供物流服务的重要场所。

（2）衔接功能。物流结点不仅将各条物流线路连接成一个系统，使各条线路通过物流结点形成相互贯通的网络，而且将各种活动有效地联系起来，使各种物流活动通过物流结点的整合实现无缝链接。

（3）信息管理功能。物流结点是整个物流系统物流信息收集、处理、传递的集中地。在现代物流系统中，每一个物流结点都是一个物流信息结点，若干个这种类型的信息点和物流信息中心结合起来，便形成了指挥、调控、管理、调度整个物流系统的信息网络。

（4）管理功能。物流系统的管理设施和机构基本集中设置于物流结点之中，物流结点是集管理、调度、信息处理和物流处理为一体的物流综合设施。整个物流系统有序化、合理化、效率化均取决于物流结点的管理水平。

3.1.2 物流结点的类型

1. 按物流结点服务类型划分

根据物流结点服务类型的不同，可以将物流结点大致划分为生产型物流结点、消费型物流结点和运输转运型物流结点。

生产型物流结点指服务于产品生产的物流结点，在供应链中它的上游是生产资料供应商，下游是商品、产品批发商等，物流结点的目标主要是在生产计划的指导下，根据生产的进度和供应商的能力，在有限的资源和组织结构的相互协调下，完成原材料采购、生产物料存储与配送、其他消耗物料的采购与供应，实现较低的物流成本、及时的物料配送等指标。因此，这类物流结点运营时将不仅考虑运输成本，还要考虑对于生产有着重要作用的其他因素，如原材料产地的分布、劳动力条件等。

消费型物流结点指拥有商品保管、在库管理机能，同时又进行商品配送的物流结点，其上游是厂家或者批发商，下游是零售商或者批发商，如很多从事生活消费品销售的企业自建的配送中心等，其主要目的在给定服务水平下（主要是指一定的服务时间）物流结点可覆盖的客户数量最大化。

运输转运型物流中心是主要从事商品的运输和集散的物流结点，如港口、公路货运站和铁路货运站等都属此类物流结点，虽然该类物流结点的上游、下游都比较复杂，但是与其他类型的物流结点相比，运输转运型物流结点的功能更为单纯，其主要目的是运输费用最小化，包括线路运输费用和结点转运费用等。

2. 按物流结点功能类型划分

按照物流结点主要功能类型划分，可以分为转运型物流结点、储存型物流结点、流通型物流结点和综合性物流结点。

转运型物流结点是以连接不同运输方式或相同运输方式为主要功能的结点，是处于运输线路上的结点，主要包括以货物转运为主要功能的公路货运站、铁路货运站、公铁联运站、港口、水陆联运站、空运转运站和综合转运站等。一般来说，由于这种结点处于运输线路上，以转换不同运输方式或同一运输方式为主，所以货物在这种结点上的停留时间较短。

储存型物流结点是以存放货物为主要职能的结点，包括以物资储存为主要功能的储备仓库、营业仓库、中转仓库、货栈等。

流通型物流结点是以组织物流快速流转为主要职能的物流结点。主要包括以流通为主要功能的流通仓库、集货中心、分货中心、加工中心、配送中心、物流中心和物流园区等。

综合性物流结点是物流系统集中于一个结点来实现两种以上主要功能，并且在结点中并非独立完成各自功能，而是将若干功能有机结合于一体。这种结点是为了适应物流规模化、复杂化以及使物流系统简化、高效的要求出现的，是现代物流系统中结点发展的方向之一。

3.1.3 物流系统网络的结构

供应链从供应商一直到客户，会经历很多物流结点，形成非常复杂的物流系统网络。图 3 –1 是一种供应链上典型的物流系统网络结构，而实际中的物流系统网络往往比这种典型结构还要复杂得多。

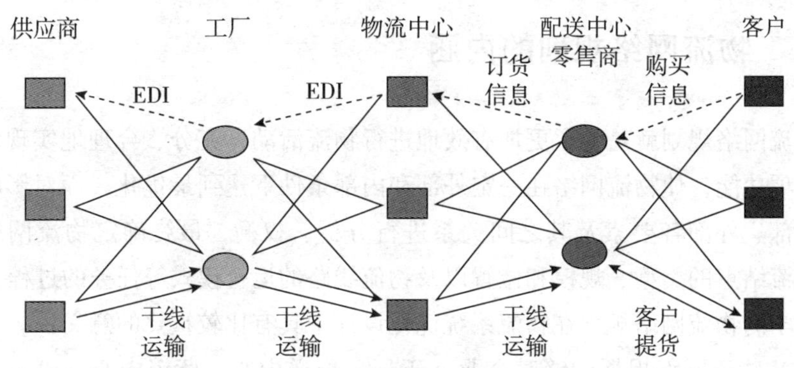

图 3 –1　供应链上典型的物流系统网络结构

但不管物流系统网络的结构多么复杂，基本可以由以下四种基本的结构组合而成，如图 3 –2 所示。

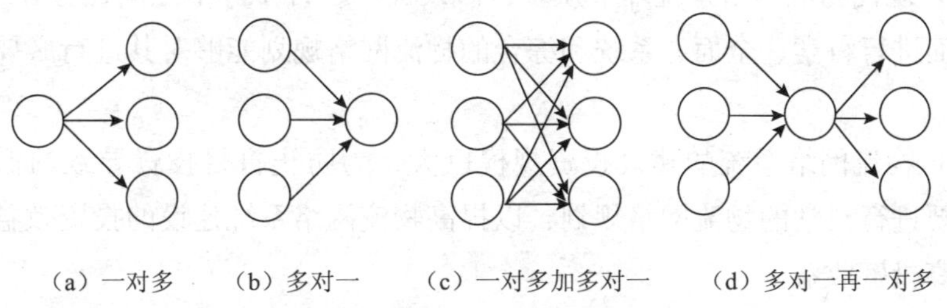

（a）一对多　（b）多对一　（c）一对多加多对一　（d）多对一再一对多

图 3 –2　物流网络的四种基本结构

从图 3 –2 中可以看出，“一对多”的网络结构与“多对一”的网络结构实际上是最基本的网络结构，它们是典型的直送模式，是从一个供应地直送到多个需求地或从多个供应地直送到一个需求地。它们组合而成的“一对多加多对一”的网络结构也是一种直送模式的更复杂的变体。这 3 种直送模式的网络结构特点是运输的速度比较快，处理较为简单，但是运输或配送的成本较高。由于现实中的物资要复杂得多，所以衍生出了“多对一再一对多”的网络结构，这是一种可以普遍应用于经济活动的集成物流模式。这种模式的特点在于能够提升物流运营的效率，降低运输成本，但处理较为复杂，需要有效集成。

3.2 物流系统网络规划概论

3.2.1 物流网络规划的内涵

物流网络规划就是为了更加有效地进行物流活动，充分、合理地实现物流系统的各项功能，使物流网络在一定外部和内部条件下达到最优化，而对影响物流系统内部、外部各要素及其之间关系进行分析、权衡，最终确定物流网络的结构、物流结点的类型、规模和位置以及物流线路的运行模式等任务的过程。

科学的物流网络规划在物流系统优化设计中具有比较重要的意义：

（1）物流网络规划能够对企业（工厂、配送中心、营销中心、第三方物流提供商）自身及物流网络内部的传统业务功能及策略进行系统性、战略性的调整和协调，从而提高物流网络整体的长远业绩，保证供应链上相关企业能够长期稳固的互利合作。

（2）现代物流网络系统环节众多，涉及面广，许多环节之间还存在“悖反”现象，而进行科学、全面、系统和综合的物流网络规划能够对其进行必要的统筹安排。

（3）物流网络系统的建设投资规模巨大，为防止盲目投资导致的低水平重复，需要进行科学的物流网络规划，以提高物流网络系统建设的投资效益，大幅度地提高投资收益。

（4）我国物流业整体水平还不高，要想实现跨越式发展，降低社会物流费用，提高物流运营效率，科学的物流网络规划是必不可少的重要环节。

一般而言，物流网络规划的总目标是物流网络运营总成本的最小化，包括库存持有成本、仓储成本和运输成本，同时满足客户对反应时间的要求。也就是说，物流网络的最优化通常是在满足客户反应时间要求的前提下，使分销设施数目尽可能地减少，在库存持有成本与运输成本之间达到平衡。

但由于物流网络的规划涉及供应商、生产商、零售商等众多主体，涉及从采购到生产到销售的多个环节，再加上影响物流网络规划的因素众多，例如，物流结点可选地址太多、运输方式选择因素复杂、客户要求苛刻等，因而设计最优的物流网络是一项相当艰巨的任务。

3.2.2 影响物流网络规划与设计的因素

进行物流网络规划时，需考虑的主要因素如下。

1. 物流量的大小与流向

进行物流网络规划需要综合考虑的物流量的大小和流向，这样才能保证物流线路和物流结点的容量、位置、规模等设计的合理性，保证物流设施运行的高效率。

2. 物流服务对象的分布

进行物流网络规划必须考虑物流服务的客户分布来进行物流结点位置和规模的设计，如果物流的服务客户主要是流通的零售店，大部分分布在人口密集的地方，那么为了提高服务水准及降低配送成本，物流结点的选址应该在客户分布地区的附近；如果物流的商品全部是由供应商所供应的，那么物流结点越接近供应商，则越不需要太多的商品安全库存。

3. 交通条件

交通的条件是影响物流的运输成本及效率的重要因素之一，在选择物流结点的位置时必须特别考虑道路交通的条件，一般物流网络结点应尽量选择在交通方便的高速公路、国道及快速道路附近的地方。

4. 人力资源条件

物流运作需要大量的劳力，所以人力资源条件也是物流网络规划尤其是物流结点选址所必须考虑的主要因素之一。人力资源条件通常包括人口、上班交通条件、薪资水准等几项；如果物流结点的用地位置附近人口不多且交通又不方便时，则基层的作业人员不容易招募；另外附近地区的薪资水准太高，也会影响到基层作业人员的招募。

5. 城市的扩张与发展

物流结点尤其在城市内物流结点的选址，既要考虑城市扩张的速度和方向，又要考虑节省分拨费用和减少装卸次数。大凡道路通达之后，立即就有住宅和工商企业兴起，城市实际上沿着道路一块一块发展着、迁徙着，物流结点的选择也不是固守一地的。例如，许多大型仓储企业的仓库，20 世纪 70 年代以前处于城乡结合部，不对城市产生交通压力，但随着城市的发展，这些仓库现处于闹市区，大型货车的进出受到管制，专用线的使用也受到限制，不得不选择外迁。

6. 土地因素

依据目前国内的物流结点设置，可分为工业区、住宅区、商业区、农业区、仓储区或物流专业园区等几种地区，而大部分的物流结点是在工业区设置，也有一部分是在住宅区、商业区及农业区设置，尤其是经销商及营业所最为常见，也有一部分设置于仓储区；一旦有了物流专业园区或仓储区，物流业者应该优先考虑使用。此外。物流用地价格因素也是影响物流成本的重要因素之一，原则上，物流结点进行选址规划时最好是既符合经济性又符合交通便利的条件。

7. 自然环境因素

进行物流网络规划时，事先了解自然环境条件有助于降低物流网络建构的风险，因此自然环境因素也是规划者必须考虑的。自然环境因素一般包括地理因素和气候因素。例如，地形对仓库基建投资的影响很大，地形坡度一般应设为1%~4%，在外形上可选择长方形，不宜选择狭长或不规则形状；库区设置在地形高的地段，容易保持物资干燥，减少物资保管费用；临近河海地区，必须注意当地水位，不得有地下水上溢；土壤承载力要高，避免地面以下存在淤泥层、流沙层、松土层等不良地质条件，以免受压地段造成沉陷、翻浆等严重后果，等等。此外，有的地方靠近山边湿度比较高，有的地方湿度比较低，有的地方靠近海边盐分比较高，这些都会影响商品的储存品质，所以在进行物流网络规划时，要注意湿度还有降雨量、台风、地震及河川等气候灾害的影响。

8. 政策环境因素

政策环境因素也是物流网络规划的重点之一，尤其现在取得物流用地越来越困难，如果有政府政策的支持，则更有助于物流业者的发展。政策环境因素包括企业优惠措施（土地提供、减税）、城市规划（土地开发、道路建设计划）、地区产业政策等。例如，我国许多城市建立了现代物流园区，其中除了提供物流用地外，也有关于税赋方面的减免，有助于降低物流业者的运营成本。

3.2.3 物流网络规划的步骤

物流网络规划，基本上都是以追求最低物流总成本与最大顾客满意度为出发点，同时兼顾成本与服务水平，从整合物流角度来规划整体的物流设施网络。物流网络规划的核心内容是物流结点的选址规划，物流网络规划（包括结点选址规划）的目的是根据物流设施、存货、运输与服务水平之间的相互关系，找出彼此之间的约束与联系，采用数学的方法与原理，求得最优解。物流网络规划的基本步骤主要如图 3－3 所示。

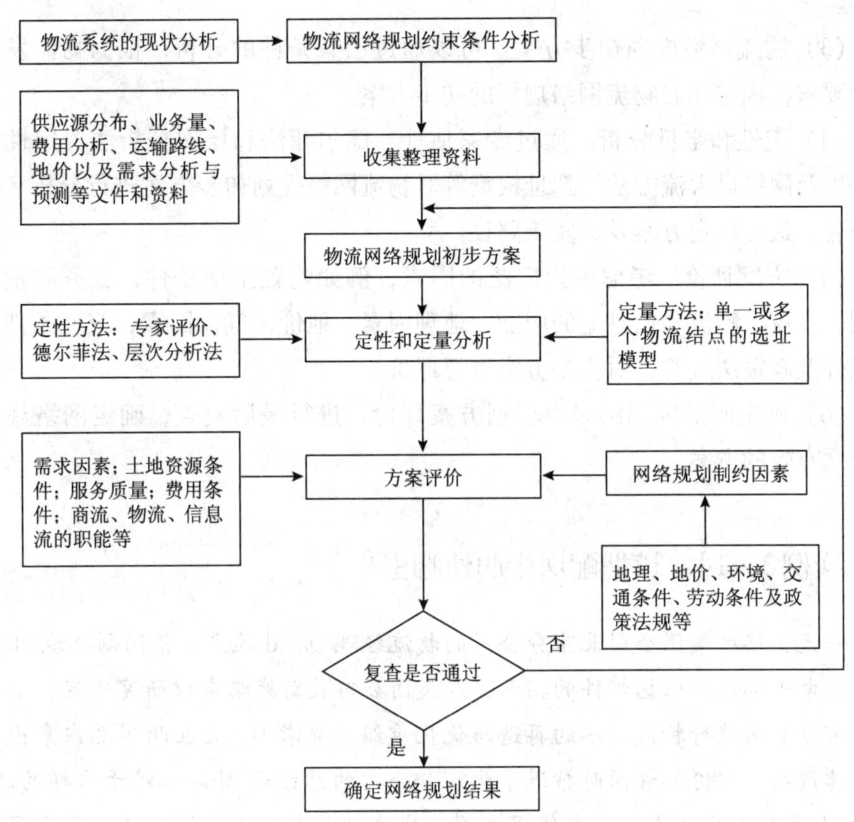

图 3－3　物流网络规划的基本步骤

根据图 3－3 所示，可以归纳物流网络规划的基本步骤如下：

（1）物流系统的现状分析。也就是分析物流网络规划的现实约束条件，通过物流系统的现状分析，可以了解物流系统的本身的能力与资源状况，确定今后发展的方向，使物流网络规划能够有效地利用现有的设施设备等。

（2）收集整理资料。物流网络规划所需的文件和数据通常包括：产品线上的所有产品清单，顾客、存货点、原材料供应源的地理分布，每一区域的顾客对每种产品的需求量，运输成本和费率，运输时间、订货周期、订单满足率，仓储成本和费率；采购、制造成本，产品的运输批量，网络中各结点的存货水平及控制方法，订单的频率、批量、季节波动，订单处理成本与发生这些成本的物流环节，顾客服务目标，在服务能力限制范围内设备和设施的可用性，产品配送模式等。

(3) 物流网络规划初步方案。可以通过已有条件的分析，根据物流发展战略的要求，确定几套物流网络规划的初步方案。

(4) 定性和定量分析。通过专家估计、德尔菲法和层次分析法等定性分析方法以及网络最大流方法、选址模型等对物流网络规划初步方案进行分析、修正和完善，最终确定方案及其实施路径。

(5) 方案评价。考虑更为广泛的因素，例如购置土地条件，服务质量，总费用，商流、物流和信息流的职能，地理因素，地价，气候因素，交通条件，劳动条件及政策法规等，对实施方案进行评价。

(6) 确定网络规划结果。根据方案评价，进行最后复查，确定网络规划最终行之有效的方案。

→[实例3-1]：该把配送中心建哪里①

一天，格林集团公司北京分公司的物流经理David收到了集团副总裁Stephen发来的电子邮件。根据邮件的指示，经集团公司最新战略会议研究决定，首先将在北京分公司进行物流网络的再造与优化重组，要求David在两周之内拿出一份规划建议书。这份邮件同时抄送了北京分公司的总经理Mike。对于这样的决定，David丝毫没有感到奇怪。在集团公司的战略调整会议上，他知道集团公司现正在着手从供应链优化的角度对整体物流网络进行调整。而且，他也深知采购部与销售部对物流部的工作一向是很有意见的，希望物流部能提供更好的内部客户服务水准。只是这个课题该从哪里着手呢？David想起了自己一直在构思的北京CDC（中央配送中心）建设问题。

① 资料来源：张传骞，http：//www.logclub.com/thread-2197-1-1.html，物流沙龙网站。

1. 物流网络试点

格林公司是一家从新中国成立初期就发展起来的大型医药流通企业，为众多知名的国内、国际医药生产企业提供分销和物流服务。在全国范围内为药品生产企业提供包括仓储、配送及分销在内的各种服务。其客户关系覆盖到各大医院、连锁药店以及全国29个省市的药品批发企业。格林公司在北京、上海、广州、武汉、重庆、沈阳等核心城市构建起辐射华北区、华东区、华南区、华中区、西南区、东北区的物流网络。员工已超过3000人，年营业额达到200亿元人民币。格林公司作为一家集团公司，采取条线与条块结合的矩阵式管理：大区行政总经理负责当地分公司的整体控制，对采购、销售和物流这三个主要业务进行总体把握，而采购、销售与物流这三个业务之间是彼此分离的，药品采购由采购部负责，药品销售由销售部负责，药品仓储和配送由物流部负责，而且这三个部门分别要向集团的主管业务部门直接汇报工作。格林公司北京分公司覆盖的地区主要包括以北京、天津、河北、河南、山东为主的华北区，所有在这个地区之内的药品分销和配送业务都由北京分公司来操作。

David 作为格林公司北京分公司的物流总监，主要负责物流配送体系的构建、评估和监督审计，为格林公司华北区的药品采购和分销提供良好的物流平台。他的汇报对象除了北京分公司的行政总经理 Mike 之外，还有集团总部负责物流业务的副总裁 Stephen。至于北京分公司的采购总监 Terry 和销售总监 Lisa，与 David 是平级关系，David 只需把一些物流运作的重要变化抄送他们即可。每周 Mike 会召集三个业务总监召开一次会议，对相关需要解决的问题进行沟通，从某种意义上来说，Mike 在发挥供应链总监的职责。

从2002年开始，格林公司在拓展国际医药生产企业的代理、分销业务有了长足的发展，年度业务增长速度达到了25%左右，而且预期这样的增长还会持续3~5年，由此导致格林公司原有的物流配送体系难以支持业务的快速发展，需要在原来的基础上进行网络体系的优化以及投建新的大型医药配送中心。而第一个项目，正是从北京分公司开始的，也就是 David 负责的这一块。

作为在格林公司工作了20多年的老员工，David 深知医药流通行业所面临的机遇与挑战，对目前这个项目的重要性也深有体会。一方面，随着药店准入门槛的降低，民营资本、个体经营者纷纷投资开办药店。但综观医药流通业，现在尚未形成专业化、规模化、集约化的经营，因此进入的门槛比较低。而另一方面，中国加入WTO以后，大型跨国企业看好大陆医药流通市场，逐渐渗透到这个领域，将在销售后服务、营销渠道管理方面与本土企业展开争夺。在这样的机遇与挑战并存的情况下，格林公司作为一家传统大型医药流通企业，能否获得再次发展，寻求出路和积极转变将是企业面临的重大课题。而作为为流通提供保障与支持的配送与物流网络，将成为大发展的基础。

David知道在格林公司全国的物流网络中，北京分公司算是比较好的：以北京南三环外的玉泉营配送中心作为中央配送中心（CDC），以石家庄、天津、郑州、太原等地的配送中心作为区域配送中心（RDC），北京分公司已构筑起面向整个华北区一级、二级、三级城市的自营药店、区域经销商和医院等医疗单位的一张网，通过自有车队或协议车队为这些客户提供比较准时的服务。当然，David知道集团公司之所以选择北京分公司来试点，也是因为他们之前的基础比较好，已经具备了一批能力比较强的物流人才，在库存管理、配送管理、流程管理、信息系统等方面比其他兄弟分公司都做得好一些。所以，当务之急就是怎么样才能在这样短的时间内按照集团要求拿出一份规划建议书，而其中，首要的就是进行北京CDC的选址问题。

2. 北京公司的配送网络问题

David在2005年曾组织北京CDC、天津RDC、石家庄RDC、郑州RDC、太原RDC的经理以及北京分公司物流部的技术人员，对北京分公司的配送网络和配送中心的现状做过一次整体分析，并形成一份报告提交给集团公司。这个报告对面临的问题做了一个阐述。

北京分公司经过长期的发展，已逐渐构建起集储存、转运、加工、配送等多功能一体的物流配送网络，在配送中心建设方面，也实现了商流、物流、信息流、资金流的统一。但总体而言，问题还很多，报告对此的叙述如下：

（1）配送中心布局不合理。北京分公司的各配送中心都是在新中国成立初期就发展起来的，当时是处于城市的边缘地带或者是郊区，但经过近年来城市的发展，已经从城市的边缘地带被包容进城市的中心或近中心地带。而这些大中型城市为了缓解城市交通压力，对从事物流的营运车辆都有这样或那样的限制。最简单的一个例子就是北京的玉泉营配送中心，货车在白天出入的话，需要通行证，所以只能在夜里安排出入库，导致效率比较低。同时，这些传统的配送中心，在建造时可能还是处于当时物流网络的核心位置，但现在因为周边交通路网的发展、区域经济的发展，再作为一个物流结点，就不合适了，会增加过多的交通成本。北京的 CDC 除了为北京市场进行区域配送之外，还有一个重要的功能就是为其他 RDC 进行中转配送，以玉泉营的地理位置来说，就是很难操作的。

（2）配送中心现代化程度低。北京分公司的各配送中心机械化水平程度均比较低，几乎所有的物流环节都是人工处理，相当于传统仓库的概念，同现代医药物流配送中心以机电一体化、无纸化为特征的配送自动化、现代化相比，仍有相当大的差距。这些配送中心均建于若干年前，采取砖混机构，净高比较低，即便进行改造，成本投入与新建物流中心相比也没有任何优势。但因为处于城市中心或近中心地带，土地价格比较高，如果采取转让给其他企业而在城市之外另选地块建设，是为上选。

（3）配送中心运作效率比较低。北京分公司的各配送中心在建造初期均是为自营业务服务，当时很难预测到现在这样的物流规模。而且在配送中心建设过程中，由于未采用合适的物流设计技术，导致仓储功能区布局不合理，物流动线交叉严重，“瓶颈”比较多，物流环节存在相互重复、冲突现象，库存呆滞时间过长，人力资源浪费巨大，造成整体运作效率低下。北京分公司配送中心的这种状况，随着医药消费的差异化、医药流通市场价格竞争和顾客对高质量服务水平的追求，表现得尤为突出。

（4）配送中心功能单一。现代化配送中心一般都具备如下功能：库存管理、存储管理、品质检验、物流加工、配送管理、信息管理、资金管理等功能。但北京分公司的配送中心，基本上属于传统的仓库概念，即主要是提供仓储和运输配送的职能。

重新翻阅这份报告之后，David 认为他首先需要做的是进行配送网络体系的构建，把北京分公司的原有配送网络重新进行设计，然后对每个新建配送中心用现代物流理念进行科学的规划设计，最后是在流程控制与管理方面做一些文章。而要进行配送网络体系的构建，则需要先进行新配送中心的选址，特别是北京 CDC 这个最重要的核心物流结点。

3. CDC 的选址难题

David 其实对选址这一块并不是太陌生。之前无论是 Terry 还是 Lisa，在遇到有关物流的问题时都会征求他的意见，北京分公司很多新药店的选址工作他都有参与，他对如何确定目标客户、如何离目标客户最近、如何权衡租金水平与客户满意度等都有一些了解。

但配送中心的选址，David 还真不清楚，毕竟北京分公司已经很多年没涉及新建配送中心了。于是，他决定为此举行一个内部会议，共同研究一下。他找来了 Mike、Terry、Lisa，就 CDC 的选址问题召开会议。Mike 对成本很敏感，虽然新建 CDC 的费用会由集团公司投资，但这笔费用会记在北京分公司的账上，并在每年的支出里进行分摊。Terry 作为负责采购的主管，对于供应商送货到这个新建 CDC 的倾向比较了解。而 Lisa 更关注的是客户的满意度，从客户下订单到把药品送到客户那里这样的一个前置期应该保持在怎样的水平上，她有绝对的话语权。

David 首先把这样的一个项目向大家做了介绍。他认为正确的配送中心选址，可以将供应商、配送中心、终端销售网络进行合理的分工、整合。供应商重点抓产品的研发和终端消费者的服务；配送中心重点抓上游供应商、下游客户的服务，通过进行规模化配送提高物流效率；终端销售网络重点抓好药品的销售，提供专业的健康咨询服务。同时，David 把他掌握的一些情况向大家做了一下分享：现在有意向可供选址的几个物流基地包括通州物流基地、空港物流基地、西南物流基地、平谷物流基地以及其他的几个小型物流园区，土地价格在 15 万/亩 ~50 万/亩不等。

Terry 表示现在北京分公司的供应商除了北京的药厂以外，还包括天津、河北、山西、河南等地的药厂以及 M 公司其他 CDC，他们对送货到北京分公司现在位于玉泉营的 CDC，一直以来都有很大的意见，司机经常因为不在指定时间出入三环被北京交通部门罚款。如果这次能够在北京的五环之外选址，则可以解决这个问题（注：按照当前北京交通管制政策，五环以内有限时通行，五环以外没有限时通行)。对于上述四个物流基地，他认为良乡物流基地的地理位置比较好，可以作为考虑的对象，缺点是现在还处于规划阶段，没有实质性进展。

Lisa 对于 Terry 这个建议表示认可，但同时认为不能够离市区太远，因为她的北京客户如药店、医院、经销商都是位于市区的，如果太远，像现在很多客户 1 个小时之内送货到门的要求就不能满足。而且，因为配送给这些客户的成本是由北京分公司承担的，距离太远将导致额外的配送成本。她对上述四个物流基地都不太满意，要么是地价太高，要么是距离市区的客户太远，她建议考虑一下十八里店物流基地，但十八里店的缺点是已经没有闲余土地，而且不在北京市最新的城市规划修编中，十八里店已经不是物流发展区域了。

Mike 如以往的很多会议一样，再次强调了他对成本控制的重视。而且对于新建 CDC 这个项目，集团公司有一个明确的指导性建议，就是占地面积不能超过100 亩，建筑面积不能超过60 亩，投资总额不能超过9000 万元，这个投资总额包含了土地成本、建筑成本、设备成本三项。他希望大家重点考虑一下平谷物流基地，这里的土地成本比较低，而且属于新开发的物流基地，此时介入的时机比较好，可以要求当地政府提供一些优惠政策，缺点是平谷物流基地距离市区的距离比较远。

而 David 从现代医药物流既要权衡总物流成本与客户服务水平，又要兼顾一些影响因素，如自然环境因素（气象条件、地质条件、水文条件、地形条件）、经营环境因素（产业政策、主要商品特性、物流费用、服务水平）、基础设施状况（道路、交通条件、公共设施状况）及其他（国土资源利用、环境保护要求）的角度，结合一些政策因素，初步认为把北京分公司的 CDC 建在通州物流基地。这样一则土地价格不是最高，二则区位优势和交通优势也比较明显（北京分公司超过 80% 的货物是通过公路运输来走的，与国家级高速公路的连接情况一定要作为一个考核的要点），无论发展远程运输还是本地配送，都具有一定的合理性。

通过这次会议，David 相信他已经了解到一些关于配送中心选址的方法以及需要注意的关键点，但让他来决定最恰当的建造地点，他还是拿不准。该以谁的意见为先呢？

3.3 物流网络规划中结点选址方法

物流网络规划是一个系统工程，其中物流结点的选址规划是物流网络规划中最重要的一项内容。本节将专门讨论物流结点选址的方法和技术，首先将介绍物流结点选址的基本问题，然后介绍物流结点选址的定性方法和技术，最后讨论物流结点选址的定量方法和技术。

3.3.1 物流结点选址问题的分类

物流结点的服务功能特性决定了它大都布局在城市边缘，并且交通条件好、用地充足的地方。所以，物流结点的选址一般会尽可能选择交通枢纽中心地带，使结点与运输网络相适应，同时还要考虑结点的其他经济合理性，如库存成本大小、地理区位优势、人力资源条件、客户与供应商分布、服务水平要求等。物流结点选址问题是指用各种定性或定量的方法确定物流网络中结点的数量、位置和规模，其目标是通过合理规划物流网络的结构和布局，使物流成本达到最小。在进行物流结点的选址之前，需首先确定以下几个问题：

（1）选址的对象是什么？

（2）选址的目标区域有哪些？

（3）选址规划的目标是否单一，究竟有哪些关键因素影响物流结点的选址？

（4）选址问题的目标函数是什么？

（5）选址问题有哪些约束？

针对以上这些不同的问题，可以选用不同的选址方法，对于简单单一的选址问题，可以用定量的模型进行分析，而对一些复杂的物流结点选址问题，往往是战略层面上的，因此需要用定性和定量结合的方法来进行规划。

一般而言，可将选址问题按下面几种方法分类：

1. 按物流结点性质划分

不同的物流结点的功能、结构都存在明显不同，选址时关键性的影响因素也不相同。例如，在工厂和仓库选址中，最重要的因素通常是经济因素；而在服务设施（如零售网点）选址时，对客户的服务水平则可能是首要的选址要素。因此，按物流结点的性质进行划分，将能够确定物流结点选址的目标和约束条件，从而能够选择正确的方法进行规划。

2. 按物流结点数量划分

根据选址的物流结点数量，可以将选址问题分为单一物流结点选址问题和多物流结点选址问题。单一物流结点的选址与同时对多个物流结点选址是截然不同的两个问题，单一物流结点选址无须考虑物流结点之间的需求分配、设施成本与数量之间的关系等因素。

3. 按离散程度划分

按照选址目标区域的特征，选址问题分为连续选址和离散选址两类。连续选址问题是指在一个连续空间内所有点都是可选方案，需要从数量是无限的点中选择其中一个最优的点。这种方法称为连续选址法，常应用于物流结点的初步定位阶段。离散选址问题是指目标选址区域是一个离散的候选位置的集合。候选位置的数量通常是有限的，可能事先已经过了合理分析和筛选。这种模型是较切合实际的，称为离散选址法，常应用于物流结点的具体设计阶段。

4. 按能力约束划分

根据选址问题的能力约束种类，可以分为有能力约束的选址问题和无能力约束的选址问题两种，如果物流结点的能力可充分满足客户的需求，那么，选址问题就是无能力约束的结点选址问题；反之，如果各物流结点有能力约束上限，那么就是有能力约束的选址问题。

3.3.2 物流结点选址的定性方法

1. 专家评分法

专家评分法是以专家为索取信息的对象，运用专家的知识和经验，考虑选址对象的社会环境和客观背景，直观地对选址对象进行综合评分，从而决定物流结点选址方案的方法。专家评分法的特点是主观色彩比较强、综合考虑的因素多、简单易行。实施专家评分法时选择的专家通常是物流专家、技术专家、管理专家或专业业务人员，在专家进行评分时，应注意以下一些因素：

（1）物流市场调查。需要调查和预测物流需求量及发展前景、竞争者的情况、机遇与挑战等，进行物流市场调查的目的是分析要不要建物流结点、建什么样的结点、物流结点的规模应该怎样。

（2）物流结点的任务、目标和功能调查。调查分析物流结点要实现什么、实力如何、物流结点规划的目标、任务和可行性怎样、进行这样的调查能够确定物流结点规划是一次到位还是分阶段进行、每一阶段应该达到什么功能程度。

（3）其他。调查市场、交通、地质、环境等因素。

2. 因素评分法

因素评分法实际是简单专家评分法的深化，它常用来解决离散型单点物流设施的选址问题，这也是在实际选址问题中最常用的一种有效方法。

因素评分法是首先将每一个备选地点都按因素计分，在允许的范围给出一个分值；然后将每一地点各因素的得分相加或加权相加，求出总分后加以比较；最后，选择得分最多的地点为最终的方案。

使用因素评分法选址的主要步骤如下：

（1）给出备选地点。

（2）列出影响选址的各个因素。

（3）给出每个因素的分值范围。

（4）由专家对每个备选地点的各个因素评分。

（5）将每一地点各因素的得分相加，求出总分后加以比较，得分最多的地点中选。

3. 德尔菲法

德尔菲法，是依据严格的程序，采用匿名发表意见的方式（即团队成员之间不得互相讨论，不发生横向联系，只能与调查人员发生关系），然后反复地填写问卷，以集结问卷填写人的共识及收集各方意见最终得到结果的方法。参照第2章德尔菲法的介绍，可以总结德尔菲法在物流结点选址中的具体实施步骤如下：

（1）组成物流结点选址规划专家小组。按照物流结点选址所需要的知识范围，确定专家。专家人数一般不超过20人。

（2）向所有专家提出物流结点选址的问题及有关要求，并附上有关这个问题的所有背景材料，同时请专家提出还需要什么材料，然后，由专家做书面答复。

（3）各个专家根据他们所收到的材料，提出自己的初步选址决策意见，并说明自己是怎样利用这些材料并提出选址决策的。

（4）将各位专家第一次判断意见汇总，列成图表，进行对比，再分发给各位专家，让专家比较自己同他人的不同意见，修改自己的意见和判断。也可以把各位专家的意见加以整理，或请身份更高的其他专家加以评论，然后把这些意见再分送给各位专家，以便他们参考后修改自己的意见。

（5）将所有专家的修改意见收集起来汇总，再次分发给各位专家，以便做第二次修改。收集意见和信息反馈一般要经过三四轮。在向专家进行反馈的时候，只给出各种意见，但并不说明发表各种意见的专家的具体姓名。这一过程重复进行，直到每一个专家不再改变自己的意见为止。

（6）对专家的意见进行综合处理。

4. 层次分析法

层次分析法实际上是一种定性和定量结合并能够解决多因素多层次问题的方法。层次分析法可以把复杂问题分解成各个组成因素，又将这些因素按支配关系分组形成递阶层次结构，然后通过两两比较的方式确定各个因素的相对重要性，并综合决策者的判断，确定决策方案相对重要性的总排序，最终得到结果。

由于许多物流结点的选址问题不仅仅是总运输费用最小的单一因素优化问题，它还涉及经济、社会、环境、货运通道网等多个层面，需进行综合分析和评估，因此，当筛选出若干个备选方案后，就可采用层次分析法来选择最优方案。关于层次分析法在物流结点选址中的具体实施步骤如下所述：

（1）递阶层次结构的建立。首先把物流结点选址问题条理化、层次化，构造出一个层次分析的结构模型。在模型中，物流结点选址问题被分解，分解后各组成部分称为元素，这些元素又按属性分成若干组，形成不同层次。同一层次的元素作为准则对下一层的某些元素起支配作用，同时它又受上面层次元素的支配。层次可分为目标层、准则层和方案层三类。对于物流结点选址问题，目标层就是选择最优的结点位置，方案层就是已被筛选出的若干备选方案，而准则层的设计则是层次分析法的核心。

通常评估一个选址方案的优劣有许多指标，一般可分成三大类，即经济环境指标、自然环境指标和社会环境指标。

经济环境指标主要包括以下一些二级指标：运输费用、地价租金、人力资源条件、市场需求、客户分布、供应商分布等。

自然环境指标主要包括以下一些二级指标：地理环境指标、环境污染影响程度指标、气候条件指标等。

社会环境指标主要包括以下一些二级指标：当地物流政策、城市发展融合度指标、当地交通压力指标等。

（2）构造两两比较判断矩阵。在物流选址评估指标的递阶层次结构中，设上一层元素 C 为准则，所支配的下一层元素为 u_1，u_2，…，u_n 对于准则 C 相对重要性即权重。这通常可分两种情况：

①如果 u_1，u_2，…，u_n 对 C 的重要性可定量（如运输费用、人力成本、客户数量等），其权重可直接确定。

②如果问题复杂，u_1，u_2，…，u_n 对于 C 的重要性无法直接定量，而只能定性，那么确定权重用两两比较方法。其方法是：对于准则 C，元素 u_i 和 u_j 哪一个更重要，重要的程度如何，通常按1～9比例标度对重要性程度赋值，表3－1中列出了1～9标度的含义。

表3－1　　标度的含义

标　度	含　义
1	表示两个元素相比，具有同样重要性
3	表示两个元素相比，前者比后者稍重要
5	表示两个元素相比，前者比后者明显重要
7	表示两个元素相比，前者比后者强烈重要
9	表示两个元素相比，前者比后者极端重要
2，4，6，8	表示上述相邻判断的中间值
倒数	若元素 i 与 j 的重要性之比为 a_{ij}，那么元素 j 与元素 i 重要性之比为 $a_{ji} = \frac{1}{a_{ij}}$

对于准则 C，n 个元素之间相对重要性的比较得到一个两两比较判断矩阵

$$A = (a_{ij})_{n \times n}$$

其中 a_{ij} 就是元素 u_i 和 u_j 相对于 C 的重要性的比例标度。判断矩阵 A 具有下列性质：$a_{ij} > 0$，$a_{ji} = \frac{1}{a_{ij}}$，$a_{ii} = 1$。由判断矩阵所具有的性质知，一个 n 个元素的判断矩阵只需要给出其上（或下）三角的 $n(n-1)/2$ 个元素就可以了，即只需做 $n(n-1)/2$ 个比较判断即可。若判断矩阵 A 的所有元素满足 $a_{ij} \cdot a_{jk} = a_{ik}$，则称 A 为一致性矩阵。

（3）单一准则下元素相对权重的计算。已知 n 个元素 u_1，u_2，…，u_n 对于准则 C 的判断矩阵为 A，求 u_1，u_2，…，u_n 对于准则 C 的相对权重 $\omega_1, \omega_2, \cdots, \omega_n$，写成向量形式即为 $W = (\omega_1, \omega_2, \cdots, \omega_n)^T$。权重计算方法主要有和法、根法和特征根法等。

①和法。将判断矩阵 A 的 n 个行向量归一化后的算术平均值，近似作为权重向量，即：

$$\omega_i = \frac{1}{n}\sum_{j=1}^{n}\frac{a_{ij}}{\sum_{k=1}^{n}a_{kj}} \qquad i = 1,2,\cdots,n$$

计算步骤如下：

第一步：A 的元素按行归一化；

第二步：将归一化后的各行相加；

第三步：将相加后的向量除以 n，即得权重向量。

类似的还有列和归一化方法计算，即：

$$\omega_i = \frac{\sum_{j=1}^{n}a_{ij}}{n\sum_{k=1}^{n}\sum_{j=1}^{n}a_{kj}} \qquad i = 1,2,\cdots,n$$

②根法（即几何平均法）。将 A 的各个行向量进行几何平均，然后归一化，得到的行向量就是权重向量。其公式为：

$$\omega_1 = \frac{\left(\prod_{j=1}^{n}a_{ij}\right)^{\frac{1}{n}}}{\sum_{k=1}^{n}\left(\prod_{j=1}^{n}a_{kj}\right)^{\frac{1}{n}}} \qquad i = 1,2,\cdots,n$$

计算步骤如下：

第一步：A 的元素按列相乘得一新向量；

第二步：将新向量的每个分量开 n 次方；

第三步：将所得向量归一化后即为权重向量。

③特征根法。解判断矩阵 A 的特征根问题：$AW = \lambda_{\max}W$。式中，$\lambda_{\max}$ 是 A 的最大特征根，W 是相应的特征向量，所得到的 W 经归一化后就可作为权重向量。

（4）判断矩阵的一致性检验。在计算单准则下权重向量时，还必须进行一致性检验。在判断矩阵的构造中，并不要求判断具有传递性和一致性，即不要求 $a_{ij} \cdot a_{jk} = a_{ik}$ 严格成立，这是由客观事物的复杂性与人的认识的多样性所决定的。但要求判断矩阵满足大体上的一致性是应该的。如果出现“选址地点甲比地点乙极端重要，地点乙比地点丙极端重要，而地点丙又比地点甲极端重要”的判断，则显然是违反常识的，一个混乱的经不起推敲的判断矩阵有可能导致物流选址决策上的失误。而且上述各种计算排序权重向量（即相对权重向量）的方法，在判断矩阵过于偏离一致性时，其可靠程度也值得怀疑，因此要对判断矩阵的一致性进行检验，具体步骤如下：

①计算一致性指标 $C.I.$

$$C.I. = \frac{\lambda_{\max} - n}{n - 1}$$

②查找相应的平均随机一致性指标 $R.I.$

下表给出了 1 ~ 15 阶正互反矩阵计算 1000 次得到的平均随机一致性指标。

表 3-2　　平均随机一致性指标 $R.I.$

矩阵阶数	1	2	3	4	5	6	7	8
$R.I.$	0	0	0.52	0.89	1.12	1.26	1.36	1.41
矩阵阶数	9	10	11	12	13	14	15	
$R.I.$	1.46	1.49	1.52	1.54	1.56	1.58	1.59	

③计算性一致性比例 $C.R.$

$$C.R. = \frac{C.I.}{R.I.}$$

当 $C.R. < 0.1$ 时，认为判断矩阵的一致性是可以接受的；当 $C.R. \geq 0.1$ 时，应该对判断矩阵做适当修正。

为了讨论一致性，需要计算矩阵最大特征根 $\lambda_{\max}$，除常用的特征根方法外，还可使用公式：

$$\lambda_{\max} = \sum_{i=1}^{n} \frac{(AW)_i}{n\omega_i} = \frac{1}{n} \sum_{i=1}^{n} \frac{\sum_{j=1}^{n} a_{ij}\omega_j}{\omega_i}$$

（5）各层元素对目标层的总排序权重计算及一致性检验。上面得到的是一组元素对其上一层中某元素的权重向量。最终要得到各元素，特别是最低层中各元素对于选址目标的排序权重，即所谓总排序权重，从而进行物流结点选址方案的选择。总排序权重要自上而下地将单准则下的权重进行合成，并逐层进行总的判断一致性检验。

设 $W^{(k-1)}=(\omega_1^{(k-1)},\omega_2^{(k-1)},\cdots,\omega_{k-1}^{(k-1)})^{\mathrm{T}}$ 表示第 $k-1$ 层上 n_{k-1} 个元素相对于总目标的排序权重向量，用 $P_j^{(k)}=(p_{1j}^{(k)},p_{2j}^{(k)},\cdots,p_{n_kj}^{(k)})^{\mathrm{T}}$ 表示第 k 层上 n_k 个元素对第 $k-1$ 层上第 j 个元素为准则的排序权重向量，其中不受 j 元素支配的元素权重取为零。矩阵 $P^{(k)}=(P_1^{(k)},P_2^{(k)},\cdots,P_{n_{k-1}}^{(k)})^{\mathrm{T}}$ 是 $n_k\times n_{k-1}$ 阶矩阵，它表示第 k 层上元素对 $k-1$ 层上各元素的排序，那么第 k 层上元素对目标的总排序 $W^{(k)}$ 为：

$$W^{(k)}=(\omega_1^{(k)},\omega_2^{(k)},\cdots,\omega_{n_k}^{(k)})^{T}=P^{(k)}\cdot W^{(k-1)}$$

或
$$\omega_i^{(k)}=\sum_{j=1}^{n_{k-1}}p_{ij}^{(k)}\omega_j^{(k-1)}\qquad i=1,2,\cdots,n$$

并且一般公式为：$W^{(k)}=P^{(k)}P^{(k-1)}\cdots W^{(2)}$.

其中（W^2）是第二层上元素的总排序向量，也是单准则下的排序向量。

要从上到下逐层进行一致性检验，若已求得 $k-1$ 层上元素 j 为准则的一致性指标 $C.I._j^{(k)}$，平均随机一致性指标 $R.I._j^{(k)}$，一致性比例 $C.R._j^{(k)}$（其中 $j=1$，2，…，n_{k-1}），则 k 层的综合指标

$$C.I.^{(k)}=(C.I._1^{(k)},\cdots,C.I._{n_{k-1}}^{(k)})\cdot W^{(k-1)}$$
$$R.I.^{(k)}=(R.I._1^{(k)},\cdots,R.I._{n_{k-1}}^{(k)})\cdot W^{(k-1)}$$

当 $C.R.^{(k)}<0.1$ 时，认为递阶层次结构在 k 层水平的所有判断具有整体满意的一致性，最终就能够得到评价最优的物流结点选址方案。具体用层次分析法进行物流结点选址的案例请见第 7 章。

3.3.3 物流结点选址的定量方法

1. 基本概念

在选址问题模型中，最基本的一个参数是各个结点之间的距离。一般采用两种方法来计算结点之间的距离，一种是直线距离，另一种是折线距离。

当物流网络的范围较大时，结点间的距离常可用直线距离近似代替，或用直线距离乘以一个适当的系数 ω 来近似代替实际距离，如城市间运输距离等都可用直线距离来近似计算。

物流网络内两点 (x_i,y_i) 和 (x_j,y_j) 间的直线距离 d_{ij} 的计算公式为：

$$d_{ij}=\omega_{ij}\sqrt{(x_i-x_j)^2+(y_i-y_j)^2}$$

其中，$\omega_{ij} \geqslant 1$ 称为迂回系数，一般可取定一个常数，当 ω_{ij} 取为1时，d_{ij} 为平面上的几何直线距离，ω_{ij} 取值的大小要视物流网络内的交通情况而定，在交通发达地区，ω_{ij} 的取值较小；反之，ω_{ij} 的取值较大。如在长三角地区，ω_{ij} 可以估计为1.15，而在西部地区，ω_{ij} 就 变成了1.35。

而当物流网络的范围较小而且网络内道路较规则时，可用折线距离代替两点间的距离。如北京市城区的道路非常规范，在这一区域的配送问题等就可以用折线距离表示。折线距离的计算公式如下：

$$d_{ij} = \omega_{ij}(|x_i - x_j| + |y_i - y_j|)\text{。}$$

2. 单个物流结点选址模型

单个物流结点选址是指在物流网络规划时设置唯一物流结点的选址问题。

（1）重心法。重心法是选址问题中最常用的一种模型，可解决连续区域直线距离的单点选址问题。

问题：设有 n 个客户（收货单位）$P_1, P_2, \cdots, P_n$ 分布在平面上，其坐标分别为（x_i, y_i），客户的需求量为 ω_i，费用函数为物流结点与客户之间的直线距离乘以需求量。确定设施 P_0 的位置（x_0, y_0），使总运输费用最小。

则总运输费 H 为：

$$H = \sum_{j=1}^{n} a_j \omega_j d_j = \sum_{j=1}^{n} a_j \omega_j [(x_0 - x_j)^2 + (y_0 - y_j)^2]^{\frac{1}{2}}$$

式中，a_j ——配送中心到收货点 P_j 每单位量、单位距离所需运费；

ω_j —— P_j 的需求量；

d_j —— P_0 到 P_j 的直线距离。

求 H 的极小值点（x_0^*, y_0^*）。由于上式为凸函数，最优解的必要条件必须满足：

$$\left.\frac{\partial H}{\partial x_0}\right|_{x=x^*} = 0, \left.\frac{\partial H}{\partial y_0}\right|_{y=y^*} = 0$$

令 $$\frac{\partial H}{\partial x_0} = \sum_{j=1}^{n} \frac{a_j \omega_j (x_0 - x_j)}{d_j} = 0, \frac{\partial H}{\partial y_0} = \sum_{j=1}^{n} \frac{a_j \omega_j (y_0 - y_j)}{d_j} = 0$$

得 $$x_0^* = \frac{\sum_{j=1}^{n} a_j \omega_j \frac{x_j}{d_j}}{\sum_{j=1}^{n} a_j \frac{\omega_j}{d_j}}, y_0^* = \frac{\sum_{j=1}^{n} a_j \omega_j \frac{y_j}{d_j}}{\sum_{j=1}^{n} a_j \frac{\omega_j}{d_j}}$$

上式右端 d_j 中仍含未知数 x_0, y_0 故不能一次求得显解，但可以导出关于 x 和 y 的迭代公式：

$$x^{(q+1)} = \frac{\sum_{i \in I} \frac{a_i \omega_i x_i}{[(x^{(q+1)} - x_i)^2 + (y^{(q)} - y_i)^2]^{\frac{1}{2}}}}{\sum_{i \in I} \frac{a_i \omega_i}{[(x^{(q)} - x_i)^2 + (y^{(q)} - y_i)^2]^{\frac{1}{2}}}}$$

$$y^{(q+1)} = \frac{\sum_{i \in I} \frac{a_i \omega_i y_i}{[(x^{(q+1)} - x_i)^2 + (y^{(q)} - y_i)^2]^{\frac{1}{2}}}}{\sum_{i \in I} \frac{a_i \omega_i}{[(x^{(q)} - x_i)^2 + (y^{(q)} - y_i)^2]^{\frac{1}{2}}}}$$

应用上述迭代公式，可采用逐步逼近算法求得最少的总运费 H 和相应的最优物流结点坐标（x_0^*, y_0^*），其基本步骤如下：

第一步：选取一个初始的迭代点 $A(x_0^0, y_0^0)$，如 $x_0^0 = \frac{1}{n}\sum_{j=1}^{n} x_j$，$y_0^0 = \frac{1}{n}\sum_{j=1}^{n} y_j$，然后计算出 A 到各客户点的直线距离 d_j 和费用 H^0：$d_j = [(x_0^0 - x_j)^2 + (y_0^0 - y_j)^2]^{\frac{1}{2}}$，$H^0 = \sum_{j=1}^{n} a_j \omega_j d_j$。

第二步：令 $x_0^1 = \frac{\sum_{j=1}^{n} a_j \omega_j \frac{x_j}{d_j}}{\sum_{j=1}^{n} a_j \frac{\omega_j}{d_j}}$，$y_0^1 = \frac{\sum_{j=1}^{n} a_j \omega_j \frac{y_j}{d_j}}{\sum_{j=1}^{n} a_j \frac{\omega_j}{d_j}}$，$d_j = [(x_0^1 - x_j)^2 + (y_0^1 - y_j)^2]^{\frac{1}{2}}$

及 $H^1 = \sum_{j=1}^{n} a_j \omega_j d_j$，转第三步。

第三步：若 $H^0 \leqslant H^1$，运费已无法减少，输出最优解（x_0^0, y_0^0）和 H^0，否则，转第四步。

第四步：令 $x_0^0 = x_0^1$，$y_0^0 = y_0^1$，$H^0 = H^1$，转第二步。

→［实例 3－2］：单个物流结点选址实例

某公司物流结点选址范围内有 5 个需求点，其坐标、需求量和运输费率，如表

3-3 所示。现在准备给单个物流结点选址，问这个物流结点的最佳位置应在何处？

表 3-3　　物流结点选址的基本状况

需求点	坐　标	需求量（w_j）	运输费率（a_j）
A	(3, 8)	2000	0.5
B	(8, 2)	3000	0.5
C	(2, 5)	2500	0.75
D	(6, 4)	1000	0.75
E	(8, 8)	1500	0.75

根据重心法公式，采用逐步逼近算法得到了迭代结果，如表 3-4 所示。

表 3-4　　迭代结果

迭代次数	x^k	y^k	总运费 H
0	5.160000	5.180000	21471.002980
1	5.037691	5.056592	21434.215810
2	4.990259	5.031426	21427.110404
3	4.966136	5.031671	21426.140542
⋮	⋮	⋮	⋮
59	4.910110	5.057677	21425.136231
60	4.910110	5.057677	21425.136231

根据表 3-4 知，当迭代 60 次时，总运费已无法减少，由此可知，物流结点最佳位置的坐标为（4.910110，5.057677）。

（2）交叉中值法。当网点间距离要求用折线距离计算时，可用如下交叉中值法进行单点选址。

问题：设有 n 个客户 $P_1,P_2,\cdots,P_n$ 分布在平面上，其坐标分别为 (x_i,y_i)，客户的需求量为 ω_i，费用函数为设施与客户之间的城市距离乘以需求量。确定

一个设施 P_0 的位置（x_o, y_0），使总费用（即加权的城市距离和）最小。

通过交叉中值的方法可以对单一的选址问题在一个平面上的加权的城市距离进行最小化，其目标函数为：

$$\min H = \sum_{i=1}^{n} \omega_i(|x_i - x_0| + |y_i - y_0|) \tag{3-1}$$

式（3-1）可以分解为两个互不相干的部分之和：

$$H = \sum_{i=1}^{n} \omega_i |x_i - x_0| + \sum_{i=1}^{n} \omega_i |y_i - y_0| = H_x + H_y$$

其中：

$$H_x = \sum_{i=1}^{n} \omega_i |x_i - x_0| \tag{3-2}$$

$$H_y = \sum_{i=1}^{n} \omega_i |y_i - y_0| \tag{3-3}$$

因此，求式（3-1）的最优解等价于求式（3-2）和（3-3）的最小值点。对于式（3-2），有：

$$H_x = \sum_{i=1}^{n} \omega_i |x_i - x_o| = \sum_{i \in \{i | x_i \geqslant x_0\}} \omega_i (x_i - x_o) + \sum_{i \in \{i | x_i \geqslant x_0\}} \omega_i (x_0 - x_i) \tag{3-4}$$

由于 x_0 在区域内可连续取值，可对式（3-4）求微分并令其为零来求极小值点，得：

$$\frac{\mathrm{d}H}{\mathrm{d}x_o} = \sum_{i \in \{i | x_i \leqslant x_0\}} \omega_i - \sum_{i \in \{i | x_i \geqslant x_0\}} \omega_i = 0$$

即：

$$\sum_{i \in \{i | x_i \leqslant x_0\}} \omega_i = \sum_{i \in \{i | x_i \geqslant x_0\}} \omega_i \tag{3-5}$$

式（3-5）的结论证明了当 x_0 是最优解时，其两方的权重都为50%，即 H_x 的极小值点是 x_0 在 x 方向对所有的权重 ω_i 的中值点。同样可得 H_y 的极小值点 y_0 是在 y 方向对所有的权重 ω_i 的中值点，即 y_0 需满足式（3-6）：

$$\sum_{i \in \{i | y_i \leqslant y_0\}} \omega_i = \sum_{i \in \{i | y_i \geqslant y_0\}} \omega_i \tag{3-6}$$

综上即可求出最优的物流结点位置。

3. 多个物流结点选址模型

实际上，几乎所有的物流网络都有一个以上的物流结点，由于这些物流结点不能看成是经济上相互独立的，且可能的选址布局方案很多，所以问题比较复杂。一般可归纳为以下一些问题：①物流网络中应该有多少个物流结点？这些物流结点应该有多大规模？位于什么地点？②哪些用户指定由哪个物流结点负责供应？③各物流结点都存放哪些产品？哪些产品可以直接从生产厂运到用户手中？

已经有很多学者设计了很多种方法解决上述部分或全部问题。下面介绍一些常用的多物流结点选址方法。

（1）鲍摩—瓦尔夫模型。鲍摩—瓦尔夫模型是针对从几个工厂经过几个物流结点向用户输送货物的问题的，物流结点的选址分析一般只考虑运费为最小时的情况。其基本的情况是：在生产工厂、消费区域既定情况下，在若干被选地址中，找出物流结点的数量和位置，使得通过物流结点所运送的产品固定费用及可变费用在下列约束条件下最低：不能超过每个工厂的供货能力；所有产品的需求必须得到满足；每个物流结点的总进货量等于总出货量。

鲍摩—瓦尔夫模型的目标函数是：

$$f(z) = \sum_{j}\left(\sum_{j} C_{ij}X_{ij} + \sum_{k} D_{jk}Y_{jk} + W_{j}Z_{j}^{p}\right) + \sum_{j} V_{j}r(Z_{j})$$

约束条件：

$\sum_{j} X_{ij} = A_i$（满足工厂供货能力要求）

$\sum_{j} Y_{jk} = B_k$（满足顾客需求）

$\sum_{i} X_{ij} = \sum_{k} Y_{jk}$（满足总进货量等于总出货量要求）

$X_{ij} > 0$

$Y_{jk} > 0$

式中，$i(i = 1,2,3,\cdots,m)$——工厂；

$j(j = 1,2,3,\cdots,s)$——物流结点；

$k(k = 1,2,3,\cdots,n)$——顾客；

A_i——工厂 i 的供货量；

B_k——顾客 k 的需求量；

C_{ij}——从工厂 i 到物流结点 j 的单位运输费用；

D_{jk}——从物流结点 j 到顾客 k 的单位运输费用；

Z_j——物流结点 j 的产品通过量；

V_j——物流结点 j 的固定费用；

$r(Z_j)$——$Z_j = 0$ 时取 0，否则取 1；

W_j ——物流结点 j 每单位通过量的可变费用，在考虑变动费时，引进指数 p，满足条件 $0 < p < 1$，以便考虑物流结点的规模经济性；

Z_j^p ——如果不考虑规模的经济性，可令 $p = 1$；

X_{ij} ——工厂 i 到物流结点 j 的运量；

Y_{jk} ——物流结点 j 到顾客 k 的运量。

该模型的计算方法是首先给出费用的初始值，求初始解；然后进行迭代计算，使其逐步接近费用最小的运输规划。

这个模型具有一些优点，但也有些缺点，使用时应加以注意。

该模型的优点主要有：计算比较简单；能评价流通过程的总费用（运费、保管费和发送费之和）；能求解物流结点的通过量，即决定物流结点规模；根据物流结点可变费用的特点，可以采用大批量进货的方式。

该模型的缺点主要是：由于采用的是逐次逼近法，所以不能保证必然会得到最优解。此外，由于选择备选地点的方法不同，有时求出的最优解中可能出现物流结点数目较多的情况。也就是说，还可能有物流结点数更少、总费用更小的解存在。因此，必须仔细研究所求得的解是否为最优解。此外，物流结点的固定费用没在所得的解中反映出来。

（2）多产品模型。以上几种模型的目标函数及约束条件都是基于总的需求量、总的制造及发送、运输成本，即不区分不同商品的需求量和相应的运输成本。当不同商品在网络上某些结点中的生产能力有区别时，上述模型中对需求、制造能力的简单加总求和就不再合理了。多产品模型适用于这一类问题，在该模型中，结点的能力、需求量及流量是按产品的类型相区别的。

设 I 代表产品种类的集合，$i \in I$，g_{ij} 是固定费用 f_j 之外的固定制造费用，则有多商品（多活动）UFLP 模型 MUFLP，表示为：

$$v(\text{MUFLP}) = \min \sum_{i \in I} \sum_{j \in J} \sum_{k \in K} (q_{ijk} w_{ijk}) + \sum_{i \in I} \sum_{j \in J} (g_{ij} z_{ij}) + \sum_{j \in J} f_j y_j$$

$$s.t. \sum_{j \in J} z_{ijk} = 1, \forall i \in I, k \in K$$

$$z_{ij} - y_j \leqslant 0, i \in I, j \in J,$$

$$w_{ijk} - z_{ij} \leqslant 0, \forall i \in I, k \in K, j \in J,$$

$$z_{ij}, y_j \in B, i \in I, j \in J$$

$$w_{ijk} \geqslant 0, i \in I, k \in K, j \in J$$

其中，当物流结点 j 处理产品 I 时 $z_{ij}=1$，否则 $z_{ij}=0$，w_{ijk} 代表物流结点 j 所处理的来自需求点 k 对产品 i 的需求量 d_{ik} 的比例。q_{ijk} 代表将 d_{ik} 单位的产品 i 从物流结点 j 运到需求点 k 的成本。

该模型属于混合整数规划类模型，可以通过迭代逼进的方式求解最优位置。

（3）动态模型。通常，有关仓库、物流配送中心、转运点等物流结点的选址都是基于长期的决策，一旦选定，在相当长的一段时间内不会进行改变。但是影响这些决策的因素会随时间发生变化，例如需求量及需求的地区分布、成本结构等会经常变动。已建成的物流结点再调整容量的代价太大，因此动态选址模型解决了如何根据这些动态因素进行选址的问题。

在该模型中，每个物流结点在其给定的计划期的每个阶段 $t=1,2,\cdots T$ 都可以选择使用或者关闭物流结点。为了重新进行选址，每个物流结点的固定费用在原来的固定费用 f_{tj} 基础上增加，g_{tj}^{o}，g_{tj}^{c} 分别表示使用和关闭该物流结点的固定费用。当 $t-1$ 期运营的物流结点 $j \in J$ 在 t 期关闭时，需支付固定费用 g_{tj}^{c}，反之，支付 g_{tj}^{o}，则动态 UFLP 模型动态选址模型可以表示为：

$$v(\text{DUFLP}) = \min \sum_{t=1}^{T} \sum_{j \in J} \sum_{k \in K} (c_{tjk} z_{tjk}) + \sum_{t=1}^{T} \sum_{j \in J} (f_{tj} y_{tj}) + \sum_{t=1}^{T} \left(\sum_{j \in J} g_{t-1,j}^{c} (1 - y_{tj}) + \sum_{j \in J} g_{tj}^{o} (1 - y_{t-1j}) y_{tj} \right)$$

$$\text{s. t.} \sum_{j \in J} z_{tkj} = 1, \forall k \in K, t = 1,2,\cdots,T,$$

$$z_{tkj} - y_{tj} \leqslant 0, \forall k \in K, j \in J, t = 1,2,\cdots,T,$$

$$z_{tkj}, y_{tj} \in B, \forall k \in K, j \in J, t = 1,2,\cdots,T,$$

其中，当第 t 期物流结点 j 处于营业状态时 $y_{tj}=1$，关闭时 $y_{tj}=0$。

3.4 案例：FLUX 物流中心选址地块评估调查

1. 物流中心用地选择的要点说明

物流中心用地选择的考虑因素有很多，尤其是目前中国大陆还没有设立足够的专业仓储区、货运转运区、物流专业园区或流通专业区等供业者使用；因此在物流立地方面更要注意，否则在物流的构筑方面会事倍功半。

在物流立地的选择方面应该注意的要点有：

（1）客户的分布。物流的服务客户主要是流通的零售店，大部分是分布在人口密集的地方，物流中心为了提高服务水准及降低配送成本，因此物流成立的地点要在客户分布地区的附近。

（2）供应商的分布。物流的立地应该考虑的要点是供应商的分布地区，因为物流的商品全部是由供应商所供应的，如果物流越接近供应商，则其商品的安全库存越不需要太多库存。但是国内一般进货的输送成本是由供应商负担，因此最近不怎么重视此要点。

（3）交通的条件。交通的条件是影响物流的配送成本及效率的重要因素之一，尤其是最近的卡车都朝向大型化或联结化转变，同时市内的交通有越来越恶化的趋势；因此在选择物流立地时必须特别考虑道路交通的条件。一般物流中心应尽量选择在交通方便的高速公路、国道及快速道路附近。

（4）土地的条件。依据目前国内的物流设置地点，可分为工业区、住宅区、商业区、农业区、仓储区或物流专业园区等几种地区，而大部分的物流是在工业区设置，也有一部分是在住宅区、商业区及农业区设置，尤其是经销商及营业所最为常见，也有一部分设置于仓储区；一旦有了物流专业园区或仓储区，物流业者应该优先考虑使用。物流用地价格也是影响物流成本的重要因素之一，原则上地点最好是既经济又符合交通便利的条件。

（5）自然的条件。在物流用地的评估当中，自然的条件也是必须考虑的，事先了解当地自然环境有助于降低建构的风险。例如，在自然环境中有湿度、盐分、降雨量、台风、地震、河川等几种自然现象，有的地方靠近山边湿度比较高，有的地方湿度比较低，有的地方靠近海边盐分比较高，这些都会影响商品的储存品质，另外降雨量、台风、地震及河川等自然灾害，对于物流中心的影响也非常大，必须特别留意并且避免被侵害。

（6）人力资源条件。在人力资源的条件方面也是物流用地评估的重点之一，因为在物流中心内部必须要有足够的作业人力，否则无法有效运作，尤其是现在许多物流中心都是24小时运作。而人力资源的评估条件有人口、上班交通条件、薪资水准等几项；如果物流的用地位置附近人口不多且交通又不方便，则基层的作业人员不容易招募；另外附近地区的薪资水准太高，也会影响到基层的作业人员的招募。

（7）行政的条件。行政的条件也是物流选址评估的重点之一，尤其是物流用地取得困难的现在，如果有政府行政的支援，则更有助于物流业者的发展。行政的条件包括企业优待措施（土地提供，减税）、园区总体规划及当地政府的产业政策等。

2. FLUX 物流中心/仓库选址的“7 步法”①

步骤 1：定义及描述目前的运作状况。

（1）当前仓库的运作成本。

（2）当前仓库的年入出库量及存储需求。

（3）当前仓库的安全库存水平。

（4）当前仓库书面化的标准作业流程是什么？它与物流中心实际运作是否存在差异？

（5）对于仓库资源获取、利用等方面的管理策略。

步骤 1A：建立可供评测的物流中心运作改进标准。

步骤 2：确定在特定计划范围内的物流中心需求。

（1）未来 3 年（或 5 年）仓库运作成本预测。

（2）未来 3 年（或 5 年）物流中心的年入出库量、物料搬运量及存储需求预测。

（3）仓库的安全库存水平是否能满足未来的需求预测？

（4）公司的发展目标是什么？需要什么资源来支持目标的实现？

（5）在制定公司发展目标时是如何考虑适应未来变化的商业环境的？

步骤 3：确定当前物流运作的薄弱点。

（1）您的客户要求更快的交货时间及更好的灵活性和适应性？

（2）公司在及时交货的服务表现一贯良好？

（3）目前的物流设施、作业方法及劳动力的使用达到效率最大化？

步骤 4：确定可选的仓库计划。

（1）存在哪些可供选择的场址及运作模式？

（2）对于供选场址是否进行定性及定量的分析？

（3）这些可能的方案的实施是否能有效地消除或减轻现存的薄弱点。

---

① 资料来源：http：//www. aflux. com. cn/ZhiShi/ZhishiHtml108. html，爱佳物流设计咨询（AFLUX）。

步骤5：方案评估。

不同选择方案的实施成本及投资回报率。

步骤6：方案确定及细化。

确定仓库的空间、设备、人员及作业流程。

步骤7：方案的更新。

商业环境的变化将对前6步产生什么影响。

3. 物流中心选址信息收集表

（1）总体信息。

- 物流中心目标地址
- 总面积
- 每亩约计价格
- 约计场地尺寸：

宽度________________ 长度________________

（2）园区。

- 通用____住宅____轻工业____重工业____商业____其他____
- 用途可否改变？____是____否
- 土地获取可能性：____极好____好____一般____差
- 当地废物处理要求________________________________
- 高度限制________________________________
- 噪声限制________________________________
- 气味限制________________________________
- 相邻用地的建设用途与本项目一致？____是____否
- 园区的安全性？____是____否
- 可以扩充？____是____否

如果是，有多少？________________________________

（3）地形。

- 坡度：____水平____起伏____基本水平____陡峭

最低处标高________________ 最高处标高________________

- 排水：____很好____好____一般____差
- 是否有：____沼泽地____池塘____河流____小溪____沟渠____湖泊

- 它们位置：____中间 ____邻近 ____边界接近
- 百年一遇洪水计划？____________________
- 场所的某部分会遭受洪水？____________________
- 地下水位？____________ m
- 表面土质：____________________
- 场所有填土？____是 ____否
- 土壤浸透率：____好 ____一般
- 土壤承载能力：__________ kg/m²
- 场地有林木？____是 ____否

如果是，有多少？____________________

- 迁移费用 ____________________
- 平整费用 ____________________
- 雨水排放：雨水管 __________ 其他 __________
- 屋顶雨水排放：雨水管 __________ 其他 __________

（4）景观美化要求。

- 建筑物和停车场 ____________________
- 道路 ____________________
- 装卸区____________________
- 备用场所____________________

（5）交通。

- 从公路上可看到的地方？____是 ____否
- 描述从场所至各处距离：

国道 ____________________

主干道 ____________________

商业中心区____________________

铁路 ____________________

码头 ____________________

机场 ____________________

- 描述可行的公共运输 ____________________
- 需要修路？____是 ____否

如果是，谁来修筑？______

谁来维护？______

维护费用？______

- 铁路可延伸至物流用地？____是 ____ 否

铁路名称 ______

如果不能，距离？______

延伸至场所费用 ______

谁负责延伸？______

（6）排污。

- 场地有排污系统？____是 ____ 否
- 排污费用______
- 特殊要求 ______
- 预期的解决永久排污处理的长期计划 ______

（7）供水。

- 有供水管线？____是 ____ 否
- 主干管位置 ______
- 主干管规格______
- 静态压力 ______ MPa
- 水质硬度______
- 供应足够？____是 ____ 否
- 有消防栓？____是 ____ 否
- 如果给水和排水不在场地内，则最近管线距离：

给水 ______

排水______

管线规格：

给水 ______

排水______

延伸管线费用：

给水______

排水______

(8) 喷淋。

- 允许用哪种类型喷淋系统？________________
- 有足够水压用于喷淋系统？____是 ____ 否
- 喷淋水计量？____是 ____ 否
- 喷淋系统要求单独供水？____是 ____ 否
- 喷淋水往什么地方排水？________________

(9) 电力。

- 有足够的电力供给？____是 ____ 否

可用容量 ________________

- 描述场地内高压线路 ________________
- 敷设方式：____ 地下 ____ 架空
- 允许单独计量？____是 ____ 否
- 费率 ________________

(10) 供气。

- 可用燃体类型：____ 天然气 ____ 液化气
- 容量 ________________
- 管径 ________ mm
- 气压 ________ MPa
- 可以单独计量？____是 ____ 否，如果不能，扩充费用 ________
- 费率 ________________

3.5 本章小结

物流系统网络，即物流网络，是由在物流移动时执行使命的线路和在物流停顿时执行使命的结点这两种基本元素组成的空间网络结构。物流网络的主要构成要素是物流结点及物流线路。本章主要介绍了物流网络的相关概念、物流结点的分类以及物流网络的结构。

因为全部物流活动都是在物流线路和物流结点中进行的，物流网络规划的水平将直接关系到物流系统的运行效率。本章因此介绍了物流网络规划的内涵和意义，系统分析了影响物流网络规划的主要因素，并设计了物流网络规划的基本实施步骤。

物流网络规划是一个系统工程，其中物流结点的选址规划是物流网络规划中最重要的一项内容。因此本章专门讨论了物流结点选址的方法和技术，首先介绍了物流结点选址的基本问题，然后详细分析了物流结点选址的定性方法和技术，主要包括专家评分法、因素评分法、德尔菲法和层次分析法，最后讨论了物流结点选址的定量方法和技术，主要包括单个物流结点的选址模型和多个物流结点的选址模型等。

4 物流储运系统规划

4.1 仓储系统规划

4.1.1 仓储系统

传统的仓储是通过仓库对物品进行储存和保管，其中，“仓”也称仓库，是存放物品的建筑物或场所，它可以是房屋建筑物、大型容器、洞穴或其他特定的场所，具有存放和保护物品的功能；“储”表示收存以备使用，具有积蓄、保管和交付使用的意思。

仓储是物流决策的三角形之一，现代的仓储系统不仅包括库房，还包括装卸平台、流通加工设施和信息系统，等等，因而仓储系统的作用已经从传统的储存与保管发展到越来越多元化和集成化，与上下游物流功能环节的联系也越来越紧密。

归纳而言，现代仓储系统的作用包括以下几点：

（1）物资存储。物资存储是仓储系统的最基本任务，存储是指在特定的场所，将物品收存并进行妥善的保管，确保被储存的物资不受损害。物资存储管理主要包括对存储物资数量管理和质量管理两个方面。

（2）流通调控。流通中的需要决定了商品是储存还是流通，这就是仓库的“蓄水池”功能，当交易不利时，将商品储存，等待有利的交易时机。流通控制的任务就是对货物储存还是流通作出安排，确定储存的时机，计划存放的时间，当然还包括储存地点的选择。

（3）交易中介。仓储经营人利用大量存放在仓库的有形资产，开展现货交易，有利于加速仓储物的周转和吸引仓储。不仅会给仓储经营人带来收益，还能充分利用社会资源，加快社会资金周转，减少资金沉淀。交易功能的开发是仓储经营发展的重要方向。

（4）流通加工。仓储系统的流通加工包括对产品的定型、分装、组装、包装等作业过程，流通加工已成为了现代仓储系统中的重要功能。

（5）分拣。依据顾客的订单要求或配送计划，迅速、准确地将商品从其储位或其他区位拣取出来，并按一定的方式进行分类、集中的作业过程。

（6）配载。大多数运输转换仓储系统都具有配载的功能。配载是指承运人根据货物托运人提出的托运计划，确定应装运的货物品种、数量及体积的作业过程。对运输车辆进行科学配载，能够确保配送的及时进行和运输工具的充分利用。

（7）配送。配送指根据生产的进度和销售的需要由仓储系统不间断地、小批量地将仓储物资送到生产线、零售商店等收货人手上的过程。一般在生产和消费集中地区附近从事原材料、零部件或商品保管和转运的仓储系统都具有配送功能。

仓储系统规划是对仓储系统所涉及的一切资源，包括仓库设施、设备、储位、组织模式、作业流程、信息系统、人员等，所进行的计划、组织、控制和协调的过程，其目的在于整合这些资源，将大量的仓储操作活动如入库上架、订单拣选、车辆配载等进行统一协调的高效规划，并达到最优化的存储布局。仓储系统规划的好坏，将直接关系到生产流通成本的高低，直接关系到生产流通速度的快慢以及效率的升降，也直接关系到构建供应链、价值链和服务链的战略目标。科学的仓储系统规划能够将繁忙而杂乱的进出与库内作业安排得井然有序，优化设备与劳动力的利用率，减少作业差错，降低作业成本，提高整体作业能力和物流的运营效率。

4.1.2 仓储系统规划方法

由于现代仓储系统的发展，仓储系统的种类越来越细分，仓储系统所涵盖的功能也越来越全面，因此，现代仓储系统的规划已成为了一个系统工程，涉及的环节众多。现代仓储系统的规划设计步骤如图 4－1 所示。

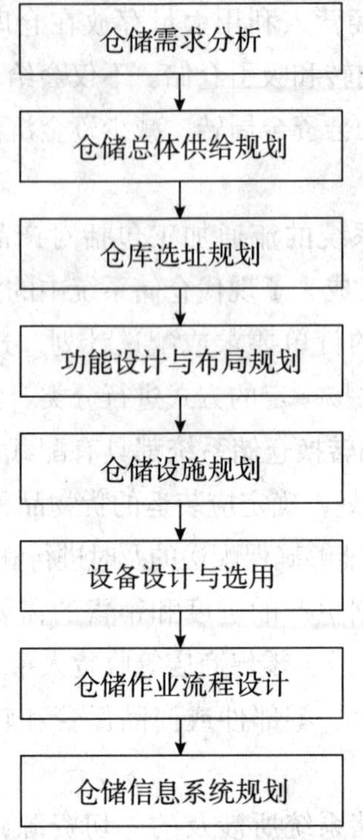

图 4－1　仓储系统规划步骤

从图 4－1 可以看出，仓储系统规划可以分为仓储需求分析、仓储总体供给规划、仓库选址规划、功能设计与布局规划、仓储设施规划、设备设计与选用、仓储作业流程设计以及仓储信息系统规划八个方面。

1. 仓储需求分析

仓储需求分析需要进行相关的需求调查与分析，常采用调查的方法，包括网上调研、图书资料调研与现场调研等，其主要内容包括：调查物流服务的供需情况、物流行业的发展状况等；收集仓库建设的内部条件、外部条件及潜在客户的信息；分析需要仓库存储商品的品种、货源、流量及流向等。

2. 仓储总体供给规划

在进行了仓储需求分析的基础上，就必须进行仓储的总体供给规划。仓储的总体供给规划需要确定所需仓库的数量和规模、所需仓库的分布情况以及仓库建设的路径。

（1）仓储规模与数量规划。在仓库规模与数量规划中，每个仓库都应该根据效率最大化和生产最大化的原则进行布置和设计。影响仓储规模与数量的主要因素包括：客户服务水平、所服务市场的产品数目、投入生产的产业数目、产品大小、所用的物料搬运系统、吞吐量、生产提前期、库存布置、通道要求、仓库中的办公区域、使用的支架类型以及需求的水平和方式等。此外，在仓库规模确定时，还必须考虑现代仓储的垂直存储能力，必须用立体空间来衡量仓库的面积。

企业在确定仓库的规模时，一般需要根据其存货速度（用周转率来衡量）以及在最大程度上“直接送货”给客户（通过一个地区性仓库或者批发商的仓库）的特征来计算工厂/批发商的仓库所需的面积，再在每种主要产品的基本储存空间基础上增加通道、站台以及垂直和水平存储提供的场地的面积。通过处理计划销售量、存货周转以及直接运输给客户的流经存货，可精确地计算出将来所需的仓库的总空间。

而在进行仓库数量规划时，要注意仓库的规模与数量往往是成逆向关系的，随着仓库数量的增加，仓库的规模将会下降。仓库的数量通常与销售机会损失的成本、存货成本、仓储成本以及运输成本相关。由于在每个地点都应存有安全库存的所有产品，存货成本将随着设施数目的增加而增加；更多的仓库意味着拥有、租赁或租用更多的空间，仓储成本也会增加，但仓库达到一定数量后，其增加趋势将会减缓；运输成本开始时随着仓库数的增加而降低的，但是如果仓库数太多，将会导致进出运输成本的综合增加。另外客户的购买方式、竞争环境以及计算机和其他信息技术的使用也将影响到仓库的数目的确定。

（2）仓库分布规划。在确定仓储的规模和数量的同时，还必须进行仓库的分布规划，即大致确定众多仓库在全国范围内的分布。仓库分布规划必须考虑经济地理条件、生产力布局、交通运输条件以及管理体制和经营管理水平等，相关的方法可以借鉴第3章物流网络规划的方法与技术。

（3）仓库建设的路径规划。仓储的规划不是一蹴而就的，往往需要一个过程，而且外界的环境，例如，需求、供应等也在变化，这些都使得仓库建设必须做好相应的计划安排，一般仓库建设的的路径可以选择短、中和长期来进行相应的规划。

3. 仓库选址规划

仓库的选址和建设问题是仓库管理战略层面所研究的问题，它涉及对公司长期战略与市场环境相关联的问题的研究，对仓库长期经营过程中的服务水平和综合成本产生非常大的影响，关系到以后仓储规模的扩充与发展，所以必须提到战略层面来对待和处理。

在决定仓库的位置方案时，必须谨慎参考相关因素，并按适当步骤进行。在选择过程中，如果已经有预定地点或区位方案，应于规划前先行提出，并成为规划过程的限制因素；如果没有预定的地点，则可在可行性研究时提出几个备选方案，并对比各备选方案的优劣，以供决策者选择。

选址决策包括两个方面的内容：地理区域的选择和具体地址的选择。

仓库的选址首先要选择合适的地理区域，这对于一个全国性企业来说尤为重要。在地理区域选择时要对各地理区域进行审慎评估，选择一个适当范围为考虑的对象，如华南地区、华北地区等，同时还需结合仓库的物品特性、服务范围及企业的运营策略。

仓库的地理区域确定后，就需确定具体的建设地点。具体地址的选择也要考虑各种影响因素，如经济环境因素、自然环境因素、制度环境因素等。例如，制造商的仓库，应以接近上游生产厂或进口港为宜；日常消费品的仓库，则宜接近居民生活社区。一般应以进货与出货产品类型特征及交通运输的复杂度，来选择接近上游点或下游点的选址策略。这些都是从感性认知的角度进行决策，还有一些从理性认知的角度进行决策的方法，就是通过选址规划的算法得出最优方案。

4. 功能设计与布局规划

仓库的功能设计必须将仓库作为一个整体的物流系统来考虑，依据确定的目标，规划仓库为完成业务而应该具备的物流功能，并进一步进行相应的能力设计。其后，仓库还必须进行布局规划，即根据各作业流程、作业区域的功能及能力进行空间区域的布置规划和作业区域的区块布置工作以及标识各作业区域的面积和界限范围，等等。

仓库的功能设计包括三个方面：一是总的作业流程规划，二是作业区域的功能规划，三是作业区的能力设计。通常的步骤是，首先针对不同类别仓库的功能需求和典型的作业流程，设计适合该仓库的作业流程，然后根据确定的作业流程规划物流作业区和外围辅助活动区的功能，最后确定各作业区的具体作业内容和作业能力。

在完成作业功能的规划设计，并确定主要物流设备与外围设施的基本方案后，就可以进行仓库的布局规划。仓库布局规划的目的是有效地利用空间、设备、人员和能源，最大限度地减少物料搬运，简化作业流程，缩短生产周期，力求投资最低，为员工提供方便、舒适、安全和卫生的工作环境。仓库布局规划的一般程序为：规划资料分析→流程分析→作业区域设置→物流相关性分析→活动相关性分析→仓库的空间布局→修正与调整→方案选择。规划的成果是产生作业区域的布置图，设定各作业区域的面积和界限范围。

由于现在的仓库越来越朝立体仓库发展，因此仓库的空间布局规划包括仓库的平面设计和立体设计。在仓库的平面设计中，首先应将一切障碍物绘制在图纸上，再将装运、接收以及零售储柜区按设备的远近加以标示。仓库平面设计与流动性的大小以及大、中、小批货物的分区有关。而立体设计则要考虑仓库的立体空间和货架等设备的性能。

5. 仓储设施规划

仓储设施的规划与设计涉及建筑模式、设施空间布局、设备安置等多方面的问题，需要运用系统分析的方法求得整体优化，最大限度地减少物料搬运、简化作业流程，创造良好、舒适的工作环境。这部分工作主要包括以下内容：主体库房设施设计、装卸货平台设施设计、货场及道路设施设计和其他建筑设施规划。

其中，仓储的主体库房设施主要用于货物的周转、换载、配载、分拣、保管、包装和加工等。根据货物的形态和仓库的主要功能不同，主体库房设施包括平库、楼库和保温库几种形式。主体库房设施设计要关注库房层数、库房净高、库房面积和门窗等的技术指标。

装卸平台设施是物料在流通程序的起点和终点，其安全性需要予以高度重视，以保障工人作业安全。装卸平台位置的选择应考虑尽量缩短搬运工具（车辆）在库区内的行驶距离。装卸平台布置有合并式和分离式两种模式。按库房建筑物与货车的位置关系分类，最常用的装卸平台可分为穿墙式和开放式。装卸平台的高度是平台设计中的最重要的要素，必须与使用平台的货车相匹配。装卸平台高度调节板安装在平台前端，以消除装卸平台与货车之间的空隙和高度差，便于叉车将货物直接运送上货车或卸下货物。现代化物流机械广泛应用于装卸平台，形成了一系列功能良好的产品。

仓库的货场及道路设计应遵循一定的技术指标，根据新建仓库或改造项目的不同，可以采用不同的地面形式。仓库的公用设施包括给排水设施、电力设施、供热与燃气设施等。对公用设施进行规划，除了考虑仓库的实际需要外，还要与仓库所在地的市政工程规划相一致。

仓库其他建筑周边设施的规划与设计必须考虑到交通、水电、动力、土建、空调、安全和消防等与厂房建筑相关的周边设施条件。

6. 设备设计与选用

仓库的主要作业活动，基本上均与库存、搬运和拣取等作业有关。现代仓库离不开仓库所配备的机械设备，如叉车、货架、托盘和各种辅助设备等。恰当地选择适用于不同作业类型的仓库设施和设备将大大减少仓库作业中的人工作业劳动量，并提高商品流通的顺畅性，保障商品在流通过程中的质量。因此，在仓库的规划与设计中，对物流设备的规划设计和选用成为规划的重要内容。不同功能的仓库需要不同的设备，不同的设备使厂房布置和面积需求发生变化，因此必须按照实际需求选取适合的设备。在初步规划阶段，仓库布置尚未完成，物流设备的设计主要以需求的功能、数量和选用型号等内容为主。在详细设计阶段，必须进行设备的详细规格、标准等内容的设计。

一般地讲，用于仓储系统的主要设备包括储存设备、装卸搬运设备、输送设备、分拣设备、包装设备、流通加工设备、集装单元器具、外围配合设备等。

（1）储存设备。储存设备包括自动仓储设备（如单元负载式、水平旋转式、垂直旋转式、轻负载式等自动仓库）、重型货架（如普通重型货架、直入式钢架、重型流动棚架等）和多品种少量储存设备（如轻型货架、轻型流动货架和移动式储柜等）。仓储系统中最主要的储存设备就是货架。为提高仓储系统的运行效率，储存设备需要根据不同的物品属性、保管要求、用户要求等采用适当的货架，使得货物存取方便、快捷，减少面积占用。

（2）装卸搬运设备。装卸搬运设施和设备是进行装卸搬运作业的劳动工具或物质基础，其技术水平是装卸搬运作业现代化的重要标志之一。装卸搬运作业是仓储系统的主要物流作业之一。随着物流业的发展，根据仓储系统的实际需要，设计和生产的装卸搬运设备品种繁多，规格多样。仓储系统的装卸搬运设备主要分为：起重机械和搬运车辆。在设备设计与选用时要注意配合仓储和拣取设备，估计每天进发货的搬运、拣货和补货次数，从而选择适用的起重和搬运设备。

（3）输送设备。输送设备主要是指连续输送机。连续输送机是仓储系统必不可少的重要搬运设备，是沿着一定的输送路线以连续的方式运输货物的机械。连续输送机根据所运货物的种类分为成件货物输送机和散装货物输送机；按结构特点分为有挠性牵引构件和无挠性牵引构件的连续输送机。

（4）分拣设备。在商品种类繁多、流通数量庞大、多批次、小批量、准时制的物流作业要求下，仓储系统中货物的分拣量急剧增加。随着科学技术的进步，特别是感测技术（激光扫描）、条码及计算机控制技术等的导入使用，自动分拣系统已被广泛用于仓储系统中。自动分拣系统特别适用于分拣量较大、一次性分拣单位较多、被分拣的货物适合自动分拣机的场合。其优点是分拣准确、迅速、吞吐能力大；缺点是系统设施复杂、投资和运营成本较高、需要计算机信息系统与作业环境等一系列配套设施和外部条件与之相适应。

（5）包装设备。包装是产品进入流通领域的必要条件。包装机械是指能完成全部或部分产品和商品包装过程的机械，是实现包装的主要手段。包装机械有多种分类方法，按功能可分为单功能包装机和多功能包装机；按使用目的可分为内包装机和外包装机；按包装品种又可分为专用包装机和通用包装机；按自动水平分为半自动机和全自动机；按包装的功能可分为填充机、装箱机、液体灌装机、裹包机、封口机、捆扎机、标签机、清洗机、干燥机、杀菌机等。

（6）流通加工设备。流通加工设备是完成流通加工任务的专用机械设备。流通加工设备通过对物流中的商品进行加工，通过改变或完善商品的原有形态来实现生产与消费的“桥梁和纽带”作用。流通加工设备根据其实现的功能不同可分为包装设备、分割设备、分拣设备、组装设备、冷冻设备、精加工设备等；根据加工的物品可分为金属加工设备、木材加工设备、玻璃加工设备、煤炭加工设备、混凝土加工设备等。

（7）集装单元器具。集装单元技术是现代物流发展的标志之一，它利用集装单元器具，把物品组成标准规格的单元货件，以加快装卸搬运、储存、运输等物流活动。集装单元化技术已广泛应用于物流的各个环节。集装单元化为装卸作业机械化、自动化创造了条件，加速了运输工具的周转，缩短了货物送达时间，从总体上提高了运输工具的重量和容积利用率；节约了包装材料，减少包装费用，同时减少物流过程的货损、货差，保证货物安全；便于堆码，提高了仓库、货场单位面积的储存能力。通过集装单元化技术，促使物流实现标准化和批量化，向物流的社会化、机械化和自动化方向发展。集装单元器具是实现物流集装单元技术的关键和基础。集装单元器具中最主要的是集装箱和托盘，仓库中最常用的是托盘。

（8）外围配合设备。外围配合设施设备主要包括楼层流通设备、装卸货平台、装卸载设施、容器暂存设施和废料处理设施等。根据仓储系统的实际需要来选定。在进行物流作业区域设施的功能和需求规划之后，可以根据各区域特性，设计所需设备型号、功能和数量。

7. 仓储作业流程设计

仓库作业流程设计包括组织结构的设置，各岗位责任的分工，仓储过程中信息流程和作业流程的确定等。仓储的作业组织和流程随着作业范围的扩大和功能的增加而变得复杂。设计合理的组织结构和明确的分工是仓储管理的目标得以实现的基本保证。合理的信息流程和作业流程使仓储管理高效、顺畅，并达到客户满意的要求。

仓库作业流程设计是仓储系统日常所面对的最基本的管理内容。例如，如何组织商品入库验收，如何安排库位，如何对在库商品进行合理保管、盘点和发放出库等。无论是以人工作业为主的仓储系统，还是机械化的仓储系统，或者是自动化或智能化的仓储系统，如果没有正确有效的作业方法配合，那么不论多么先进的系统和设备，也未必能取得最佳的经济效益。总体上讲，仓储系统的基本作业流程综合归纳为六项作业活动：①客户及订单管理；②入库作业；③理货作业；④装卸搬运作业；⑤流通加工作业；⑥出库作业。

进行仓储作业流程的设计需要明确这些作业的具体流程、组织管理体系、岗位职责和操作要求。通常在仓储系统组织管理体系的建设上，应坚持如下的原则：①客户服务原则；②流程控制原则。客户开发、客户管理、客户服务是仓储业务发展的“龙头”，应该从组织体系建设上强化这项工作的落实。应该坚持流程控制原则，改变长期以来我国许多单位一直沿用的仓库保管员从收货到发货一人全程负责以及各管一摊、相互独立封闭的传统管理方式。将对外业务受理、单证、资料及账务管理同货物的现场作业、管理业务分开，分别设置业务受理员和理货员岗位进行管理，明确各自的分工范围和岗位职责，实现相互监督、相互制约，改善服务功能，提高作业效率。

在仓储作业流程设计时还需对其相关的作业信息和单据进行设计。物流信息是连接运输、保管、装卸、包装各环节的纽带，没有各物流环节信息的通畅和及时供给，就没有物流活动的时间效率和管理效率，也就失去了物流的整体效率。充分掌握物流信息，能使仓储系统减少浪费、节约费用、降低成本、提高服务质量，确保仓储系统在激烈的市场竞争中立于不败之地。因此，对作业信息及其单据进行合理设计将有效提高仓储系统的作业效率。

8. 仓储信息系统规划

仓储信息系统是仓库自动化管理的核心。其主要功能是对仓库所有入、出库等活动进行控制和管理，并对数据进行统计分析，以便使决策者及早发现问题，采取相应的措施，最大限度地降低库存量，加快货物流通，创造经济和社会效益。

不同类型的仓储系统，其管理信息系统的功能和构成会有很大的区别。在普通仓储配送管理中，计算机系统主要包括管理信息系统、信息采集及识别系统、通信网络系统三大部分。

在自动化立体仓库中，其设备运行的自动化程度很高，所以对计算机管理系统的要求也就很高。一般地讲，自动化立体仓库中的计算机系统主要包括管理信息系统、信息采集及识别系统、通信网络系统、计算机控制系统和监控调度系统等。计算机控制系统应能对搬运设备（堆垛机等）、运输设备（输送机、小车、转轨车等）进行自动控制，它是自动化立体仓库的核心部分之一，直接关系到仓库作业的正常进行。而过程监控是实现自动化仓库实时控制的重要组成部分。在实际作业过程中，需要对作业信息及运行设备（如堆垛机、输送机等）的状态进行监视和管理，监控调度系统需要根据主机系统的作业命令，按运行时间最短、作业间的合理配合等原则对作业的先后顺序进行优化组合排队，并将优化后的作业命令发送给各控制系统，对作业进程进行实时监控。监控操作台可以对机械设备的位置、动作、状态、货物承载及运行故障等信息进行显示。操作人员对现场情况进行监视和控制，并可以通过操作台上的控制开关或键盘对设备进行紧急操作。

仓储信息系统规划是仓储系统规划的重要组成部分。一般来讲，仓储信息系统规划包括两部分：仓储管理信息系统的功能设计和仓储管理信息系统的关键技术与应用。按照时间顺序，仓储信息系统规划可以分为三个阶段：策略设计阶段、实施方案设计阶段和实施阶段。

策略设计阶段应根据企业的经营目标及发展方向构画出信息系统的规划策

略，具体工作主要有：①规划范围界定及组织安排；②产业特性、企业经营环境及对同类企业信息系统现状的分析；③现行组织架构、现行组织运行状况、现行信息系统评估；④新信息科技技术资料收集及可运用性评估；⑤信息系统实施策略形成。

仓储信息系统实施方案设计阶段具体工作主要有：①信息系统需求调查；②仓储系统现状调研分析；③仓储信息系统分析与设计；④信息系统实施规划。

当确定了仓储信息系统开发策略、系统架构、各种应用工具后，就进入实施阶段，通常有五项工作：①程序撰写；②程序测试；③编写操作手册；④系统安装及辅导上线；⑤操作培训。

仓储信息系统规划，既要考虑满足仓储系统内部作业的要求，有助于提高物流作业的效率；也要考虑同仓储系统外部的信息系统相连，方便仓储系统及时获取和处理各种经营信息。归纳而言，影响仓储信息系统规划的主要因素包括仓储系统的业务职能定位、仓储系统所具备的功能与作业流程、仓储系统的组织结构及作业内容和仓储系统的作业管理制度。这里，仓储系统的业务职能定位将直接影响仓储信息系统边界的划分；仓储系统所提供的各项功能与服务，将对仓储信息系统的结构产生重要的影响；仓储系统组织结构和作业项目的分类、作业阶段的划分，将影响仓储信息系统的划分及功能模块的构成方式；仓储系统的作业管理制度，将影响仓储信息系统的操作、设计、分析方法及其实用性。

→[实例4－1] HP WMS系统简介[①]

HP基于自身先进的IT管理理念、成熟的大型管理软件研发的技术积累以及为全球大大小小的客户提供IT管理产品和服务的经验。通过对大量中国的中小型企业进行调查和走访，经过一段时间的设计、论证、开发、测试和产品化，推出了仓库管理系统（Warehouse Management System，WMS）。

HP WMS是电子化物流解决方案中的重要组成部分，它通过对库存总量的信息流的分析来实现对整个企业的管理。

HP WMS针对物流管理中的一些普通的问题，提供了诸多的管理功能，包括

① 资料来源：http：//www.56885.net/lw_ view.asp？id＝16035，物流天下网站。

收货（Receive）、摆货（Put away）、移货（Transfer）、拣货（Pick）、盘点（Cycle Count）、质量检查（Quality Control）、调整（Adjustment）、货品查询（Search）等。具有多仓库管理、支持多货主、多语种的用户界面、经验丰富的SKU管理、系统接口符合XML标准等先进、实用的关键特性。

HP WMS系统设计着眼于各种复杂的和高作业量的仓库应用环境，其稳定可靠的体系结构和友好方便的系统设计确保您操作起来驾轻就熟、省时高效。多层架构的软件设计理念贯穿始终，赋予了软件极大的灵活性，方便您将来为适应业务需求的变化对其进行功能扩充或者系统扩容。

HP WMS系统的后期收益：中小企业的规模处于不断的成长中，实施HP WMS能够帮您在处理物流的核心的配送和仓储环节时大幅度缩短作业时间和降低作业成本，实时的管理应用于复杂的仓库作业时会助企业提高指令的执行速度，同时减少企业作业中可能会出现的差错。对库存总量和输出单据的有效管理更会使企业在物流作业中收到事半功倍的效果，从而提升企业的核心竞争力，不断的促进中小企业的健康成长。

4.2 库存控制系统规划

4.2.1 库存控制系统

当仓储系统规划完成后，企业就必须对商品的存储进行日常管理，也就是必须按市场需求和仓储系统的条件进行库存控制。库存控制又称为库存管理，它是对制造业或服务业生产、经营全过程的各种物品、产成品以及其他资源进行管理和控制，使其储备保持在经济合理水平上的一种管理行为。库存控制必须根据外界对库存的要求与商品订购的特点，进行合理的预测、计划和执行，它的重点在于解决如何订货、订购多少、何时订货等问题。当库存管理控制不当时会导致库存的不足或过剩，前者将会错过销货机会，失去销售额，甚至失去客户，商誉下降，后者会加大库存的持有成本。

对商品库存进行控制的系统就是库存控制系统。库存控制系统是以控制库存为共同目的的相关方法、手段、技术、管理及操作过程的集合。库存控制系统主要完成库存商品分级分类、订购数量和订购点的确定、库存跟踪管理及库存盘点等作业。一个有效的库存控制系统通常需要达到以下几个目的：①保证获得足够的货物和物料；②鉴别出超储物品、畅销物品和滞销物品；③向管理部门提供准确、简明和适时的报告；④花最低的成本金额；⑤平滑生产要求。图 4 - 2 是一种典型的库存控制系统运行过程。

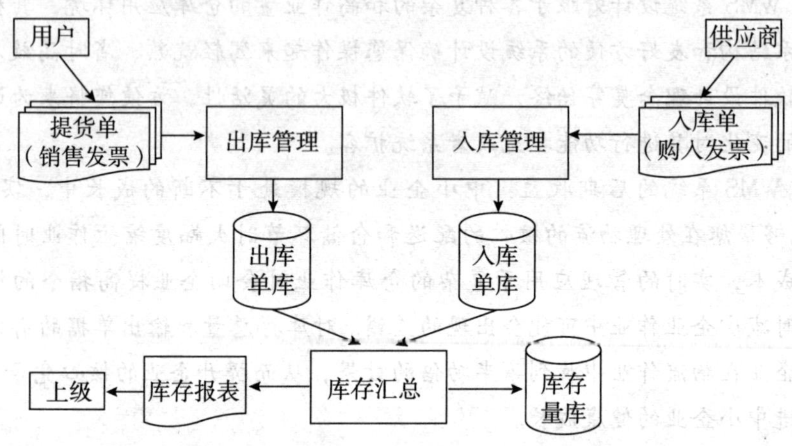

图 4 - 2　典型的库存控制系统运行过程

库存控制系统受到环境、需求、订货周期、运输、资金、管理水平、价格和成本等多方面因素的影响。充分考虑这些影响因素，对库存控制系统运行过程进行科学规划与管理是提高库存效率、支持企业高效运作的关键。

4.2.2 库存控制系统规划方法

人类对库存控制系统的探索已经有很长的历史，通过经验的积累和数学、计算机等工具的引入，已形成了很多经典的库存控制系统规划与管理的方法和技术。

1. ABC 分类控制方法

一般来说，企业的库存物资种类繁多，而各个品种的价格又有所不同，且库存数量也不等。有的物资品种不多但价值很大，很多物资品种数量多但价值却不高。由于企业的资源有限，因此，对所有库存品种均给予相同程度的重视和管理不太可能，也有些脱离实际。为了使有限的时间、资金、人力、物力等企业资源能得到更有效的利用，要对库存物资进行分类，根据关键的少数和次要的多数的原理，按物资重要程度的不同，分别进行不同的管理，这就是 ABC 库存管理法的基本思想。

ABC 分类管理的基本原理是将库存物品按品种和占用资金的多少分为特别重要的库存 A 类、一般重要的库存 B 类和不重要的库存 C 类，其核心是“抓住重点，分清主次”。一般来说，A 类物资种类占全部库存物资种类总数的 10% 左右，而其需求量却占全部物资总需求量的 70% 左右；B 类物资种类占 20% 左右，其需求量为总需求量的 20% 左右；C 类物资种类占 70% 左右，而需求量只占总需求量的 10% 左右。

ABC 分类的具体步骤如图 4－3 所示。

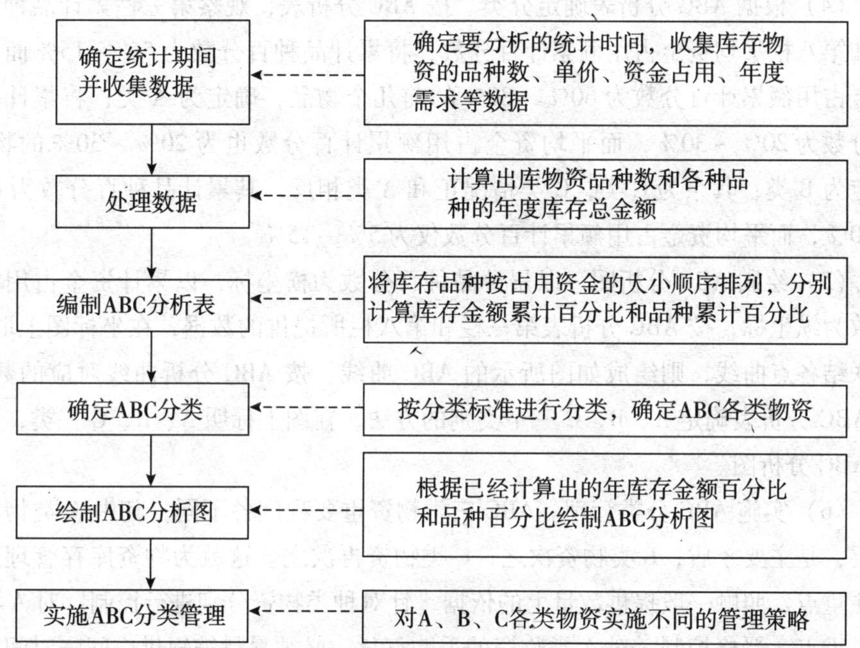

图 4－3　ABC 库存分类控制方法步骤

根据图 4－3 可知，ABC 分析的一般步骤如下：

（1）收集数据。按分析对象和分析内容，收集有关数据。

（2）处理数据。对收集来的数据资料进行整理，按要求计算和汇总。

（3）制 ABC 分析表。ABC 分析表栏目构成如下：第一栏物品名称；第二栏物品序号，也就是品种数累计，即每一种物品皆为一个品种数，品种数累计实际就是序号；第三栏品种数累计百分数，即累计品种数对总品种数的百分比；第四栏物品单价；第五栏平均库存；第六栏是第四栏单价乘以第五栏平均库存，为各种物品平均资金占用额；第七栏为平均资金占用额累计；第八栏为平均资金占用额累计百分数；第九栏为分类结果。制表按下述步骤进行：将第二步已求出的平均资金占用额，以大排列方式，由高至低填入表中第六栏。以此栏为准，将相当物品名称填入第一栏、物品单价填入第四栏、平均库存填入第五栏、在第二栏中按 1、2、3、4……编号，为品种累计。此后，计算品种数累计百分数，填入第三栏；计算平均资金占用额累计，填入第七栏；计算平均资金占用额累计百分数，填入第八栏。

（4）根据 ABC 分析表确定分类。按 ABC 分析表，观察第三栏累计品种百分数和第八栏平均资金占用额累计百分数，将累计品种百分数为 5% ~15% 而平均资金占用额累计百分数为 60% ~80% 的前几个物品，确定为 A 类；将累计品种百分数为 20% ~30%，而平均资金占用额累计百分数也为 20% ~30% 的物品，确定为 B 类；其余为 C 类，C 类情况正和 A 类相反，其累计品种百分数为 60% ~80%，而平均资金占用额累计百分数仅为 5% ~15%。

（5）绘制 ABC 分析图。以累计品种百分数为横坐标，以累计资金占用额百分数为纵坐标，按 ABC 分析表第三栏和第八栏所提供的数据，在坐标图上取点，并联结各点曲线，则绘成如图所示的 ABC 曲线。按 ABC 分析曲线对应的数据，按 ABC 分析表确定 A、B、C 三个类别的方法，在图上标明 A、B、C 三类，则制成 ABC 分析图。

（6）实施 ABC 分类管理。ABC 三类物资重要程度各不同，其中 A 类物资最重要，是主要矛盾；B 类物资次之；C 类物资再次之。这就为物资库存管理工作抓住重点、照顾一般提供数量上的依据，针对种类物资分别进行控制。对 A 类物资要重点、严格控制。对 A 类物资的采购订货，必须尽量缩短供应间隔时间，选择最优的订购批量，在库存控制中，采取重点措施加强控制。对 B 类物资也应引起重视，适当控制。在采购中，其订货数量可予以适当照顾，与供应企业确定合理的生产批量以及选择合理的运输方式。对 C 类物资放宽控制或一般控制。由于品种繁多，资金占用又小，如果订货次数过于频繁，不仅工作量大，而且从经济效果上也没有必要。一般说来，根据供应条件，规定该物资的最大储备量和最小储备量，当储备量降低到最小时，一次订货到最大储备量，以后订购照此办理，不必重新计算。这样就有利于采购部门和仓库部门集中精力抓好A类和B类物资的采购和控制。但这不是绝对的，若对C类物资放任不管，有时也会造成严重损失。

→［实例4－2］某企业ABC分类管理举例

某企业经营物资品种规格的数目有50个，因此按照平均资金占用额大排列方式进行了ABC分类，其具体步骤为：

（1）收集数据，得到了各物资品种的单价、平均库存水平。

（2）处理数据，根据收集的数据计算出了品种数累计百分数、平均资金占用额、平均资金占用额累计以及平均资金占用额累计百分数。

（3）制ABC分析表，按平均资金占用额大排列方式，由大到小顺序排列，制成ABC分析表，如表4－1所示。

表4－1　　按平均资金占用额大排列方式的ABC分析

库存物品名称	库存物品序号	品种数累计百分数（%）	单价（元）	平均库存	平均资金占用额（元）	平均资金占用额累计（元）	平均资金占用额累计百分数（%）	分类结果
略	1	2	675	1000	675000	675000	29.8	A
	2	4	450	1000	450000	1125000	49.6	A
	3	6	11	33600	369600	1494600	65.9	A
	4	8	3	47790	143370	1637970	72.3	A
	5	10	19	5420	102980	1740950	76.8	A
	6	12	60	1681	100860	1841810	81.2	B
	7	14	260	250	65000	1906810	84.1	B
	8	16	255	250	63750	1970560	86.9	B
	9	18	2	29350	58700	2029260	89.5	B
	10	20	7.4	4000	29600	2058860	90.8	B

续 表

库存物品名称	库存物品序号	品种数累计百分数（%）	单价（元）	平均库存	平均资金占用额（元）	平均资金占用额累计（元）	平均资金占用额累计百分数（%）	分类结果
略	11	22	30	980	29400	2088260	92.1	B
	12	24	2.5	10000	25000	2113260	93.2	B
	13	26	16	1420	22720	2135980	94.2	B
	14	28	32	650	20800	2156780	95.1	B
	15	30	18.5	1000	18500	2175280	96.0	B
	16	32	22	800	17600			C
	17	34	4	3400	13600			C
	18	36	1	10130	10130			C
	19	38	0.4	18400	7360			C
	20	40	1	7190	7190	2231160	98.4	C
	⋮	⋮	⋮	⋮	⋮	⋮	⋮	⋮
	50	100	0.2	100	20	2266850	100.0	C

（4）根据ABC分析表确定分类。按照ABC分类管理方法依次定出A类、B类和C类，并据ABC分析表，制成了ABC分类汇总表，如表4－2所示。

表4－2　库存物资ABC分类汇总表

分　类	品种数	占全部品种数比例（%）	平均资金占用额（元）	平均资金占用额累计百分数（%）
A	5	10	1740950	76.8
B	10	20	434330	19.2
C	35	70	91570	4
合　计	50	100	2266850	100

（5）根据表4－2，绘制ABC分析图，如图4－4所示。

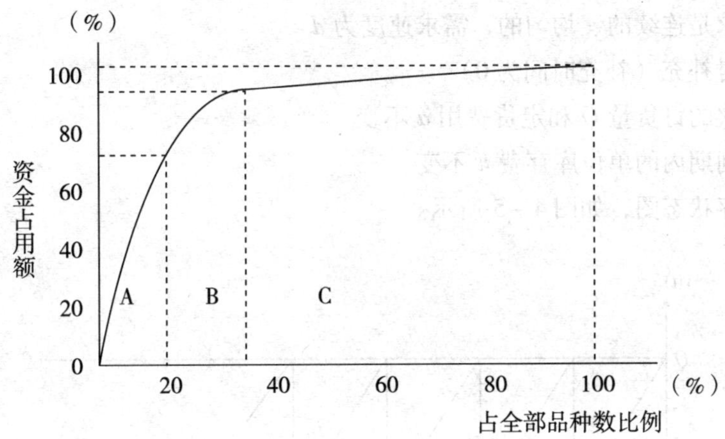

图 4-4 某企业库存物资 ABC 分类

2. CVA 库存管理方法

CVA 库存管理法又称关键因素分析法，CVA 库存管理法比 ABC 库存管理有更强的目的性。在使用中，不要确定太多的高优级物品，因为确定太多的高优级物品，结果是哪种物品都得不到重视。在实际工作中可以把两种方法结合起来使用，结果会更好。表 4-3 列出了按 CVA 库存管理法所划分的库存种类及其管理策略。

表 4-3 CVA 库存管理法库存品种及其管理策略

库存类型	特 点	措 施
最高优先级	经营管理中的关键物品或 A 类重点客户的存货	不许缺货
较高优先级	生产经营中的基础性物品或 B 类客户的存货	允许偶尔缺货
中等优先级	生产经营中比较重要的物品或 C 类客户的存货	允许合理范围内缺货
较低优先级	生产经营中需要，但可替代的物品	

3. 经济批量库存控制方法

(1) 经典的经济批量库存控制方法。

①假设条件。

- 不允许缺货

- 需求是连续的、均匀的，需求速度为 d
- 瞬时补充（补充时间为0）
- 每次的订货量 Q 和定货费用 a 不变
- 计划期内的单位库存费 h 不变

②库存状态图，如图4－5所示。

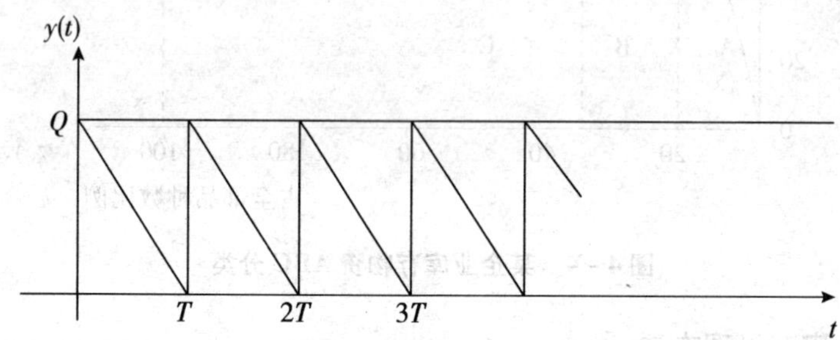

图4－5 经典的经济批量库存控制方法库存状态

③费用函数。

一个周期的费用为：

$$C(T) = a + \int_0^T hy(t)\mathrm{d}t = a + \int_0^T h(Q - td)\mathrm{d}t = a + \frac{hQ^2}{2d}$$

计划期内的费用为：

$$C = C(T) \cdot \frac{1}{T} = (a + \frac{hQ^2}{2d})\frac{d}{Q} = a \cdot \frac{d}{Q} + \frac{Qh}{2}$$

④求经济批量公式及相关的数量指标。

- 上式对 Q 求导，并令其等于零，即可求得著名的经济定货批量公式（简称 EOQ 公式）：

$$Q^* = \sqrt{\frac{2ad}{h}}$$

- 最佳周期——由 $T = Q/d$，求得两次补充的最佳间隔时间（即周期）为：

$$T^* = \sqrt{\frac{2a}{hd}}$$

- 计划期内的最小费用：

$$C^* = a \cdot \frac{d}{Q^*} + \frac{Q^* h}{2} = \sqrt{2adh}$$

（2）连续补充的经济批量库存控制方法。

①假设条件。

- 库存的补充是逐渐进行的（补充需要时间），补充速度为 p，且 $p>d$
- 不允许缺货
- 需求是连续的、均匀的，需求速度为 d
- 每次的订货量 Q 和定货费用 a 不变
- 计划期内的单位库存费 h 不变

②库存状态图，如图 4－6 所示。

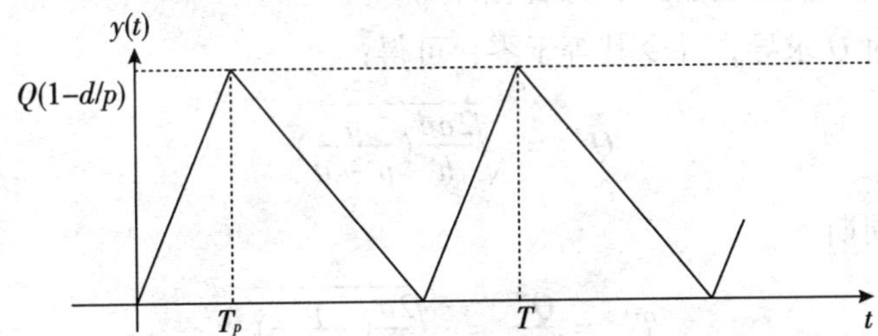

图 4－6　连续补充的经济批量库存控制方法库存状态

初始库存状态 $y(t)=0$，然后 $y(t)$ 以 $p-d$ 的速度增长，一直持续到时间 T_p，即生产总批量 Q 所需要的时间，达到库存状态的极大水平，其值为：

$$\max y(t) = T_p(p-d) = \frac{Q}{p}(p-d) = Q(1-\frac{d}{p})$$

此后，便以速度 d 减少直至下降到 0。

③费用函数。

两次间隔的补充周期 $T=T_p+(T-T_p)=Q/p+Q(1-d/p)/d=Q/d$

也可以用三角知识加以推导：

$$T-T_p = \text{对边}/\text{tg}(180°-\alpha) = Q(1-d/p)/-\text{tg}\alpha$$

$$= Q(1-d/p)/-(-d)$$

$$= Q(1-d/p)/d$$

所以，$T=T_p+Q(1-d/p)/d = Q/p+Q(1-d/p)/d = Q/d$

任一周期的费用（费用/周期）

$$C(T) = a + \int_0^{T_p} h(p-d)t\mathrm{d}t + \int_{T_p}^{T} [h(\max y(t) - (t - T_p)d)]\mathrm{d}t$$

$$= a + \frac{hQ^2}{2d} - \frac{hQ^2}{2p} = a + \frac{hQ^2}{2d}(1 - \frac{d}{p})$$

将上式两边同时乘以计划期（视为单位时间）的周期数（$1/T = d/Q$），得到计划期的费用函数：

$$C = C(T) \cdot \frac{1}{T} = [a + \frac{hQ^2}{2d}(1 - \frac{d}{Q})] \cdot \frac{d}{Q}$$

$$= \frac{ad}{Q} + \frac{hQ}{2}(1 - \frac{d}{p})$$

④求经济批量公式及相关的数量指标。

- 上式对 Q 求导，并令其等于零，可得：

$$Q^* = \sqrt{\frac{2ad}{h}(\frac{p}{p-d})}$$

- 最佳周期

$$T^* = \frac{Q^*}{d} = \sqrt{\frac{2a}{hd}(\frac{p}{p-d})}$$

- 计划期内的最小费用

$$C^* = a \cdot \frac{d}{Q^*} + \frac{Q^* h}{2}(1 - \frac{d}{p}) = \frac{2ad\sqrt{h(\frac{p-d}{p})}}{\sqrt{2ad}} = \sqrt{2adh(1 - \frac{d}{p})}$$

- 最佳生产周期

$$T_p^* = \frac{Q}{p} = \frac{\sqrt{\frac{2ad}{h}(\frac{p}{p-d})}}{p} = \sqrt{\frac{2ad}{hp}(\frac{1}{p-d})}$$

（3）允许缺货的经济批量库存控制方法。

①假设条件。

- 允许缺货，即库存状态允许减到零水平以下，b 为单位缺货损失费。其他条件同模型一
- 需求是连续的、均匀的，需求速度为 d
- 瞬时补充（补充时间为 0）

- 每次的订货量 Q 和定货费用 a 不变
- 计划期内的单位库存费 h 不变

②库存状态图，如图 4－7 所示。

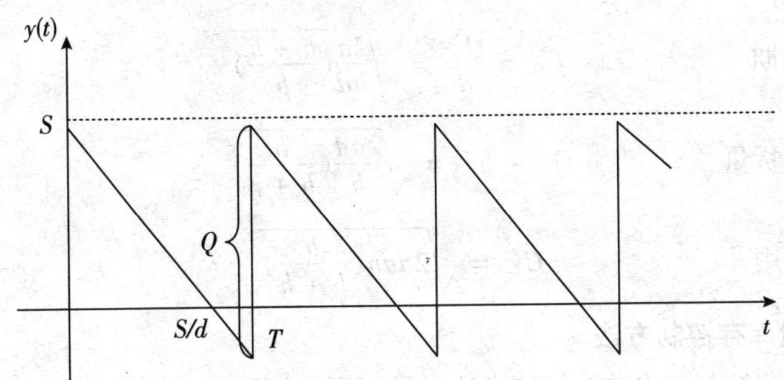

图 4－7　允许缺货的经济批量库存控制方法库存状态

③费用函数。

任一周期内的费用函数：

$$C(T) = a + \int_0^{S/d} h(S - td)\,\mathrm{d}t + b\int_{S/d}^{T} d(t - S/d)\,\mathrm{d}t$$

$$= a + \frac{hS^2}{2d} + \frac{b}{2a}(Q - S)^2$$

计划期内的费用

$$C = C(T) \times \frac{1}{T} = \left[a + \frac{hS^2}{2d} + \frac{b}{2a}(Q - S)^2\right] \times \frac{d}{Q}$$

$$= \frac{ad}{Q} + \frac{hS^2}{2Q} + \frac{b}{2Q}(Q - S)^2$$

④求经济批量公式及相关的数量指标。分别对 S、Q 求偏导，并令其等于零求得关于 Q、S 两个决策变量的二元方程组：

$$\begin{cases} S = Q\dfrac{b}{b + h} \\ Q = \sqrt{\dfrac{1}{b}(2ad + hS^2 + bS^2)} \end{cases}$$

求解得：

最佳批量 $Q^* = \sqrt{\frac{2ad}{h}(\frac{b+h}{b})}$

最佳初始库存量 $S^* = \sqrt{\frac{2ad}{h}(\frac{b}{b+h})}$

最佳周期 $T^* = \frac{Q^*}{d} = \sqrt{\frac{2a}{hd}(\frac{b+h}{b})}$

最大缺货量 $Q^* - S^* = \sqrt{\frac{2ad}{b}(\frac{h}{b+h})}$

最小费用 $C^* = \sqrt{2adh(\frac{b}{b+h})}$

4. 定量库存控制方法

定量库存控制法也称为订购点法，是以固定订购点和订购批量为基础的一种库存量控制方法。它采用永续盘点方法，对发生收发动态的物资随时进行盘点，当库存量等于或低于规定的订购点时就提出订购，每次购进固定数量的物资。

实施定量库存控制的关键在于正确确定订购批量和订购点。订购批量一般采用经济订购批量（EOQ），而订购点的确定则取决于订货提前期、平均需求量和安全库存。根据这三个因素我们可以简单地确定订货点，简单的计算公式为：订货点 = 平均每天的需要量 × 提前期 + 安全库存；安全库存 = （预计每天最大耗用量 - 每天正常耗用量） × 提前期。

关于定量库存控制方法的库存量变化，如图 4 - 8 所示。

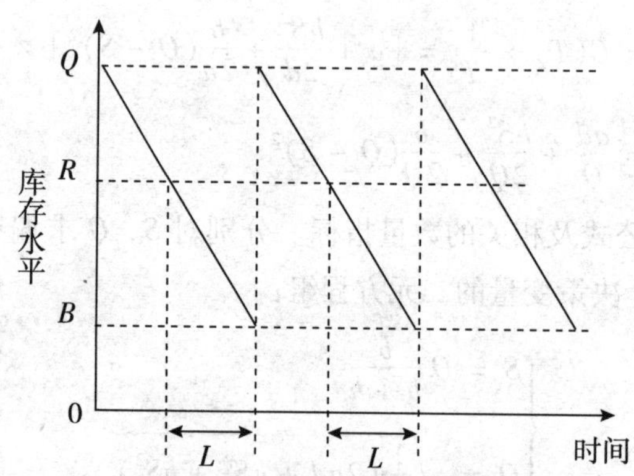

图 4 - 8 定量库存控制方法的库存量变化

L—提前期；*R*—订货点；*Q*—订货批量；*B*—安全库存量

5. 定期库存控制方法

定期库存控制方法，又称为订货间隔期法，它是一种以固定检查和订货周期为基础的库存控制法。定期库存控制方法需要预先确定一个订货周期和最高库存量，周期性地检查库存，根据最高库存量、实际库存、在途订货量和待出库商品数量，计算出每次订货批量发出订货指令，组织订货，从而达到控制库存量的目的。只要订货间隔期和最高库存量控制合理，定期库存控制方法就可能实现既保障需求、合理存货，又可以节省库存费用的目标。关于定期库存控制方法的库存量变化，如图 4 -9 所示。

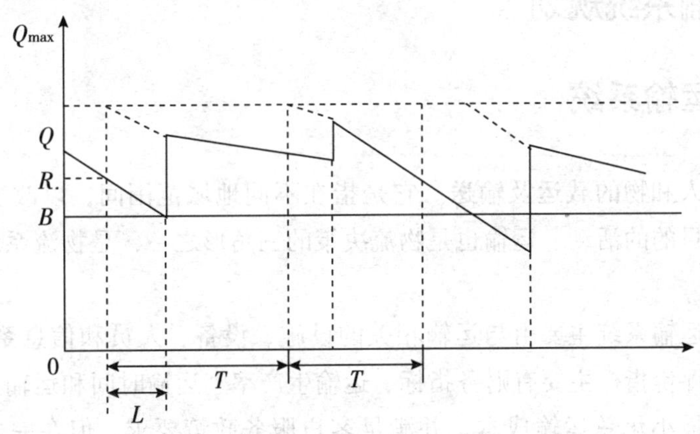

图 4 -9　定期库存控制方法的库存量变化

L—提前期；R—订货点；Q—订货批量；B—安全库存量；Q_{max}—最高库存量；T—订货周期

根据图 4 -9 所示，订货周期实际上就是定期订货的订货点，其间隔时间总是相等的。订货间隔期的长短直接决定最高库存量的大小，即库存水平的高低，进而也决定了库存成本的多少。所以，订货周期不能太长，否则会使库存成本上升；也不能太短，太短会增加订货次数，使得订货费用增加，进而增加库存总成本。从费用角度出发，如果要使总费用达到最低，我们可以采用经济订货周期的方法来确定订货周期 T，其公式为：

$$T^* = \sqrt{\frac{2C}{KM}}$$

其中，C——每次订货成本；

K——单位货物的年保管费用；

M——单位时间内库存商品需求量（销售量）；

T^*——经济订货周期。

定期订货法的订货数量是不固定的，订货批量的多少都是由当时的实际库存量的大小决定的，考虑到订货点时的在途到货量和已发出出货指令尚未出货的待出货数量（称为订货余额），每次的订货量的计算公式为：订货量 = 平均每天的需求量 ×（提前期 + 订购间隔）+ 安全库存 - 实际库存量；安全库存 =（预计每天最大耗用量 - 每天正常耗用量）× 提前期。

4.3 运输系统规划

4.3.1 运输系统

运输是人和物的载运及输送。它是指在不同地域范围间，以改变“物”的空间位置为目的的活动。运输也是物流决策的三角形之一，是物流系统中的重要环节。

现代的运输系统主要由与运输相关的设施、设备、人员和信息系统等构成。运输系统的评价指标主要有财务指标、运输生产率、运输时间和运输质量等。其目标一般是最小化总运输成本，并满足客户服务政策要求，但在完成目标的同时，还必须注意运输系统与整个物流系统之间的联系。

运输系统规划需要在一定的运输环境下，对物流中货物运输的主体和客体进行综合筹划，对运输的各个环节，如运输线路的选择、运输流量的分布、运输车辆的高度和配载、运输方式的选择等进行综合分析，并从整个物流系统的角度出发制定适当的规划与设计方案，以降低运输费用，提高运输效率。

从物流系统的观点来看，有四个因素对运输系统规划来讲是十分重要的，即成本、速度、一致性和质量。

运输成本是指为两个地理位置间的运输所支付的款项以及与行政管理和维持运输中的存货有关的费用。运输系统的规划应该利用能把物流系统总成本降到最低程度的运输。

运输速度是指完成特定的运输所需的时间。运输速度越快，服务质量越高，物流运营效率也越高，但能够提供更快速服务的运输商也会收取更高的运费，这是一个“悖反”现象。因此，选择期望的运输方式时，至关重要的问题就是如何平衡运输服务的速度和成本。

运输的一致性是指在若干次装运中履行某一特定的运次所需的时间与原定时间或与前次运输所需时间的一致性，它是运输可靠性的反映。如果给定的一项运输服务第一次花费 3 天、第二次花费了 8 天，这种意想不到的变化就会产生严重的物流作业问题。如果运输缺乏一致性，就需要安全储备存货，以防预料不到的服务故障。运输一致性因而会影响买卖双方承担的存货义务和有关风险。

此外，了解运输系统履行的质量对于那些对时间具有敏感性的作业也是至关重要的。在运输系统的规划中，必须有效维持运输成本和服务质量之间的平衡。在某些情况下，低成本和慢运输将是令人满意的，而在另外一些情况下，快速服务也许是实现作业目标的关键所在。

科学的运输系统规划主要包括以下五个步骤：①对既有运输系统进行评价；②运输活动剖析和数据挖掘；③运输系统的创新性分析；④数学方法分析；⑤决策、实施与反馈。

运输系统的规划内容主要包括运输业务模式的选择，运输方式的选择，运输批量、路线和时间的确定，以及运输工具配载与调度等。

其中，运输业务模式的选择需要确定运输采取自营运输、运输外包还是混合业务模式。运输方式的选择需要确定采取公路运输、铁路运输、水路运输、航空运输还是管道运输的方式，不同的运输方式的优缺点是不一样的，对运输方式的选择必须考虑货物的性质、客户的需求和环境等多方面的因素。运输工具配载与调度必须按照上轻下重、先远后近、将相互接近的停留点的货物装在车上运送、优先使用大载重量的送货车辆以及将提货与送货过程结合进行的原则来进行规划。运输批量、路线和时间的确定则必须考虑客户的需要，甚至利用运筹学、系统工程等工具来进行科学规划，它是运输系统规划的核心环节，下一节将对其重点介绍。

→［实例 4－3］家乐福物流系统运输决策案例①

成立于 1959 年的法国家乐福集团于 1995 年进入中国市场，最早在北京和上

① 资料来源：http：//www. china－b. com，中华硕博网。

海开设了当时规模最大的大卖场。家乐福（中国）在网络设计方面主要体现为运输网络分散度高，一般流通企业都是自己建立仓库及其配送中心，而家乐福的供应商直送模式决定了它的大量仓库及配送中心都是由供应商自己解决的，受家乐福集中配送的货物占极少数。这样的经营模式不但可以节省大量的建设仓库和管理费用，商品运送也较集中配送来说更方便，而且能及时供应商品或下架滞销商品，这对家乐福的销售，和供货商了解商品销售情况都是极有利的。在运输方式上，除了较少数需要进口或长途运送的货物使用集装箱挂车及大型货运卡车外，由于大量商品来自本地生产商，故较多采用送货车。这些送货车中有一部分是家乐福租的车，而绝大部分则是供应商自己长期为家乐福各店送货的车，家乐福自身需要车的数量不多，所以它并没有自己的运输车队，也省去了大量的运输费用，从另一方面提高了效益。在配送方面，在供应商直送的模式下，商品来自多条线路，而无论各供应商还是家乐福自己的车辆都采用了“轻重配载”的策略，有效利用了车辆的各级空间，使单位货物的运输成本得以降低，进而在价格上取得主动地位。而先进的信息管理系统也能让供应商在最短时间内掌握货架上供其销售的各种商品的货物数量以及每天的销售情况，补货和退货因此而变得方便，也让供应商与家乐福之间相互信任，建立了长期的合作关系。

4.3.2 运输系统规划方法

1. 运输系统规划问题与模型

运输问题的提法通常如下：某种物资有若干产地和销地，现在需要把这种物资从各个产地运到各个销地，产量总数等于销量总数。已知各产地的产量和各销地的销量以及各产地到各销地的单位运价（或运距），问应如何组织调运，才能使总运费（或总运输量）最小？

运输问题的相关信息可以归纳为表4－4。

表 4-4 运输问题相关信息

单位运价或运距 \ 销地 / 产地	B_1	B_2	…	B_n	产 量
A_1	c_{11}	c_{12}	…	c_{1n}	a_1
A_2	c_{21}	c_{22}	…	c_{2n}	a_2
⋮	…	…	…		⋮
A_m	c_{m1}	c_{m2}	…	c_{mn}	a_m
销 量	b_1	b_2	…	b_n	$\sum_{i=1}^{m} a_i = \sum_{j=1}^{n} b_j$

设 x_{ij}为从产地 A_i 运往销地 B_j 的物资数量（$i=1,\ \cdots,\ m;\ j=1,\ \cdots,\ n$），由于从 A_i 运出的物资总量应等于 A_i 的产量 a_i，因此 X_{ij}应满足：

$$\sum_{j=1}^{n} x_{ij} = a_i,\quad i = 1,2,\cdots,m$$

同理，运到 B_j 的物资总量应该等于 B_j 的销量 b_j，所以 x_{ij}还应满足：

$$\sum_{i=1}^{m} x_{ij} = b_j,\quad j = 1,2,\cdots,n$$

总运费为：

$$Z = \sum_{i=1}^{m} \sum_{j=1}^{n} c_{ij}x_{ij}$$

于是，可得运输问题的数学模型如下：

$$\min Z = \sum_{i=1}^{m} \sum_{j=1}^{n} c_{ij}x_{ij}$$

$$\text{s. t.} \begin{cases} \sum_{j=1}^{n} x_{ij} = a_i, i = 1,2,\cdots,m; \\ \sum_{i=1}^{m} x_{ij} = b_j, j = 1,2,\cdots,n; \\ x_{ij} \geqslant 0 \end{cases} \tag{4-1}$$

注意到产销平衡条件 $\sum_{i=1}^{m} a_i = \sum_{j=1}^{n} b_j$，因此，式（4-1）描述的是产销平衡的运输问题。

这是一个带有 mn 个变量、$m+n$ 个等式约束条件的线性规划，可以用单纯形法求解，但鉴于其特殊的形式，也可采用徐渝和贾涛所著的《运筹学》中的表上作业法求解，其具体内容概括如下。在应用表上作业法之前，须先讨论运输问题的一些特点。

（1）约束方程组的系数矩阵具有特殊的结构。写出式（4-1）的系数矩阵 A，形式如下：

$$
\begin{array}{c}
x_{11},x_{12},\cdots,x_{1n};\ x_{21},x_{22},\cdots,x_{2n};\cdots;x_{m1},x_{m2},\cdots,x_{mn} \\
\begin{array}{l} m\text{ 行}\left\{\begin{array}{l}\\ \\ \\ \\ \end{array}\right. \\ n\text{ 行}\left\{\begin{array}{l}\\ \\ \\ \end{array}\right. \end{array}
\begin{pmatrix}
1 \ 1 \ \cdots \ 1 & & & \\
 & 1 \ 1 \ \cdots \ 1 & & \\
 & & \ddots & \\
 & & & 1 \ 1 \ \cdots \ 1 \\
\hline
\begin{matrix}1 & & \\ & 1 & \\ & & \ddots \\ & & & 1\end{matrix} &
\begin{matrix}1 & & \\ & 1 & \\ & & \ddots \\ & & & 1\end{matrix} & \cdots &
\begin{matrix}1 & & \\ & 1 & \\ & & \ddots \\ & & & 1\end{matrix}
\end{pmatrix}
\end{array}
\qquad (4-2)
$$

可以看出，该矩阵的元素均为1或0；每一列只有两个元素为1，其余元素均为0。列向量 $P_{ij}=(0,\ \cdots,\ 0,\ 1,\ 0,\ \cdots,\ 0,\ 1,\ 0,\ \cdots 0)^{T}$，其中两个元素1分别处于第 i 行和第 $m+j$ 行。另外，若将该矩阵分块，也很有特点：前 m 行构成 m 个 $m\times n$ 阶矩阵，而且第 k 个矩阵只有第 k 行元素全为1，其余元素全为0（$k=1,\ \cdots,\ m$）；后 n 行构成 m 个 n 阶单位阵。

（2）运输问题的基变量总数是 $m+n-1$。写出增广矩阵：

$$
\begin{array}{c}
x_{11},x_{12},\cdots,x_{1n};x_{21},x_{22},\cdots,x_{2n};\cdots;x_{m1},x_{m2},\cdots,\ x_{mn} \\
\bar{A}=
\begin{pmatrix}
1 \ 1 \ \cdots \ 1 & & & & a_1 \\
 & 1 \ 1 \ \cdots \ 1 & & & a_2 \\
 & & \ddots & & \vdots \\
 & & & 1 \ 1 \ \cdots \ 1 & a_m \\
\begin{matrix}1 & & \\ & 1 & \\ & & \ddots \\ & & & 1\end{matrix} &
\begin{matrix}1 & & \\ & 1 & \\ & & \ddots \\ & & & 1\end{matrix} & \cdots &
\begin{matrix}1 & & \\ & 1 & \\ & & \ddots \\ & & & 1\end{matrix} &
\begin{matrix} b_1 \\ b_2 \\ \vdots \\ b_m \end{matrix}
\end{pmatrix}
\end{array}
\qquad (4-3)
$$

可以证明系数矩阵式（4－2）及其增广矩阵 $\bar{A}$ 的秩都是 $m+n-1$。一方面，前 m 行相加之和减去后 n 行相加之和结果是零向量，说明 $m+n$ 个行向量线性相关，因此 $\bar{A}$ 的秩小于 $m+n$；另一方面由 $\bar{A}$ 的第二行至第 $m+n$ 行和前 n 列及 x_{21}，$x_{31}, \cdots, x_{m1}$ 对应的列交叉处元素构成 $m+n-1$ 阶方阵 D，D 的行列式：

$$|D| = \begin{vmatrix} & & & 1 & & & \\ & & & & 1 & & \\ & & & & & \ddots & \\ & & & & & & 1 \\ 1 & & & 1 & 1 & \cdots & 1 \\ & 1 & & & & & \\ & & \ddots & & & & \\ & & & 1 & & & \end{vmatrix} \begin{array}{l} \} m-1 \text{行} \\ \\ \} n \text{行} \end{array} \overset{\text{按第一列展开}}{=} (-1)^{m+1} \begin{vmatrix} & & 1 & & \\ & & & \ddots & \\ & & & & 1 \\ 1 & & & & \\ & \ddots & & 0 & \\ & & 1 & & \end{vmatrix} \neq 0$$

因此，$\bar{A}$ 的秩恰好等于 $m+n-1$，又 D 本身就含于 A 中，故 A 的秩也等于$m+n-1$。可以证明 $m+n$ 个约束方程中的任意 $m+n-1$ 个都是线性无关的。

（3）$m+n-1$ 个变量构成基变量的充要条件是它们不构成闭回路。

定义 凡是能排成：$x_{i_1j_1}, x_{i_1j_2}, x_{i_2j_2}, x_{i_2j_3}, \cdots, x_{i_sj_s} x_{i_sj_1}$ 或 $x_{i_1j_1}, x_{i_2j_1}, x_{i_2j_2}, x_{i_3j_2}, \cdots, x_{i_sj_s} x_{i_1j_s}$ 形式的变量集合称为一个闭回路，并称式中变量为该闭回路的顶点；其中，$i_1, i_2, \cdots, i_s$ 互不相同，$j_1, j_2, \cdots, j_s$ 互不相同。

例：设 $m=3$，$n=4$，决策变量 x_{ij} 表示从产地 A_i 到销地 B_j 的调运量，列出表 4－5，即可给出闭回路 $\{x_{11}, x_{13}, x_{33}, x_{34}, x_{24}, x_{21}\}$ 在表中的表示法——用折线连接起来的顶点变量。

［课堂练习 4－1］请给出闭回路 $\{x_{12}, x_{22}, x_{24}, x_{14}\}$ 和 $\{x_{22}, x_{23}, x_{33}, x_{31}, x_{11}, x_{12}\}$ 在表中的表示法。

表 4－5　　闭回路在表中的表示法

	B_1	B_2	B_3	B_4
A_1	X_{11}	X_{12}	X_{13}	X_{14}
A_2	X_{21}	X_{22}	X_{23}	X_{24}
A_3	X_{31}	X_{32}	X_{33}	X_{34}

［课堂练习 4－2］下面的折线构成的封闭曲线连接的顶点变量哪些不可能是闭回路？为什么？

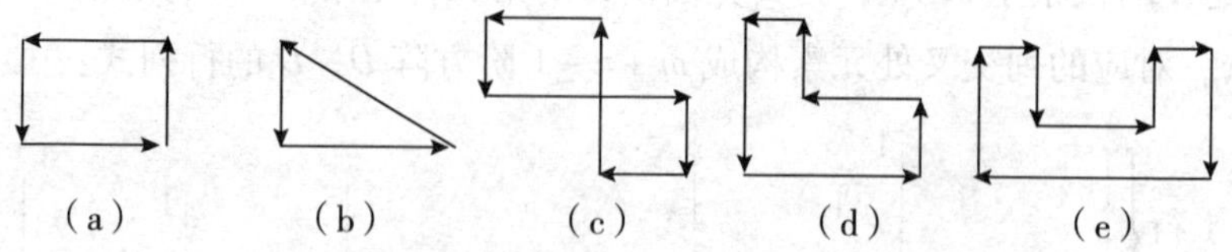

（a） （b） （c） （d） （e）

文中的折线构成一条封闭曲线，且所有的边都是水平或垂直的。另外，表中的每一行和每一列由折线相连的闭回路的顶点只有两个。（想一想，为什么）

下面是有关闭回路的一些重要结果，也是表上作业法的理论基础。

定理 4－1 设 $x_{i_1j_1}, x_{i_1j_2}, x_{i_2j_2}, x_{i_2j_3}, \cdots, x_{i_sj_s}x_{i_sj_1}$ 是一个闭回路，则该闭回路中的变量所对应的系数列向量 $P_{i_1j_1}, P_{i_1j_2}, P_{i_2j_2}, P_{i_2j_3}, \cdots, P_{i_sj_s}P_{i_sj_1}$ 具有下面的关系：

$$P_{i_1j_1} - P_{i_1j_2} + P_{i_2j_2} - P_{i_2j_3} + \cdots + P_{i_sj_s} - P_{i_sj_1} = 0$$

只要注意到列向量 $P_{ij} = (0, \cdots, 0, 1, 0, \cdots, 0, 1, 0, \cdots, 0)^{T}$，其中，两个元素 1 分别处于第 i 行和第 $m+j$ 行，直接计算即可得到结果。

定理 4－2 若变量组 $x_{i_1j_1}, x_{i_2j_2}, \cdots, x_{i_rj_r}$ 中有一个部分组构成闭回路，则该变量组对应的系数列向量线性相关。

定理 4－3 不包含任何闭回路的变量组中必有孤立点。

所谓孤立点是指在所在行或列中出现于该变量组中的唯一变量。可用反证法证明。

定理 4－4 r 个变量 $x_{i_1j_1}, x_{i_2j_2}, \cdots, x_{i_rj_r}$ 对应的系数列向量线性无关充要条件是该变量组不包含闭回路。

必要性的证明可考虑用反证法结合定理 4－2 的结果进行，充分性的证明可借助定理 4－3，根据向量组线性无关的定义用归纳法得证。

推论 $m+n-1$ 个变量构成基变量的充要条件是该变量组不含闭回路。

2. 运输问题的表上作业法

表上作业法的基本思想是：先设法给出一个初始方案，然后根据确定的判别准则对初始方案进行检查、调整、改进，直至求出最优方案，如图 4－10 所示。这和单纯形法的求解思想完全一致，但是具体的做法则更加简捷。

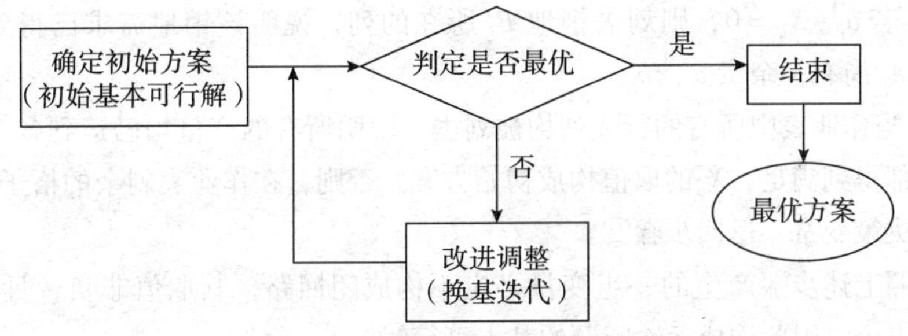

图 4－10　运输问题求解思路

（1）初始方案的确定。初始方案就是初始基本可行解。将运输问题的有关信息表和决策变量——调运量结合在一起构成“作业表”（产销平衡表），表 4－6 就是两个产地、三个销地的运输问题作业表。

表 4－6　运输问题作业表

调运量 销地 / 产地	B_1	B_2	B_3	产　量
A_1	C_{11} X_{11}	C_{12} X_{12}	C_{13} X_{13}	a_1
A_2	C_{21} X_{21}	C_{22} X_{22}	C_{23} X_{23}	a_2
销　量	b_1	b_2	b_3	$\sum_{i=1}^{2} a_i = \sum_{j=1}^{3} b_j$

其中，X_{ij}是决策变量，表示待确定的从第 i 个产地到第 j 个销地的调运量，C_{ij}为从第 i 个产地到第 j 个销地的单位运价或运距。然后按照下面的步骤确定初始方案：

① 选择一个 X_{ij}，令 $X_{ij} = \min\{a_i,\ b_j\} = \begin{cases} a_i & \text{第 } i \text{ 个产地的产量全部运到第 } j \text{ 个销地} \\ b_j & \text{满足第 } j \text{ 个销地需求} \end{cases}$，

将具体数值填入 X_{ij}在表中的位置。

② 调整产销剩余数量：从 a_i 和 b_j 中分别减去 X_{ij}的值，若 $a_i - X_{ij} = 0$，则划去产地 A_i 所在的行，即该产地产量已全部运出无剩余，而销地 B_j 尚有需求缺口

$b_j - a_i$；若 $b_j - X_{ij} = 0$，则划去销地 B_j 所在的列，说明该销地需求已得到满足，而产地 A_i 尚有存余量 $a_i - b_j$。

③ 当作业表中所有的行或列均被划去，说明所有的产量均已运到各个销地，需求全部得到满足，X_{ij}的取值构成初始方案。否则，在作业表剩余的格子中选择下一个决策变量，返回步骤②。

按照上述步骤产生的一组变量必定不构成闭回路，其取值非负，且总数是 $m+n-1$ 个，因此构成运输问题的基本可行解。

对 X_{ij}的选择采用不同的规则就形成各种不同的方法，比如，每次总是在作业表剩余的格子中选择运价（或运距）最小者对应的 X_{ij}，则构成最小元素法，若每次都选择左上角格子对应的 X_{ij}就形成西北角法（也称左上角法）。

例：甲、乙两个煤矿供应 A、B、C 三个城市用煤，各煤矿产量及各城市需煤量、各煤矿到各城市的运输距离如表 4－7 所示，求使总运输量最少的调运方案。

表 4－7　　　　已知信息

城市 / 运输距离 / 煤矿	A	B	C	日产量（供应量）
甲	90	70	100	200
乙	80	65	75	250
日销量（需求量）	100	150	200	

根据已知信息，可得该问题的数学模型如下：

$$\min Z = 90x_{11} + 70x_{12} + 100x_{13} + 80x_{21} + 65x_{22} + 75x_{23} \quad \text{总运输量}$$

$$\text{s. t.} \begin{cases} x_{11} + x_{12} + x_{13} = 200 \\ x_{21} + x_{22} + x_{23} = 250 \end{cases} \text{日产量约束}$$

$$\begin{cases} x_{11} + x_{21} = 100 \\ x_{12} + x_{22} = 150 \quad \text{需求约束} \\ x_{13} + x_{23} = 200 \\ x_{ij} \geqslant 0, \quad i = 1,2; j = 1,2,3 \end{cases}$$

先分别使用最小元素法和西北角法求出初始方案，为此列出初始作业表，如表4-8所示。

表4-8 **初始作业表（一）**

调运量 城市 / 煤矿	A	B	C	日产量(供应量)
甲	90 X_{11}	70 X_{12}	100 X_{13}	200
乙	80 X_{21}	65 X_{22}	75 X_{23}	250
日销量(需求量)	100	150	200	450

最小元素法的基本思想是“就近供应”，在表4-8中先选择最小运距 $C_{22}=65$ 对应的 X_{22} 作为第一个基变量，因为 $\min(a_2, b_2)=\min(250, 150)=150$，所以令 $X_{22}=150$，B城市需求全部满足，乙煤矿尚有存余量 $250-150=100$。划去表中第二列，并修改乙煤矿存余量得表4-9。

表4-9 **作业表（二）**

调运量 城市 / 煤矿	A	B	C	日产量(供应量)
甲	90 X_{11}	70 X_{12}	100 X_{13}	200
乙	80 X_{21}	65 150	75 X_{23}	~~250~~ 100
日销量(需求量)	100	150	200	450

在余下的4个格子中再选择最小运距 $C_{23}=75$ 对应的 X_{23} 作为第二个基变量，因为 $\min(100, 150)=100$，所以令 $X_{23}=100$，乙煤矿已无存余，C城市尚有需求缺口 $200-100=100$。划去表中第二行，并修改C城市需求得表4-10。

表 4-10 **作业表（三）**

调运量 城市 / 煤矿	A	B	C	日产量(供应量)
甲	90 X_{11}	70 X_{12}	100 X_{13}	200
乙	80 X_{21}	65 150	75 100	~~250~~ 100
日销量(需求量)	100	150	~~200~~ 100	450

在余下的 2 个格子中再选择最小运距 $C_{11}=90$ 对应的 X_{11} 作为第三个基变量，因为 min（200，100）＝100，所以令 $X_{11}=100$，A 城市需求全部满足，甲煤矿尚有存余量 200－100＝100。划去表中第一列，并修改甲煤矿存余量得表4－11。

表 4-11 **作业表（四）**

调运量 城市 / 煤矿	A	B	C	日产量(供应量)
甲	90 100	70 X_{12}	100 X_{13}	~~200~~，100
乙	80 X_{21}	65 150	75 100	~~250~~，100
日销量(需求量)	100	150	~~200~~ 100	450

现在只剩 1 个格子，是运距 $C_{13}=100$ 对应的决策变量 X_{13}，由于甲煤矿余存量 100 恰好满足 C 城市需求缺口 100，令 $X_{13}=100$。至此，需求全部满足，且供需平衡，故已得到初始调运方案，如表 4－12 所示，即 $X_{11}=100$，$X_{13}=100$，$X_{22}=150$，$X_{23}=100$，变量个数恰为 $m+n-1=2+3-1=4$。

表 4-12　　用最小元素法确定的初始调运方案

调运量＼城市 煤矿	A	B	C	日产量(供应量)
甲	90 100	70 X_{12}	100 100	200
乙	80 X_{21}	65 150	75 100	250
日销量(需求量)	100	150	200	450

西北角法则不考虑运距（或运价），每次都选剩余表格的左上角（即西北角）元素作为基变量，其他过程与最小元素法相同，所得初始调运方案如表 4-13 所示，即

$X_{11}=100$，$X_{12}=100$，$X_{22}=50$，$X_{23}=200$

表 4-13　　用西北角法确定的初始调运方案

调运量＼城市 煤矿	A	B	C	日产量(供应量)
甲	90 100	70 100	100 X_{13}	200
乙	80 X_{21}	65 50	75 200	250
日销量(需求量)	100	150	200	450

（2）最优性检验。检查当前调运方案是不是最优方案的过程就是最优性检验。检查的方法仍然是计算非基变量（在作业表中对应着未填上数值的格，即空格）的检验数（也称为空格的检验数），若全部大于等于零，则该方案就是最优调运方案，否则就应进行调整。因此，最优性检验最终归结为求非基变量检验数的问题，这里介绍两种常用的方法——闭回路法和位势法。

① 闭回路法。以确定了初始调运方案的作业表为基础，以一个非基变量

作为起始顶点，寻求闭回路。该闭回路的特点是：除了起始顶点是非基变量外，其他顶点均为基变量（对应着填上数值的格）。可以证明，如果对闭回路的方向不加区别，对于每一个非基变量而言，以其为起点的闭回路存在且唯一。

如果约定作为起始顶点的非基变量为偶数次顶点，其他顶点从1开始顺次排列，那么，该非基变量 X_{ij} 的检验数

$$\sigma_{ij}=(\text{闭回路上偶数次顶点运距或运价之和})-(\text{闭回路上奇数次顶点运距或运价之和}) \quad (4-4)$$

在表4-12基础上，计算非基变量 X_{12} 的检验数时，首先在该作业表上作出闭回路，见表4-14中虚线连接的顶点变量。

表4-14 初始调运方案中以 X_{12} 为起点的闭回路

调运量 城市 / 煤矿	A	B	C	日产量(供应量)
甲	90 100	X_{12} 70 	X_{13} 100 100	200
乙	80 X_{21}	X_{22} 65 150	X_{23} 75 100	250
日销量(需求量)	100	150	200	450

于是非基变量 X_{12} 的检验数 $\sigma_{12}=(c_{12}+c_{23})-(c_{13}+c_{22})=70+75-(100+65)=-20$，

非基变量 X_{21} 的检验数 $\sigma_{21}=(c_{21}+c_{13})-(c_{11}+c_{23})=80+100-(90+75)=15$。

其经济含义是：在保持产销平衡的条件下，该非基变量增加一个单位运量而成为进基变量时目标函数值的变化量。

② 位势法。以上例初始调运方案为例，设置位势变量 u_i 和 v_j，在表4-12的基础上增加一行和一列，对应关系如表4-15所示。

表 4－15 初始调运方案位势变量对应

调运量＼城市 煤矿	A	B	C	日产量 (供应量)	位势变量 u_i
甲	90 100	70 X_{12}	100 100	200	u_1
乙	80 X_{21}	65 150	75 100	250	u_2
日销量 (需求量)	100	150	200	450	
位势变量 v_j	v_1	v_2	v_3		

然后构造下面的方程组：

$$\begin{cases} u_1 + v_1 = c_{11} = 90 \\ u_1 + v_3 = c_{13} = 100 \\ u_2 + v_2 = c_{22} = 65 \\ u_2 + v_3 = c_{23} = 75 \end{cases} \tag{4－5}$$

该方程组有下面一些特点：

- 方程个数是 $m+n-1=2+3-1=4$ 个，位势变量共有 $m+n=2+3=5$ 个，通常称 u_i 为第 i 行的位势，称 v_j 为第 j 列的位势；
- 初始方案的每一个基变量 x_{ij} 对应一个方程——所在行和列对应的位势变量之和等于该基变量对应的运距（或运价）：$u_i+v_j=c_{ij}$；
- 方程组恰有一个自由变量，可以证明式（4－5）中任意一个变量均可取作自由变量。

给定自由变量一个值，解方程组式（4－5），即可求得位势变量的一组值，根据式（4－4）结合方程组式（4－5）即可推出计算非基变量 X_{ij} 检验数的公式：

$$\sigma_{ij}=c_{ij}-(u_i+v_j) \tag{4－6}$$

在式（4－5）中，令 $u_1=0$，则可解得 $v_1=90$，$v_3=100$，$u_2=-25$，$v_2=90$，于是

$$\sigma_{12}=c_{12}-(u_1+v_2)=70-(0+90)=-20$$

$$\sigma_{21}=c_{21}-(u_2+v_1)=80-(-25+90)=15$$

与前面用闭回路法求得的结果相同。

思考练习：比较计算检验数的两种方法，解释其来源和含义。

闭回路法计算的检验数，其经济含义是：在保持产销平衡的条件下，该非基变量增加一个单位运量而成为进基变量时目标函数值的变化量；位势法中，试写出运输问题的对偶问题，位势变量就是对偶变量，原问题的对偶问题是：

$$\max W = \sum_{i=1}^{m} a_i u_i + \sum_{j=1}^{n} b_j v_j$$

$$\text{s. t.} \begin{cases} u_i + v_j \leqslant c_{ij} \\ \text{变量无非负限制} \end{cases}$$

引入松弛变量 σ_{ij}，得 $\sigma_{ij} = c_{ij} - (u_i + v_j)$。

（3）方案调整。当至少有一个非基变量的检验数是负值时，说明作业表上当前的调运方案不是最优的，应进行调整。若检验数 σ_{ij} 小于零，则首先在作业表上以 X_{ij} 为起始变量作出闭回路，并求出调整量 ε，ε 的值等于该闭回路中奇数次顶点调运量中最小的一个。

继续上面的例，由于 $\sigma_{12} = -20$，参照以 X_{12} 为起始变量的闭回路，计算调整量：$\varepsilon = \min(100, 150) = 100$。

然后，按照下面的方法调整调运量：

在闭回路上，奇数次顶点的调运量减去 ε，偶数次顶点（包括起始顶点）的调运量加上 ε；闭回路之外的变量调运量不变。

例如，在表 4－14 基础上按上述方法调整就得到一个新的调运方案，如表 4－16所示。

表 4－16　　调整后的调运方案

调运量 城市 煤矿	A	B	C	日产量(供应量)
甲	90 100	X_{12} 70 100	X_{13} 100	200
乙	80 X_{21}	X_{22} 65 50	X_{23} 75 200	250
日销量(需求量)	100	150	200	450

重复上面的步骤直至求出最优调运方案如表4-17。

表4-17 最优调运方案

调运量 城市 / 煤矿	A	B	C	日产量(供应量)
甲	90 50	X_{12} 70 150	X_{13} 100	200
乙	80 50	X_{22} 65	X_{23} 75 200	250
日销量(需求量)	100	150	200	450

结果表明：最优调运方案是 $X_{11}=50$，$X_{12}=150$，$X_{21}=50$，$X_{23}=200$

相应的最小总运输量为：$Z_{\min}=90\times50+70\times150+80\times50+75\times200=34000$（吨公里）

3. 运输问题的推广

实际中常常会出现供大于求或供不应求的情况，相应的运输问题就是更一般的产销不平衡的运输问题。当供大于求时，可以增加一个虚拟销地，供不应求时则增加一个虚拟产地，对应的运距（运价）均设为零，这样就把问题转化为一个产销平衡的运输问题，可以应用表上作业法求出最优调运方案。

转运问题是更实际的一类运输问题，其特点是所调运的物资不是由产地直接运送到销地，而是经过若干中转站送达。

转运问题的求解通常是设法将其转化成一个等价的产销平衡运输问题，然后用表上作业法求出最优调运方案，因此重点在于“如何转化”的问题。一般可按以下步骤进行：

第一步，将产地、转运点、销地重新编排，转运点既作为产地又作为销地；

第二步，各地之间的运距（运价）在原问题运距（运价）表基础上进行扩展：从一地运往自身的单位运距（运价）记为零，不存在运输线路的则记为M（一个足够大的正数）；

第三步，由于经过转运点的物资量既是该点作为销地的需求量，又是该点作为产地时的供应量，但事先又无法获取该数量的确切值，因此通常将调运总量作为该数值的上界。对于产地和销地也作类似的处理。

4.4 配送系统规划

4.4.1 配送系统

配送是指在经济合理区域范围内，根据客户要求，在配送中心或物流结点对物品进行拣选、加工、包装、分割、组配等作业，并按时送达指定地点的物流活动。配送不是一般概念的送货，也不是生产企业推销产品时直接从事的销售性送货，而是从物流结点至用户的一种特殊送货形式。从配送活动的实施过程上看，配送包括两个方面的活动："配"是对货物进行集中、分拣和组配；"送"是以各种不同的方式将货物送至指定地点或用户手中。

一般而言，配送包括以下环节：

（1）集货。集货是配送的准备工作，它是将分散的或小批量的货物集中起来，以便进行运输、配送的作业。它通常包括制订订购计划、组织货源、储存保管等活动。

（2）分拣。它是将货物按品名、规格、出入库先后顺序进行分门别类的作业。

（3）配送加工。配送加工是流通加工的一种，是按照客户的要求所进行的流通加工。

（4）配货。配货是指使用各种拣选设备和传输装置，将存放的货物，按客户的要求分拣出来，配备齐全，以便送达客户的作业。

（5）配载。在单个客户配送数量不能达到车辆的有效运载负荷时，就存在如何集中不同客户的配送货物，进行搭配装载以充分利用运能、运力的问题，这就需要合理的配载。跟一般送货不同处在于，通过配载送货可以大大提高送货水平及降低送货成本，所以配载也是配送系统中有现代特点的功能要素，也是现代配送不同于已往送货的重要区别之一。

（6）运输送达。指采取适当的配送方式和配送线路，并按客户要求选择合适的卸货地点和卸货方式等圆满地实现货物的移交。

配送系统主要由与配送相关的设施、设备、人员和信息系统等构成。配送系统规划需要在一定的配送环境下，对物流中货物配送的主体和客体进行综合筹划，对配送的各个环节，如配送线路的选择、配送车辆的高度和配载、配送方式的选择等进行综合分析，并从整个物流系统的角度出发制定适当的规划与设计方案，以降低配送费用，提高配送效率。

配送系统规划中的科学问题主要包括配送线路的优化、配载的方式和方法、车辆调度的方法，等等。

4.4.2 配送系统规划方法

1. 配送线路的优化方法

配送往往需要在城市的道路交通网上选择合适的路线将货物从一个或多个配送中心送到一个或多个客户手中，因此，如何优化配送线路是提高配送效率的关键。配送线路的优化必须综合考虑配送中心的位置、客户的分布、道路状况、车辆状况等因素，才能找出一条最佳的配送线路解决方案。关于配送线路优化的基本问题主要有以下两种：

（1）一对一配送的路线优化问题。一对一配送是指由一个供应点往一个客户进行配送的模式。进行一对一配送需要考虑客户服务水平和成本等因素选择最优的配送线路，以实现高效率配送的经营目的。通常情况下，最优的配送线路可以简化为最短的配送线路，并可利用 Dijkstra 算法进行求解。

该算法的基本思路是：一个连通网络 $G = (V, E)$ 中，$V = (v_1, v_2, \cdots, v_n)$，$E = (e_1, e_2, \cdots, e_n)$，求解从结点 v_0 到 v_n 的最短路径时，首先求出从 v_0 出发的一条最短路径，再参照它求出一条次短的路径，依次类推，直到从顶点 v_0 到顶点 v_n 的最短路径求出为止，即定点 v_n 被加入到路径中。而求解从 v_n 到其他所有结点的最短路径，则同样先求得从 v_0 出发的一条最短路径，再参照它求出一条次短的路径，依次类推，直到从顶点 v_0 出发的所有最短路径求出为止。

（2）一对多配送的路线优化问题。一对多配送是指由一个供应点往多个客户进行配送的模式。这种配送模式要求，同一条线路上所有客户的需求量总和不大于一辆车的额定载重量。其基本思路是：由一辆车装载所有客户的货物，沿一条优选的线路，依次逐一将货物送到各个客户的货物接收点，既保证客户按时收货又节约里程，节省运输费用。解决这种模式的优化设计问题可以采用“节约里程”法。

如图 4 -11 所示，假设 D 为配送中心，U 和 W 为客户接货点，各点相互的道路距离分别用 a、b、c 表示。比较两种运输路线方案：一是派两辆车分别为客户往 U、W 点送货，总的运输里程为 2（a + b）；一是将 U、W 两地的货物装在同一辆车上，采用巡回配送方式，总的运输里程为：a + b + c，若不考虑道路特殊情况等因素的影响，第二种方式与第一种方式之差为 2（a + b）－（a + b + c），按照三角原理，可以看出，第二种方式比第一种要节约 a + b − c 的里程数，节约法就是按照以上原理对配送网络的运输路线进行优化计算的。

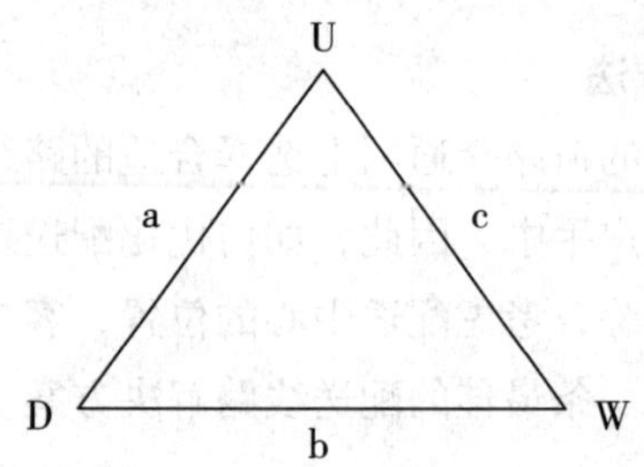

图 4 -11 节约里程法示意图

2. 配载方法

配载时要注意大小搭配和货物的性质搭配，需要确定合理的堆码层次及方法，另外，到达同一地点的适合配装的货物应尽可能一次积载，配载时不允许超过车辆所允许的最大载重量且车厢内货物重量应分布均匀，同时还应防止车厢内货物之间碰撞与玷污等。

配送运输中最典型的配载问题用数学语言可以描述为：假设配送车辆的最大装载量为 G，用于运送 n 种不同的物品，此 n 种不同物品的重量分别为 W_1，W_2，…，W_n，每一种货物的价值系数（可表示价值、运费、重量等）分别用 P_1，P_2，…，P_n 表示。另设 X_k 表示第 k 种物品的装入数量，则在 $\sum_{k=1}^{n} W_k X_k \leqslant G$ 的约束条件下，要求 $f(x) = \sum_{k=1}^{n} P_k X_k$ 最大。

3. 车辆调度的方法

根据客户所需货物、配送中心站点及交通线路的布局不同，可选择不同的车辆调度方法。简单的可采用定向专车调度法、交叉调度法等。如果运输任务较重，交通网络较复杂时，为合理调度车辆的运行，可利用运筹学中的线性规划法、最短路径法、表上作业法和图上作业法等方法进行车辆调度规划。

(1) 表上作业法。车辆调度问题是线性规划最早研究的问题，也是与交通运输行业密切相关的问题。其表述如下：设某类物资有 m 个配送中心地（产地）$A_1, A_2, \cdots, A_m$，其供给（产）量分别为 $a_1, a_2, \cdots, a_m$；有 n 个客户（销地）$B_1, B_2, \cdots B_n$，其需求（销）量分别是 $b_1, b_2, \cdots, b_n$，且供需平衡（$\sum_{i=1}^{m} a_i = \sum_{j=1}^{n} b_j$）。已知单位物资从 A_i 运到 B_j 的运价为 C_{ij}（$i = 1, 2, \cdots, m; j = 1, 2, \cdots, n$），试求使总运费最小的调运方案。

在应用表上作业法制订车辆调度方案时，要求有供需平衡的条件。可是在实际中常常会碰到供需不平衡的情况，此时可以通过适当的处理，化成供需平衡问题来应用表上作业法解决。关于表上作业法的详细步骤和内容可参见运输系统规划的相关部分。

(2) 图上作业法。图上作业法是将配送运输量任务反映在交通图上，通过对交通图初始调运方案的调整，求出最优配送车辆运行调度方法。图上作业法的内外圈流向箭头，要求达到重叠且各自之和都小于或等于全圈总程度的一半，这时的流向图就是最佳调运方案。运用这种方法时，要求交通图上没有货物对流现象，以运行最短路、最低运费或最高行程利用率为优化目标。其基本步骤为：①绘制交通图；②将初始调运方案反映在交通图上；③检查与调整。

4.5 案例：利玛物流配送管理系统解决方案[①]

物流是“第三利润源”。IT 技术的发展，促进了物流技术、物流管理的飞速发展；利玛软件信息技术有限公司凭借 20 余年的经验积累和技术储备，不断摸索和创新，为促进中国物流管理水平的提高和发展，设计开发了这套功能强大、智能可视的利玛物流配送管理系统（LS）。利玛物流配送管理系统的产品特色主要有：

---

① 资料来源：http：//www. ccw. com. cn/cio/solution/htm2006/20060227_ 12TX3. asp，计世网。

（1）在完成业务单据的处理基础上，提供对业务单据的 EIQ 分析，有利于管理部门在设施重新规划、设备利用调整、作业流程重组等诸多方面决策水平的提高。

（2）为配送线路选择、货位储存、装车配载、拣货流程等物流配送关键环节提供优化手段，大幅度提高作业效率。

（3）可与 GPS 设备、条码扫描设备、PDA 设备等外设集成使用。

（4）适应现代物流发展趋势，支持集中拣货和顺序拣货，提供基于零售店货架的配货方式，减少验货收货手续和时间，提高验货收货效率。

（5）基于物流活动成本法（物流成本 ABC 法）计算物流成本，更精确、更全面地反映企业的物流成本状况。

（6）提供可视化的库存管理手段，将仓库管理变得简单、直观和有效。

（7）与利玛物流分销管理系统采取一体化设计，两者相结合可以提供完整的物流管理解决方案。

（8）借鉴利玛 ERP 管理原理及其在生产制造的开发经验，并将其引入到仓储流通加工管理过程中，提高物流配送的增值服务。本产品还可与利玛 ERP 产品 CAMPS 8、CAMPS 9 集成使用。

（9）支持多种业务单据，如配送单、运输单、仓管单、调拨单、提货单等；支持网上下单和无订单进货。

（10）可随时报告账面库存、实际库存和预期库存。

（11）支持单物流配送中心和多物流配送中心等组织形式。

（12）支持条码和二维条码管理商品进出。

（13）在入库和出库时，支持手工及自动指定货物储位。

（14）可随时查询当前以及预测期的仓储能力、流通加工能力和装卸能力。

（15）动态跟踪配送任务，帮助企业以及企业客户掌握货物配送状况。

（16）采取按货主、线路、商品、时间等多种策略安排配送任务。

利玛物流配送管理系统主要包括三大核心业务处理功能：综合业务管理、仓储业务管理、配送业务管理，以及两项很重要的管理功能物流成本管理和物流绩效管理。除以上功能外，还专为领导决策提供了高效的查询功能和决策支持功能，以及保障系统正常运转的基础信息维护功能和系统管理功能。

利玛物流配送管理系统包括九大子系统，分别是：综合业务管理子系统、仓储业务管理子系统、配送业务管理子系统、物流成本管理子系统、物流绩效管理子系统、综合查询子系统、辅助决策子系统、系统管理子系统和基础信息管理子系统。它们为帮助企业全面、准确地掌握物流配送作业的各项信息，包括作业内容、作业成本和作业成效等提供了丰富的管理和辅助决策功能。

1. 综合业务管理子系统

(1) 业务单据管理。包括网上业务单据、业务单录入、业务单审核、业务单分解、业务单下发、业务单反馈接收和业务单追踪等功能。

(2) 合同管理。包括合同录入、合同审核、合同转换和合同维护等功能。

(3) 物流资源查询。包括总运能查询、总仓储能力查询、总流通加工能力、分支机构运能查询、分支机构仓储能力查询、分支机构流通加工能力查询等功能。

(4) 物流报价查询。包括运输报价、仓储报价、流通加工报价、装卸报价的定义和查询等功能。

(5) 物流费用结算。包括运输费用、仓储费用、流通加工费用、综合物流费用的计算和物流费用结算清单的打印等功能。

2. 仓储业务管理子系统

(1) 进货管理。包括货物到达预测、进货验收、进货差异处理、存储货位指派、上架单生成和回填等功能。

(2) 存货管理。包括库位整理、保质期管理、库存预警、库内补货等功能。

(3) 出货管理。包括拣货单生成和回填、配货登记、出货验收、出库登记等功能。

(4) 盘点管理。包括盘点周期设定、盘点清单生成和回填、盘盈盘亏处理等。

(5) 流通加工与包装管理。包括加工工艺定义、包装定义、包装单生成和回填、加工单生成和回填等。

3. 配送业务管理子系统

(1) 车辆动态管理。包括车辆可用状态设定、车辆可用状态查询、车辆动态报告和查询等功能。

(2) 派车计划管理。根据车辆情况、配送要求和配送内容，安排车辆按照一定路线和顺序配送一定的商品。

（3）行车日志管理。记录运输配送的过程及其发生的成本。

（4）配送事故管理。提供记录配送事故的发生和直接损失的功能，以及赔偿处理登记和查询，以及责任处理登记和查询等功能。

（5）货物交接管理。记录货物交接情况，并安排被拒收或者未送达货物的处理情况。

（6）货物中转管理。对于需要经过在临时仓库中转后在运输和配送的作业过程进行管理。包括货物临时堆存管理、临时卸货登记、货物分拣装车等功能。

4. 物流成本管理子系统

为了全面反映企业的物流成本，本子系统率先采用国际上流行的物流 ABC 法计算包括仓储保管、流通加工、装卸搬运、运输配送、订单处理五个方面的物流成本。同时，还允许企业定义标准成本值，用于真实反映物流配送成本的高低和存在的问题。本子系统的主要功能有：

（1）标准作业成本值设定。企业可以定义每项物流作业成本的标准值，用于和实际情况作比较。

（2）物流作业成本计算。企业可以计算（包括设定时间自动计算）各成本值。

（3）物流作业成本查询。提供随时查询物流作业成本值的功能。

（4）成本分析。系统根据选定的成本的标准值和实际值，自动报告当前成本高低，并以图表、报表等多种方式反映企业物流成本状况。

5. 物流绩效管理子系统

为了全面反映物流作业效率，本子系统精选提供了仓储保管、流通加工、装卸搬运、运输配送、订单处理五个方面 50 余种作业指标的选定、计算、查询和分析功能。同时，还允许企业定义标准作业指标值及设定作业绩效，用于真实反映物流配送状况，评定和改善物流配送绩效。本子系统的主要功能有：

（1）作业评估指标设定。企业可根据实际情况，选择有效的评估指标来反映和评定作业情况。

（2）标准作业指标值设定。企业可以定义每项作业指标的标准值，用于和实际情况作比较。

（3）作业绩效等级设定。企业可以定义各作业内容绩效所包含的作业指标及其高、中、低值，用于和实际情况作比较，评定作业情况的优劣。

（4）作业指标计算。企业可以计算（包括设定时间自动计算）各作业指标值。

（5）作业指标查询条件设定。企业可以自行定义对作业指标进行查询时的假定条件，如设定哪些指标需要同时列出作比较等。

（6）作业指标查询。提供随时查询作业指标值的功能。

（7）作业指标分析。系统根据选定的作业指标及其标准值和实际值，自动报告当前作业绩效的优劣。

6. 综合查询子系统

本子系统满足领导查询各种信息的要求。从一个入口，就可以掌握物流企业运行的各方面状况，可同时查询不同作业环节数据，并在同一个显示界面上表达，将运营现场搬到办公室。它包括但不限于以下功能：总库存、商品别库存、客户别库存、仓库别库存查询等；总配送量、地区别配送量、客户别配送量、商品别配送量查询等；总配送事故、商品别配送事故、仓库别配送事故、车队别配送事故查询等；

7. 决策支持子系统

本子系统是为辅助管理者进行决策，达到提高物流企业管理水平的目的而设计，它包括如下功能：业务单据 EIQ 分析；库存商品 ABC 分析；物流作业成本综合分析；物流作业绩效综合分析。本子系统透过数据，反映企业运营存在的问题，利用 OLAP 技术，进行数据采集和分析，具备一定的数据挖掘能力。

8. 基础信息管理子系统

本子系统是保障软件正常运转的基础，它包括以下功能：商品信息管理；车辆信息管理；储位信息管理；设备信息管理；人员信息管理；加工工艺信息管理；配送线路信息管理。

9. 系统管理子系统

本子系统是保障软件安全运转的基础。它包括以下功能：系统登录；系统用户管理；系统用户组管理；操作日志维护和查询；数据备份与恢复；界面操作权限管理；信息/单据授权访问管理；数据访问权限管理；数据上传、下发和同步管理。

4.6 本章小结

仓储系统规划是对仓储系统所涉及的一切资源，包括仓库设施、设备、储位、组织模式、作业流程、信息系统、人员等，所进行的计划、组织、控制和协调的过程。本章从仓储需求分析、仓储总体供给规划、选址规划、功能设计与布局规划、设施规划、设备选用与设计、作业流程设计以及仓储信息系统规划八个方面对仓储系统规划进行了系统介绍。

库存控制系统是以控制库存为共同目的的相关方法、手段、技术、管理及操作过程的集合。本章系统介绍了 ABC 库存控制方法、CVA 库存管理方法、经济批量库存控制方法、定量库存控制方法和定期库存控制方法等经典的库存系统规划方法和技术。

现代的运输系统主要由与运输相关的设施、设备、人员和信息系统等构成。运输系统的规划内容主要包括运输业务模式的选择，运输方式的选择，运输批量、路线和时间的确定，以及运输工具配载与调度等。本章重点对不同供需情况下的运输路线问题进行了技术分析。

配送属于一种特殊的运输功能，是指在经济合理区域范围内，根据客户要求，在配送中心或物流结点对物品进行拣选、加工、包装、分割、组配等作业，并按时送达指定地点的物流活动。配送系统规划中的科学问题主要包括配送线路的优化、配载的方式和方法、车辆调度的方法等，本章对这些问题的技术解决思路进行了简单介绍。

5 物流信息系统规划

5.1 物流信息管理与物流信息系统

5.1.1 物流信息

不同的学科，例如决策、控制、通信、计算机等，由于其研究的内容不同，对信息有不同的解释。西蒙从决策的角度出发，认为信息是影响人改变对决策方案的期待或评价的外界刺激；维纳从控制的角度认为信息是使不确定因素减少的有用知识。在本书中，我们从规划、设计与管理的角度，认为信息就是通过一定的物质载体形式反映出来，表现客观事物变化特征，由发生源发生，经加工与传递，可以被接收者接收、理解和利用的消息、数据、资料、知识等的统称。

物流信息作为一种行业信息，不仅包含着基本的物流作业信息，而且在物流系统的不断运行中还包含着物流需求、决策等其他的信息。这些信息综合起来，最终成为一种综合性的信息体系，用于表示物流活动的具体过程。一般而言，物流信息具有以下几个方面的特征：

1. 物流信息分散、零乱、具体，需要有效信息化处理

物流过程往往覆盖范围广、涉及不同的部门并跨越不同的地区，物流作业的分散化对信息及时获得产生了很大的挑战。这就需要物流管理者充分利用各种先进的信息技术，保证大量分散、动态的物流信息在需要的时候能够容易获得，并且以数字化的适当形式加以表现。如果能从国内甚至世界范围内的任何地方方便地对相关物流信息进行更新和管理，那么就可以大大减少物流作业和制订计划上的不确定性。

2. 物流信息动态性很强，需要及时反馈处理

随着社会化大生产的发展和面向客户的市场策略的变化，物流信息呈现了越来越动态的特征，而且波动性很大，因此，如何迅速地掌握和管理这些动态变化的物流信息成为物流运作的关键。这就要求物流信息管理者必须尽可能减少物流活动的发生与该活动相关信息的最终获得之间所存在的时间差，在收集、处理物流信息时，应该适应不同的使用环境、对象和方法，减少决策的不确定性，增加决策的客观性和准确性。

3. 物流信息内容复杂，需要考虑众多因素增强信息准确性

物流信息的准确性是指物流信息反映的情况与实际情况之间的差异程度。造成这种差异的原因有很多，例如时间原因、人为原因、范围原因和方法原因等。时间原因包括信息不能及时反馈或反馈信息的时期错位、时点界定不准确等情况；人为原因包括人员失误、工作态度不认真、知识不足、理解错误、有意误报等情况；范围原因指信息外延界定不清、信息不全或重复；方法原因是指由于信息采集、反馈、加工的方法而产生的误差。准确性与可得性一样重要，不准确的信息带来的决策风险有时比没有信息支撑的拍脑袋决策更大。

4. 物流信息量巨大，形式多样，需要有效集成管理

物流过程涉及的环节多，物流的每个环节都需要信息输入，并产生新的信息进入下一环节。因而，物流信息呈现信息量大、信息表现形式复杂的特征。作为物流管理者，需要对物流进、出、存、运、验、加工、装卸等过程以及企业内部业务（产、供、销、财务、人事）、供应链外部资源所涉及的信息进行有针对性地获取、存储、组织、加工和传播，并进行集成，从而实现资源共享、减少重复操作、减少差错，使得信息更加准确、全面。

5.1.2 物流信息管理

物流信息管理是对物流信息资源进行统一规划和组织，并对物流信息进行收集、存储、分析、加工、处理、检索、传递和应用的全过程，也是完成物流信息从分散到集中、从无序到有序的过程。在这个过程中，通过对涉及物流信息活动的各种要素如人员、技术、工具等进行管理，可以实现资源的合理配置，从而使物流各环节协调一致，实现信息共享和互动，减少信息冗余和错误，辅助决策支持，改善客户关系，最终实现信息流、资金流、商流、物流的高度统一，达到提高物流供应链竞争力的目的。由于物流信息具有地域性、时间性，信息的范围广、跨地域、随时间的变化快，而且不同的用户对信息的要求也不同，在信息的收集、整理、加工过程中，要注意避免信息的缺损、失真和失效，保证信息的及时、准确、全面。除了技术保障外，实现对信息的有效管理还需要强化物流信息活动过程的组织和控制，建立有效的管理机制；同时要加强交流，信息只有经过传递、交流才会产生效用，使信息增值，所以要有信息交流、共享机制，以利于形成信息积累和优势转化。

物流信息管理具有相当长的发展历史，大体可以划分为四个阶段：人工操作信息管理阶段、计算机化信息管理阶段、自动化信息管理阶段、智能化信息管理阶段。

(1) 人工操作信息管理阶段。该时期物流信息的管理均以人工操作为主，因此各项事务的信息管理作业均由物流管理者根据紧迫程度要求而设定，没有固定的文档、报表格式及固定的作业流程。

(2) 计算机化信息管理阶段。随着物流作业的自动化，物流的各项作业逐渐显示出人工作业方式的混乱、无效率，因此需要较准确的信息作为有效管理的依据，因此物流管理者开始将事务作业进行规范化、标准化并引进计算机或机械设备来排除人工操作所产生的进度缓慢及统计数字失真等问题。该时期具有以下特征：①作业流程规范化；②报表单据合理化、标准化；③开始采用计算机进行数据统计；④采用计算机编制各项管理报表；⑤各计算机信息系统之间相互独立，拥有独立的数据库，形成“信息孤岛”。

(3) 自动化信息管理阶段。在自动化信息管理阶段，由于自动化物流设施和设备，如自动仓储系统、自动搬运系统、自动分类系统、自动拣货设备等在物流运作中普遍使用，使得物流作业数据的产生速度和处理量大幅增加，因此如何迅速处理自动化设备的输入输出数据及如何连接这些系统将直接影响这些自动化设备的有效应用与控制，因而变得至关重要。该时期具有以下特征：①电脑软硬件整合；②建立数据库管理系统；③物流管理信息系统与不同的作业系统自动转账；④对数据进行一定的统计分析并辅助制订各种决策；⑤物流管理信息系统能与外部网络连接，接收、储存外部信息并进行数据格式转换。

（4）智能化信息管理阶段。当各项物流作业及管理事务实现计算机化、网络化管理后，物流管理者对信息系统的需求已由物流作业管理的自动化转向物流经营决策的自动化，物流管理者可参考各项物流作业数据的统计结果，利用信息系统做数据查询、排序、分类等功能以达到快速信息处理，并且引进人工智能与机器学习、专家系统等技术来简化分析推理时间并减少人工作业的错误，提高系统运行效率。特别是随着物联网技术的启动和逐渐发展，物流信息的管理将呈现越来越明显的自动化、信息化和智能化的特征。该时期具有以下特征：①引进人工智能技术；②引进专家系统技术，建立企业知识库；③计算机辅助制订运营决策；④物联网综合管理技术开始应用。

现阶段，物流信息管理主要包括以下内容：

（1）物流信息管理规则制订。为了实现不同区域、不同国度、不同企业、不同部门间物流信息的相互识别和利用，实现物流信息的通畅传递与共享，必须确定一系列共同遵守和认同的物流信息管理规则，如数据的格式与精度、数据库类型、信息传递的协议、信息共享的规则、信息存储的要求等，这是实现物流信息管理的基础。

（2）物流信息管理规划。即从企业或行业的战略高度出发，对物流信息资源的管理、开发、利用进行长远发展的计划，确定物流信息管理工作的目标与方向，制订出不同阶段的任务和实施路径，指导物流数据库系统的建立和物流信息系统的开发，保证物流信息管理工作有条不紊地进行。

（3）物流信息收集。即应用各种手段、通过各种渠道进行物流信息的采集，为物流信息管理提供素材和原料。物流信息收集时需要把握以下要点：首先，要进行物流信息的需求分析，确定物流信息需求的层次、目的、范围、精度、深度等要求，提高物流信息收集的效率；其次，物流信息要从纵向时间方面和横向空间方面都能够比较完备，从而为预测未来物流发展提供依据；最后，要选择最有效率的物流信息源。

（4）物流信息整理。即根据使用者的物流信息需求，对收集到的物流信息进行筛选、分类、加工及储存的过程。物流信息整理的内容主要包括：

①物流信息分类。按照一定的分类标准或规定，将信息分成不同的类别，以便物流信息的存储和提取。一般而言，物流信息有很多分类方法，如果按物流功能分类，物流信息包括仓储信息、运输信息、加工信息、包装信息、装卸信息

等；如果按信息产生时间分类，物流信息可分成物流活动事前、事中和事后的信息；如果按信息的作用层次分类，物流信息可以分为基础信息（例如物品基本信息、货位基本信息、运输工具基本信息、道路（航线）信息等）、作业信息（例如库存信息、到货信息、中转信息、在途信息、在途货物量、货物装卸信息等）、协调控制信息、决策支持信息；如果按信息的来源分类，物流信息可以分为外部信息与内部信息；如果按信息加工程度分类，物流信息可以分为原始信息和加工信息。

②物流信息储存。运用电子计算机及外部设备的储存介质，建立有关数据库进行物流信息的存储，或通过传统的纸质介质对物流信息进行抄录存储。

③物流信息更新。物流信息具有有效的使用期限，需要及时淘汰、变更、补充等才能满足物流管理和使用者的需求。

④物流信息的分析与加工。为了充分发挥物流信息的作用，需要对物流信息进行分析、加工和提取等，挖掘出新的信息。

（5）物流信息传递。物流信息传递是指物流信息从信息源发出，经过有效的信息传递方式传输给接收者的过程。物流信息传递方式有许多种，如果从信息传递技术看，有人工传递方式和信息系统传递方式等；如果从信息传递层次看，有直接传递方式和间接传递方式等。

（6）物流信息应用。物流信息应用的目的就是将物流信息提供给有关方面使用，主要包括物流信息发布和传播服务、物流信息交换服务、物流信息技术服务以及物流信息咨询服务等方面的应用。

5.1.3 物流信息系统

1. 物流信息系统的内涵与作用

物流信息系统是专门从事物流信息管理的信息化集成工具平台，是以基础信息技术、计算机和通信网络为基础，通过对与物流相关信息的加工处理来实现对物流系统商流、物流、资金流的有效控制和管理，并为企业提供信息分析与决策支持的人机系统。物流信息系统是由硬件、软件、数据库、人员等基本要素构成。

物流信息系统的作用主要体现在以下几个方面：

（1）物流信息系统是物流企业或企业物流系统的神经中枢。如果没有先进、高效的物流信息系统的支持，企业的物流运作和服务水平就会受到极大的限制，各项物流活动就无法形成有机的整体，物流效率就得不到提高，物流成本也难以降低。

（2）物流信息系统有利于客户优化资源配置、开拓市场。通过物流信息系统，客户可以及时地掌握产品的流量和流向，了解产品市场销售状况、货源状况、存货分布等。

（3）物流信息系统有利于产销平衡。通过物流信息系统，客户或管理人员可以及时掌握产品或原材料的库存状况及分布，便于调整产能和营销策略，进而达到产销平衡。

（4）物流信息系统的建立使得物流的服务功能大大拓展。一个完善的企业物流信息系统使得企业能够把物流过程与企业内部管理系统有机结合起来，从而使企业管理更加有效。

（5）物流信息系统可以加快供应链的物流响应速度。通过物流信息系统，企业可以实现供应链全局库存、订单和运输状态的共享和可见性，降低供应链中的需求订单信息变异，降低供应链成本。

2. 物流信息系统分类

（1）按管理决策的层次分类。企业的组织结构常常分为战略决策、协调控制、作业管理三层，所以为它们服务的物流信息系统也相应地分为三层，即面向作业管理的物流信息系统、面向协调控制的物流信息系统和面向战略决策的物流信息系统。从处理的内容来看，下层的系统一般数据处理量大、信息的结构化程度高；上层的数据处理量小、信息的结构化程度低。如图5－1所示。

①面向作业管理的物流信息系统。面向作业管理的物流信息系统，主要通过对具体物流运作流程的深入了解，利用物流信息系统使物流运作的各种单据和信息处理线上化，解决人工操作问题，实现各物流业务环节的基本数据输入、处理、输出的自动化，从而有效地提高作业的效率。

②面向协调控制的物流信息系统。面向协调控制的物流信息系统主要面向企业的中间管理层提供信息服务，完成设备调度、线路选择、外事协调、成本控制等功能。在控制系统层面，对各业务子系统进行控制以协调各子系统协同运行。例如，配送信息系统收到客户的货物配送操作指令后，系统可根据指令内容、货

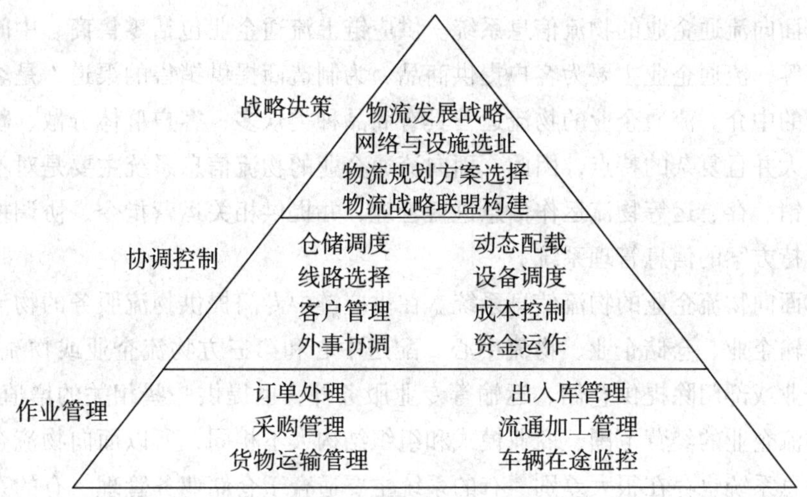

图 5－1 物流信息系统按管理决策层次进行分类

物属性、服务要求以及当时的车辆状态、路线情况、人员忙闲等情况，按照一定的优化模型进行配送路线的设计、配送作业调度和人员的安排，指导配送配载业务进行。

③面向战略决策的物流信息系统。面向战略决策的物流信息系统主要为企业的高层管理人员提供决策支持服务。通过对业务数据资料进行提炼，综合其他各种信息，运用相应的模型分析计算物流费用、时间、效率等数据，设计和评价各种物流方案，对物流需求量进行预测，从而制订物流发展战略规划，有效地支持决策者的决策。这类物流信息系统主要包括决策支持系统和物流规划系统两类。

（2）按系统的应用对象分类。供应链上不同的环节、部门所实现的物流功能都不尽相同。根据在供应链上发挥的作用和所处的地位，物流信息系统可以分为面向制造企业的物流信息系统、面向流通企业的物流信息系统和面向物流企业的物流信息系统。

①面向制造企业的物流信息系统。在制造企业的物流运作管理中，既包括与原材料、物料、日常耗用品等相关的供应物流管理，也包括与产成品销售供货相关的销售物流管理，同时还包括在生产过程中的包装、搬运、存储等生产物流管理。面向制造企业的物流信息系统就是针对制造企业供应物流、销售物流以及生产物流中的信息进行汇总收集和集成处理，并提供自动化作业指令、协调调度和运营决策等的信息管理系统。

②面向流通企业的物流信息系统。供应链上流通企业包括零售商、中间商和供应商等，流通企业主要为客户提供商品、为制造商提供销售的渠道，是客户与制造商的中介。流通企业的物流运营具有商品种类众多、客户群体分散、物流信息量巨大并且复杂的特点，因此，面向流通企业的物流信息系统主要是对不同商品进、销、存、运等物流运作信息进行管理，并提供相关运营指令、协调控制和决策支持方案的信息管理系统。

③面向物流企业的物流信息系统。在供应链中专门提供物流服务的物流企业包括运输企业、仓储企业、物流中心、配送中心和第三方物流企业或物流部门。这些企业或部门除提供仓储、运输等专业服务外，也提供一些相关的增值服务。由于物流企业的经营范围、商业模式和组织结构大不相同，所以面向物流企业的物流信息系统也存在很大差别。有的系统主要适合于仓储业务管理，有的系统侧重于运输业务管理，有的系统则适合于增值服务业务管理，有的系统适合于订单处理业务管理等。

（3）按系统采用的技术分类。物流信息系统的实现有多种形式。根据其采用技术的不同，可以分为单机系统、内部网络系统以及企业互联系统。

①单机系统。在这种模式下，物流信息系统的电脑没有联网，处于单机运行状态，它们与企业的财务、生产等其他系统各自独立运行，系统的应用也往往只限于打印报表和简单的统计。这种物流信息系统就像一个信息孤岛，作用比较有限，内部数据往往难以实现共享，存在大量重复劳动的现象。

②内部网络系统。这类系统常常采用大型数据库技术及网络技术，将分布在不同地理区域的物流管理各部门以及分支机构有机地连接在一起，形成物流管理的企业内部网络系统。内部局域网建成后，物流企业各部门间的信息流动基本实现无纸化，内部数据可以比较好地实现共享。相比单机系统，这种内部网络系统结合 Internet 技术，可以随时随地向公司的管理层提供所需要的各种信息，保证供应链各环节的有机结合，从而大大提高了物流管理活动的整体效率。

③企业互联系统。这种企业互联的物流信息系统可以通过企业内部网络 Intranet 和 Internet 的有机结合实现与上下游企业系统的互联，从而可以利用 Internet 技术所带来的便利，以较低的成本为公司的管理层和协作伙伴以及客户提供各种信息，充分实现了供应链上的信息共享。

3. 物流信息系统的结构分析

（1）物流信息系统的拓扑结构。物流信息系统的拓扑结构将物流信息系统各个组成部分按照物理分布抽象成不同的结点，不考虑每个结点内部的硬件、软件、数据库等具体构成和模式，只考虑物流信息系统在外型上的结构。一般来说，物流信息系统的拓扑结构主要有点、线、星形、网状四种。

点状的物流信息系统拓扑结构表示物流信息系统的所有组成成分在物理上全都集中在一个计算机上，我们常说的单机版系统等低端系统就属于这种拓扑结构。

线状的物流信息系统拓扑结构如图 5－2 所示，线状物流信息系统的各个结点之间相互平等，各个结点相互独立，结点之间有严格的顺序规定，一个结点有且只有一个后序结点，一个结点有且只有一个前序结点。没有中心服务器的具有工作流性质的物流信息系统就属于这种结构，这种结构的物流信息系统简单、便宜，安装、拆卸和扩充方便容易。

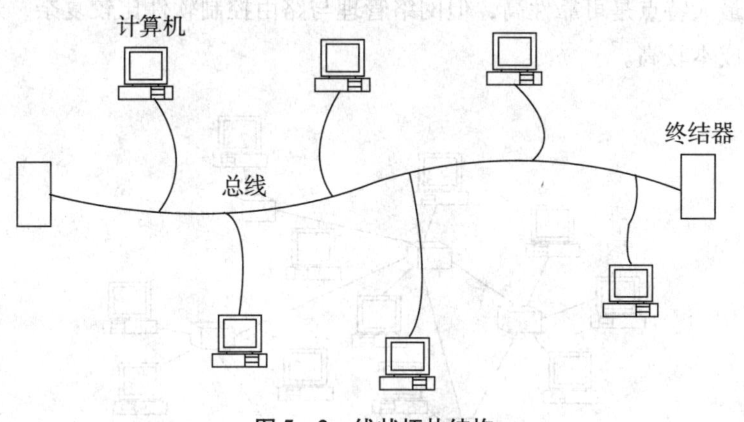

图 5－2 线状拓扑结构

星形的物流信息系统拓扑结构如图 5－3 所示，中等规模的物流信息系统大部分采用这种拓扑结构。这种结构最显著的特征是它有一个中心结点。这个中心结点与星形网络拓扑结构中心的中心结点不一样，星形网络拓扑中心结点在整个物流信息系统中处于核心地位，为其他结点提供高速计算、大容量数据存储、文件共享等服务。这种结构的物流信息系统十分容易安装，也便于管理，但是通道线路较长，费用较大，对中心结点的可靠性要求高。

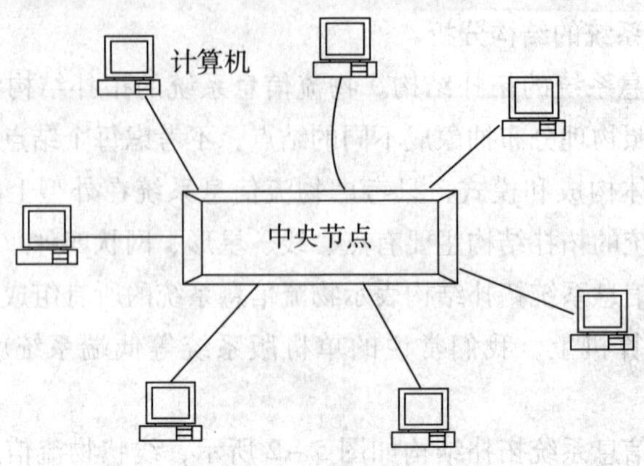

图 5-3　星形拓扑结构

网状的物流信息系统拓扑结构如图 5-4 所示，它是目前大规模的基于广域网的物流信息中常见的结构，它不存在单一的中心结点，它既可以没有中心结点，也可以有多个中心结点，即它是由多个星形结构构成的。这种结构的物流信息系统的最大特点是可靠性高，但网络管理与路由控制软件比较复杂，通信线路长，硬件成本较高。

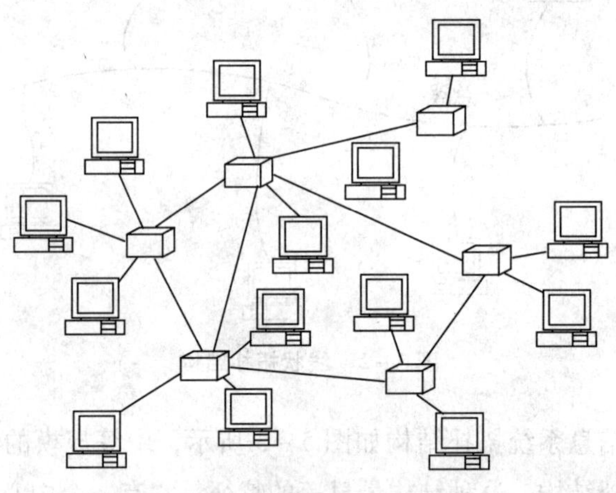

图 5-4　网形拓扑结构

（2）物流信息系统的总体结构。以互联网为基础，综合应用各种物流信息化技术的综合物流信息系统是目前物流信息化建设的趋势，综合物流信息系统的总体结构中每个层次自底向上提供服务和支持，如图 5-5 所示。

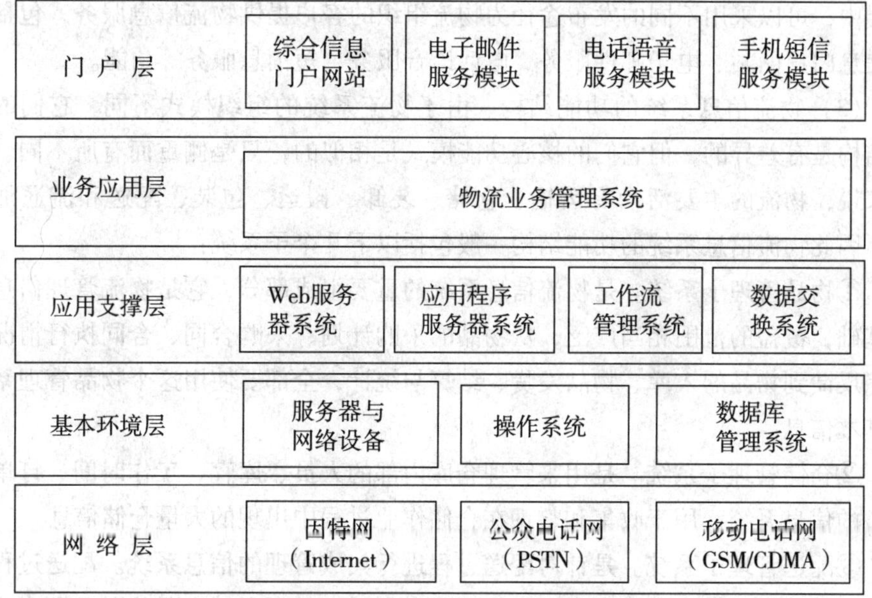

图 5－5　综合物流信息系统的总体结构

资料来源：冯耕中，周南，等主编．物流信息系统，北京：机械工业出版社，2009。

①网络层。网络层是指物流信息系统的外部支撑环境，可以为物流信息系统提供信息发布的多种传输方式，包括互联网、公众电话网、移动电话网等。

②基础环境层。基础环境层是指物流信息系统的基础运行环境，包括计算机服务器、网络设备、数据存储设备等硬件设施，以及操作系统、数据库管理系统等系统软件。

③应用支撑层。应用支撑层是信息平台的运行环境，它是指为物流业务应用提供技术支撑的各种中间件系统，如 Web 服务器系统、应用程序服务器系统、工作流管理系统、数据交换接口系统等，它主要包括条码设备、GPS 设备、计算机、网络等硬件环境，操作系统、数据库系统等软件环境，同时还包括各种网络协议。

④业务应用层。业务应用层是指各种物流业务的应用系统，如仓储管理系统、配送管理系统、车辆管理系统等。

⑤门户层。门户层是整个物流组织的电子门户，是信息系统的统一入口，是实现物流组织企业形象、电子商务运作以及内部物流业务管理的整体框架。在门

户层中，可以采用不同的发布途径为物流组织的客户提供物流信息服务，包括综合信息门户网站、电子邮件服务、电话语音服务、短消息服务等功能。

（3）物流信息系统的功能结构。由于物流系统的组织模式不同，它们的功能结构是有差异的，但它们的核心功能模式是相似的，只是侧重面有所不同。一般来说，物流的主要活动有运输、仓储、装卸、搬运、包装、配送和流通加工等，因此物流信息系统的功能结构一般包括以下几个子系统：

①物品管理子系统。是物流信息系统的重要组成部分，它是物流管理信息化的基础，覆盖的范围相当广泛，从物品的采购计划、采购合同、合同执行情况的跟踪反馈到物品的入库、物品发货、结算与统计，全部要使用这个物品管理系统的基本信息。

②仓储管理子系统。是用来管理仓库内部的人员、库存、工作时间、订单和设备的信息系统，用于收集和整理在仓储作业过程中出现的大量仓储信息。

③配送管理子系统。是针对配送过程进行集成管理的信息系统。配送过程是指配送的工作过程，在实际的运作过程中，由于产品形态、企业状况及顾客要求存在差异，因而配送过程也会有所不同，甚至会存在着较大的差异。一般来说，一个较为完整的配送工作流程包括集货、储存、分拣理货、配货、配装、配送运输和送达服务以及按照客户需要进行的配送加工等。基于这个业务分析，配送管理子系统的主要功能包括订单处理、采购入库管理、仓储加工管理、出货配送管理和费用结算等。

④运输管理子系统。是利用计算机网络等现代信息技术，对运输计划、运输工具、运送人员及运输过程的跟踪、调度、指挥等业务进行有效管理的人机系统。运输管理子系统一般具有运输基本数据管理、任务管理、运输资源管理、运输调度管理、货物跟踪和运输费用管理等功能。

⑤客户服务子系统。是物流公司和客户之间的接口和桥梁，也是物流公司进行采购、发货和运输的依据。它是现代物流的基本元素，也是物流企业提高服务水平和竞争能力的有效手段。客户服务子系统包括网上下单、货物跟踪、合同修改和网上支付等功能模块。

→［实例5－1］：新奥燃发展供应链及物流管理信息化应用案例①

1. 企业背景

作为国内最具竞争力的民营燃气运营企业之一的新奥燃气发展有限公司（以下称新奥燃发展）组建于1993年，主要从事城市管道燃气的投资、建设和运行服务；分销管道燃气、燃气器具并提供售后服务。新奥燃发展充分利用了1998年中国政府大力推广使用天然气、鼓励民营企业投资城市基础设施的契机，除了为廊坊经济技术开发区及廊坊市供应管道天然气外，还开始积极拓展外埠市场，并取得廊坊以外50多个城市的燃气经营权，成为我国最大也是最重要的民营城市燃气营运商。目前，公司的核心业务为天然气生产、采购、销售与燃气配送物流，为全国50多个城市提供燃气供应和发展服务，其中非管道供气城市近30个，产品主要采用公路运输方式予以配送，罐装方式分为CNG（压缩天然气）和LNG（液化天然气）两种。各成员企业统一公司总部向上游采购和结算，终端用户的城市主要分布在华北地区、华东地区和华南地区。未来，新奥燃发展的业务将扩展到管道运输和非天然气的能源采购与分销业务；服务对象将由新奥集团内部成员企业扩展到市场客户；服务模式将逐渐由第三方扩展到第四方物流供应商的功能。

为了在激烈的市场竞争中争得先机，努力将自身打造成为具备国际竞争力的能源物流分销商，新奥燃发展确立了新的发展规划，他们以建立供应链一体化的气源分销与物流服务信息平台为手段，建立集成的一体化数据采集与分析系统，实现与上游供应商、下游用户的紧密的供需协同，在气源紧张的大前提下能够在最大程度上确保用户用气的需求，从而能够使企业在快速发展的燃气营运市场中进一步提升核心竞争力。

2005年年初，新奥燃发展就派专人先后考察了全国8家代表性的物流软件供应商，其中不乏国际顶级品牌的供应链系统供应商，经过面对面的交流和实地案例的考察，新奥燃发展向其中4家有实力的中外公司发出了邀标函。最终，博科资讯凭借优秀、典型的大型企业一体化供应链分销与物流平台的成功案例与强大

---

① 资料来源：http：//tech. sina. com. cn/s/s/2008－03－26/1133615181. shtml，新浪网。

的综合实施能力胜出。

2. 企业症结

新奥燃发展目前仍采用人工方式或简单的信息传递方式来协调供应链中各个环节的衔接，这对处于快速发展期的新奥燃发展来说，显然已经无法实现总部对分散在全国各地的几十个城市、十几家供应商、几十万用户的燃气供需的协调与保障。如果再出现严重的供需矛盾或是能源危机，对于这样一个缺少信息系统支撑的庞大企业来说就更加是雪上加霜。例如，2004 年由于上游供应商的气源紧张给企业带来的“气”荒危机，以及年底江苏盐城出现的管道事故抢险情况，都让企业承受了不小的压力，同时也让企业领导层深刻体会到了信息系统的必要性。

新奥燃发展各层领导在与博科顾问交流后，对企业的信息系统提出了以下几点关键需求：

- 供应链上下游的业务协同

企业需要一个能够连接下游客户、上游供应商以及承运商等多方业务实体信息交换的平台，能够快速准确地将各业务实体间的信息分发与共享。

- 科学的需求预测

企业需要综合各种因素，如长短期天气因素、用户组成结构（如工业用户和居民用户的类型等）、终端用户的发展规划、宏观政策影响等，建立科学的预测模型，可以对下游用户的需求进行主动预测，进而进行主动补货。以防止出现需求供给不足而发生的危机和过量需求扰乱市场的现象。

- 预警功能

行业的特殊性要求企业在业务运作的多个环节设置预警功能，如异常库存容量预警、订单执行延迟预警、车辆在途状态预警等，帮助管理者提前预见危机的到来，做好应对的准备。

- 应对危机的处置预案

预警功能并不能完全杜绝危机的出现，一旦发生紧急情况，企业应该在事先制订好的应急处置预案的指导下执行相应的操作，在最大程度上降低危机所带来的影响。

- 运输过程的安全监控

借助 GPS 系统监控运输的全过程，加强运输保障力度。

● 优化调度管理

综合调度系统的优化涉及多方面的资源平衡，包括要气需求、气源供给能力、运力资源的约束、线路的选择等。企业应在总结人工调度经验的基础上，结合相关的数学方法建立优化调度模型，逐步实现科学调度管理。

3. 博科的解决方案

博科根据对燃气发展业务模式的基本假设，并结合博科多年的供应链及物流的项目规划经验，对新奥燃发展气源调度平台系统进行了总体规划。

● 平台内部系统

平台内部系统是本次项目建设的重点，围绕企业的核心业务集中采购和物流配送，系统规划了包括订单管理、协同计划、采购管理、运输管理等11个主要系统模块。其中系统管理是辅助模块，是支撑整个系统运行的基础；决策支持系统（BI）模块独立于其他模块，是从业务平台的规划中抽取有用数据，形成数据仓库，采用一定的分析模型，满足管理者对数据的深层次分析需求。

● 企业内部需要与平台集成的系统

OA系统、EHR系统、GPS-GIS系统、财务系统、门户网站是新奥燃发展现有的、平台之外的系统，平台在设计过程中，将采用相应的技术，针对新奥燃发展的业务需求与现有系统做接口。

● 企业外部需要做接口的系统

目前所了解到的客户的SCAD（遥测、遥讯、遥控、遥调）系统、供应商的ERP系统、WMS系统等属于企业外部的系统，从技术层面讲，由于平台采用的是开放式标准，外部接口与企业内部的系统接口方式相同，难度不大。但考虑外部接口涉及企业之间的信息安全等问题，协调难度较大，因此，系统将在这些接口的处理上，保留人工录入的方式，并预留接口功能。

总之，通过新奥燃发展的气源综合调度平台，实现对公司气源分销与物流业务进行综合管理、终端客户管理及需求预测、下游库存实时监控与预警、订单管理及状态预警、客户库存的VMI管理、上游供应商公共关系管理、合同管理、结算管理、途中监控与预警、运力调配、项目化智能排程、路径优化等业务功能的一体化管理；同时，新系统也将成为新奥燃发展调度中心、新奥燃发展加气母站、新奥燃发展运输车队、下游客户、承运商、上游供应商等多个业务实体的协同集成信息平台。

5.2 物流系统中的基本信息技术及应用

5.2.1 物流信息技术的作用及发展特征

1. 物流信息技术的作用

全球金融危机以后，各国产业结构都处于调整之中，尤其是我国，产业结构长期处于“微笑曲线”的低端，附加值很低，迫切地需要产业升级。物流产业作为2009年十大产业振兴规划之中唯一的服务业，也同样面临着产业升级和调整，而作为物流产业升级和调整的重要工具，物流信息技术对物流的未来发展起到了非常关键的促进作用。现阶段，无论是物流虚拟企业、巨型物流公司以及传统的运输公司等，都必须以全球的视野制定其新的策略，力求能在物流的需求与供给之间共享信息、共同合作，从而抓住时代的需求，反映时代的变化，实时掌握从供应商到顾客的物资流动情况，而这些都需要现代物流信息技术的支撑。具体来说，物流信息技术的作用主要表现在以下几个方面：

(1) 物流信息技术有利于提高物流效率。中国的物流运营效率一直较低，仅以2006年为例，中国社会物流总费用占整个GDP的18%，而日本为11%，美国为8%，欧盟仅为7%。发展到2009年，中国的社会物流总费用为5.84万亿元，社会物流总费用与GDP的比率仍为18%。造成我国物流效率低下的一个重要原因是因为物流运营过程中的信息不通畅，主要表现在物流供需信息的沟通不畅、物流与供应链系统的信息共享水平较低以及物流运作与信息流不匹配等。而物流信息技术的发展将能够系统地提高物流运营的效率。

首先，物流信息技术能够消除物流供需间的不平衡，并能够充分地利用现有物流资源，提高物流能力的利用率，从而在物流设施不增加的情况下，使物流有效供给的能力提高。

其次，物流信息技术能够提高物流与供应链系统各环节、各子系统的信息化水平，使得整个物流与供应链系统的运作合理化，从而提高整个物流与供应链系统的运行效率。一般而言，物流与供应链系统从生产企业的原材料供应，经生产制造加工成为产成品，再经运输、储存、包装、配送等环节到达消费者手中，横跨了采购、生产、流通、消费四大领域，涉及大量的物品、人员和资金。而通过物流信息技术的发展，将能够充分实现物流与供应链系统的信息共享，使这些人力、物力、财力、资源的组织和合理利用，提高物流运作的效率。

最后，物流信息技术能够提高物流运营的效率。在采购、运输、仓储等物流运营中，始终贯穿着大量的物流信息。只有通过物流信息技术的不断发展和应用，把这些物流信息收集、处理好，并使之与物流实时匹配，才能使整个物流系统的运作流畅和高效。例如，在仓储管理中，出、入库数据可以用来更新库存状态与统计商品库存等，并实现盘点处理，从而提高仓储运作的效率；在零售业务中，POS 终端采集的商品条码信息用于后台信息管理系统的查询并作为自动订货系统的输入，从而提高订购效率；在运输管理中，GPS 所采集的数据用作车辆调度的决策分析依据，并通过信息技术可以选择最合理的路径，从而提高运输效率。

（2）物流信息技术的应用有利于提升物流服务水平。物流信息技术的发展为物流服务提供了有力的工具，能够满足日益严苛的客户需求，能够更精确地提供同步供求以及实时追踪，从而为顾客提供及时、准确、周到的物流服务成为可能。尤其在全球化的时代，物流的运作高度分散，时空跨度非常大，供应链合作伙伴之间如果缺乏协作将使物流效率降低、成本增加，也无法满足终端客户的需求，因此，现代物流信息技术在物流与供应链系统中的广泛应用，将能够使整个生产、流通、消费环节有效地整合成为一体，打破了传统意义上的时空限制，扩大物流服务的范围，同时也能为客户提供更优质的服务。而且，由于物流信息技术的广泛应用，各种物流相关信息能够及时、全面地获取与加工，供需双方可以充分地交互和共享信息，因而物流服务更准确、客户满意度提高。此外，物流信息技术的应用还能够满足顾客定制化服务功能，可以为顾客提供订单处理自动化、可视化供应链金融管理等增值服务，从而提高物流运营的附加值，提升物流服务水平。

（3）物流信息技术的应用有利于降低信息不对称风险。供应链上的企业往往会因为相关物流运作信息的缺乏，而难以作出正确的运营决策，会造成大量信息不对称的风险。而物流信息技术的有效应用将使得物流过程中物资的状态和变化透明化，使得物流成本和费用的实际情况更容易被掌握，从而提高物流运作的透明度，可以使企业管理人员能够根据实际情况作出快速而有效的反应，实现物流运作的动态决策。例如，货物运输的准确安排和调度需要在货物运输前、运输过程中以及运输结束时都能收到实时、准确的信息反馈；在整个过程中要了解货物的品种类型、车辆的供给情况、运输状态、运输所需的燃料消耗量、货物对运输的技术要求、运输能力的需求甚至运输时的天气条件等方面的准确数据，这样才能制订货物运输的调度运营策略，而这些都需要现代的物流信息技术支持才能实现；目前，GPS、GSM、GIS、无线视频和综合运输信息系统平台等已广泛的应用于运输运作中，有效降低了信息不对称的风险。

（4）物流信息技术有利于促进供应链全程管理。供应链全程管理是一种集成的管理思想和方法，供应链上的各个企业作为一个不可分割的整体，分担整个供应链条的采购、生产、分销和销售的职能，形成了一个协调发展的有机体。作为整个供应链不可分割的一部分，供应链的每个成员如果能够实现充分有效的信息共享，能够追溯产品生产者以及产品成分、包装、来源等特征，追踪产品成分、包装和产品的每一项活动，将能够有效提升供应链的竞争力。要实现有效的供应链全程管理，供应链不仅需要完善的信息交互、协同商务机制，还必须创建流程和基础架构来收集、集成、分析和传递关于产品来源与特征的可靠信息。这些运作都需要物流信息技术的合理化应用和支持。只有在供应链全程管理中有效利用现代物流信息技术，使物理供应链（商品的运动轨迹）和信息供应链（信息的收集、存储、组织、分析和访问控制）能够相互集成，增强供应链全程的可视性和智能化水平，才能够建立起一种跨企业的协作，消除供应链上企业间的界限，消除供应链企业间彼此独立的“信息孤岛”，合理调配企业资源，加速企业存货资金的流动，共同追求和分享市场份额，提升供应链运转效率和竞争力。

→［实例 5－2］：Matiq 利用信息技术优化供应链①

Matiq 是挪威最大的肉产品和禽肉生产商及供应商的 IT 子公司。公司竭力提高能力并打入新市场，以期可以增加收入。为实现这个目标 Matiq 利用可跟踪性技术来跟踪家禽和肉产品，从农场、供应链直至超市货架。每个产品包装现在都附有 RFID 芯片，可以确保产品在供应链中处于最佳状态、提高产品质量控制和

① 资料来源：钱大群．智慧地球赢在中国，商业价值研究院网站，http://www－900.ibm.com/cn/services/bcs/iibv/strategy/smarter_planet.shtml。

食品安全、利用标准化优势来获取信息，并确保产品严格遵守政府食品行业要求。现在，公司能够在整个价值链上捕获和分析数据，从而提高了效率，降低了成本，并通过改善库存管理和提高供应链响应速度以应对不断变化的客户购买模式，实现了供应链优化。

2. 物流信息技术的发展特征

（1）物流信息技术更加智能化和智慧化。现代化的物流作业过程面临大量的运筹和决策，如库存水平的确定、运输（搬运）路径的选择、自动导向车的运行轨迹和作业控制、自动分拣机的运行、物流配送中心物流功能的衔接和决策、供应链上企业间的互动与协作等，这些运筹和决策已无法依靠传统的人工运作甚至初级的物流信息技术来实现，它们需要语音与视觉识别、专家系统、机器学习、决策支持系统等智能和智慧化的物流信息技术支持。而且，随着物联网技术在全球的加速发展，人与物、物与物之间的信息链接将变得更加的频繁，因此可以预测物流信息技术也将会变得越来越智能和智慧化。

（2）物流信息技术更加动态化。随着物流运营的要求越来越高，如何根据交易对手的变化、市场环境的变化和客户的需要变化等作出实时动态的反应和决策变得越来越重要，这些也使得物流信息技术的发展变得更加动态化。例如，目前先进的专业物流仿真软件采用了三维仿真技术，已能够构建虚拟世界的三维场景并通过一定的软件环境驱动整个三维场景，响应用户的输入，根据用户的不同动作作出实时的反应，并在三维环境中显示出来。全球定位系统（GPS）已能够成功地应用于货物跟踪、车辆定位、调拨调度等方面，真正地实现全天候、高精度、自动化、高效益的动态跟踪与决策，引发了物流业深刻的技术革命。现代的地理信息系统（GIS）也正向三维可视地理信息系统过渡，已能够通过与三维可视化技术（Visual）与虚拟现实技术的有机结合，完全再现物流运营环境的真实情况，把所有物流管理对象都置于一个真实的三维世界里，真正做到了实时动态的“所见即所得”。

（3）物流信息技术更加集成化。现代的物流运作环节众多，涉及不同的操作，每一个环节都需要相应的物流信息技术的支持，但分散的物流运作环节需要很好的整合和集成，以有效实现供应链物流运作的无缝衔接，提高运营效率。因此，能够实现不同功能的信息技术和功能模块也需要有效的整合，构成越来越集成化的运作平台，物流信息技术因而也呈现了越来越集成化的特征。例如，3G技术通过将 GPS、GIS 和 GSM 等物流信息技术集成实现了货物的全程跟踪与管理；可视化供应链运作平台则通过将信息采集技术、信息跟踪技术以及信息处理和传输技术的综合集成实现了整个供应链的全程管理。

（4）物流信息技术更加网络化。网络化是物流及物流系统发展的必然趋势，是电子商务下物流活动的主要特征之一。当今世界 Internet 等全球网络资源的可用性及网络技术的普及提供了良好的外部环境，网络化趋势不可阻挡。这些使得物流信息技术的发展也呈现了网络化的趋势，它们必须建构在计算机通信网络之上，并通过计算机网络来完成信息的采集、加工和处理工作。例如，物流配送中心向供应商发出订单就可以使用网络方式，借助于增值网（Value Added Network，VAN）上的电子订货系统（Electronic Ordering System，EOS）和电子数据交换技术（Electronic Data Interchange，EDI）来自动实现；而供应链企业间的协作和信息共享更是建立在物流信息系统网络互连的基础之上。

（5）物流信息技术更加支持供应链全程管理。现代物流的不断发展使人们认识到，物流信息必须从企业内部的共享延伸到整个供应链上的共享。在这种情况下，物流信息网络和电子数据交换平台（EDI）就成为整个供应链正常运转的灵魂。而随着供应链上企业协作与互动变得越来越紧密，物流信息技术的发展将必然更加支持供应链的全程管理。最近，物联网技术的发展、可视化供应链平台的出现以及协同商务技术的成熟应用等都印证了这一发展趋势。

5.2.2 基本的物流信息技术

1. 物流信息采集技术

企业竞争的全球化发展、产品生命周期的缩短和用户交货期的缩短等都对物流服务的可得性与可控性提出了更高的要求，实时物流理念由此诞生。在实时物流运作中，动态的货物或移动载体本身具有很多有用的信息，例如货物的名称、数量、重量、质量、出产地，或者移动载体（如车辆、轮船等）的名称、牌号、位置、状态等一系列信息。正确、快速地读取这些信息并加以利用可以明显地提高物流的效率，因此，物流信息的实时采集成为关键，这需要物流信息动态采集技术的支持。目前流行的物流动态信息采集技术主要包括条码技术、磁条（卡）

和IC卡、语音与视觉识别、便携式数据终端、无线射频识别（RFID）等技术。

（1）条码技术。作为物流商品的身份标识，条码是物流运作中实现自动识别和录入的基础。目前，世界各国特别是经济发达国家把条码技术的发展重点定位于生产与物流自动化、交通运输现代化、金融贸易国际化、医疗卫生高效化、票证金卡普及化、安全防盗防伪保密化等领域。除大力推行13位商品条码（EAN）外，同时重点推广应用128码、39码、二维条码等；在条码种类上，除纸制条码外，还在研究开发金属条码、纤维织物条码、隐形条码，以增加信息量、扩大应用领域并保证条码标识在各个领域、各种工作环境的应用；在发展方向上，国际物品编码协会和一些经济发达国家已由单纯地推广物品条码标识转向生产流通领域的电子数据交换（EDI）的开发和推广应用。在条码技术中，目前应用最为广泛的是一维条码与二维条码技术，其中，一维条码是由一组规则排列的条和空、相应的数字组成，这种用条、空组成的数据编码可以供机器识读，而且很容易译成二进制数和十进制数。因此此技术广泛地应用于物品信息标注中。因为符合条码规范且无污损的条码的识读率很高，所以一维条码结合相应的扫描器可以明显地提高物品信息的采集速度。加之条码系统的成本较低、操作简便，又是国内应用最早的识读技术，所以在国内有很大的市场，国内大部分超市都在使用一维条码技术。但一维条码表示的数据有限，条码扫描器读取条码信息的距离也要求很近，而且条码上损污后可读性极差，所以限制了它的进一步推广应用，同时一些其他信息存储容量更大、识读可靠性更好的识读技术开始出现。二维条码技术除具备一维条码的优点外，同时还有信息容量大（根据不同的编码技术，容量是一维的几倍到几十倍，从而可以存放个人的自然情况及指纹、照片等信息）、可靠性高（在损污50%时仍可读取完整信息）、保密防伪性强等优点，所以在国内银行、车辆等管理信息系统上开始应用。

（2）磁条（卡）与IC卡技术。磁条（卡）技术以涂料形式把一层薄薄的由定向排列的铁性氧化粒子用树脂粘合在一起并粘在诸如纸或塑料这样的非磁性基片上。磁条从本质意义上讲和计算机用的磁带或磁盘是一样的，它可以用来记载字母、字符及数字信息。优点是数据可多次读写、数据存储量能满足大多数需求和粘附力强，这些优点使之在物流领域得到广泛应用。而IC卡芯片具有写入数据和存储数据的能力，IC卡存储器中的内容根据需要可以有条件地供外部读取，完成相关信息处理和判定之用。IC卡一出现，就以其超小的体积、先进的集成电路芯片技术以及特殊的保密措施和无法被破译及仿造的特点受到普遍欢迎。IC卡按使用方法和信息交换方式又可分为接触式IC卡和非接触式IC卡（射频卡）。接触式IC卡是通过物理接触方式，将卡插入卡座后，与外界交换信息，接触式IC卡的特点是具有独立的运算和存储功能，在无源情况下，数据也不会丢失，数据安全性和保密性都非常好，成本适中；非接触式IC卡是通过电磁波与外界交换信息。在物流管理活动中非接触式IC卡的使用非常普遍，特别在仓储管理与运输管理等领域，非接触式IC卡常常用于物料跟踪、运载工具和货架识别等要求非接触数据采集和交换的场合。IC卡与磁条（卡）的性能比较如表5-1所示。

表5-1　IC卡与磁条（卡）的性能比较

对比项目	IC卡	磁条（卡）
防伪性	很强，极难伪造	容易复制
抗破坏性	抗机械、化学破坏能力强；抗磁、电能力强	不能抗强磁和静电
信息保存期	10年以上	2年以下
信息存储量	大	小
保密性	高	低
耐用性	擦写次数10万次以上	数千次
灵活性	带有智能性	被动的存储介质
成本	较低	低
读写终端设备成本	低	高
系统网络环境要求	低	高

（3）语音和视觉识别技术。语音识别技术是一种通过识别声音达到转换成文字信息的技术，其最大特点就是不用手工录入信息，这对那些采集数据同时还要完成手脚并用的工作场合或键盘上打字能力低的人尤为适用。但语音识别的最大问题是识别率，要想连续地高效应用有难度。目前更适合语音句子量集中且反复应用的场合。视觉识别技术则是一种对一些有特征的图像分析和识别的系统，视觉识别技术能够对限定的标志、字符、数字等图像内容进行信息的采集。视觉

识别技术的应用障碍也是对于一些不规则或不够清晰图像的识别率问题而且数据格式有限，通常要用接触式扫描器扫描，随着自动化的发展，视觉技术会朝着更细致、更专业的方向发展，并且还会与其他自动识别技术结合起来应用。

（4）便携式数据终端。便携式数据终端（PDT）一般包括一个扫描器、一个体积小但功能很强并有存储器的计算机、一个显示器和供人工输入的键盘。便携式数据终端是一种多功能的数据采集设备，PDT 是可编程的，允许编入一些应用软件。PDT 存储器中的数据可随时通过射频通信技术传送到主计算机。

（5）无线射频识别。无线射频识别（Radio Frequency Identification，RFID）是一种非接触式的自动识别技术，通过射频信号自动识别目标对象并获取相关数据。通常，RFID 系统由电子标签、读写器和数据管理系统这三个主要部分组成。电子标签由天线和 RFID 芯片组成，每个芯片都含有唯一的识别码，用来表示电子标签所附着的物体，RFID 标签具有体积小、容量大、寿命长、可重复使用等特点，可支持快速读写，非可视识别，移动识别，多目标识别、定位及长期跟踪管理；读写器用来读写电子标签中的信息，读写器通过网络和其他计算机或系统通信，从而完成对电子标签的信息获取、解释以及数据管理；数据管理系统主要完成数据信息的存储及管理，数据管理系统可以由简单的小型数据库担当，也可以是集成了 RFID 管理模块的大型 ERP 数据库管理软件。RFID 系统的工作原理如图 5－6 所示：标签进入磁场后，接收读写器发出的射频信号，凭借感应电流所获得的能量发送出存储在芯片中的产品信息（Passive Tag，无源标签或被动标签），或者主动发送某一频率信号（Active Tag，有源标签或主动标签），读写器读取信息并解码后，送至数据管理系统进行有关信息处理。

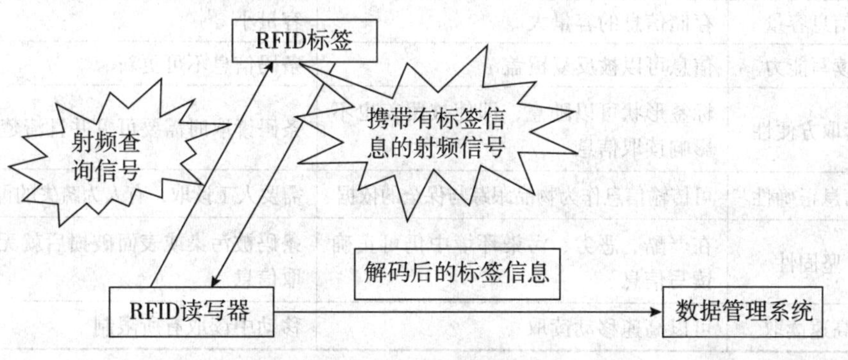

图 5－6　RFID 系统的工作原理

从其工作原理上讲，RFID 有诸多的优势，具体表现在如下几个方面：

①数据的读写能力强。不需接触，直接读取信息至数据库内，且可一次处理多个标签，并可以将物流处理的状态写入标签，供下一阶段物流处理的读取判断之用。

②环境适应性强。纸张一受到脏污就会看不到，但 RFID 对水、油和药品等物质却有强力的抗污性。RFID 在黑暗或脏污的环境之中，也可以读取数据。

③可重复使用。RFID 电子标签内保存的信息注入方式可分成集成电路固化式、现场有线改写式和现场无线改写式三大类；由于 RFID 为电子数据，可以反复被覆写，因此可以回收标签重复使用。

④穿透性。RFID 若被纸张、木材和塑料等非金属或非透明的材质包覆的话，也可以进行穿透性通讯。不过如果是铁质金属的话，就无法进行通信。

⑤数据的记忆容量大。数据容量会随着记忆规格的发展而扩大，未来物品所需携带的资料量越来越大，对卷标所能扩充容量的需求也增加，对此 RFID 不会受到限制。

⑥安全性高。由于 RFID 承载的是电子信息，其数据内容可经密码保护，使其内容不易被伪造。

RFID 与条码的比较如表 5 -2 所示。

表 5 -2　　RFID 与条码的功能比较

功能项目	RFID	条　码
读取数量	可同时读取多个标签的信息	只能一次读取一个标签信息
远距离读取	不需要光线就可以读取或更新	需要光线
信息容量	存储信息的容量大	容量小
读写能力	信息可以被反复覆盖	条码信息不可更新
读取方便性	标签形状可以随意，即使被覆盖也不影响读取信息	条码读取时需要可见并且清楚
信息正确性	可传输信息作为物品跟踪与保全的依据	需要人工读取，有人为疏失的可能性
坚固性	在严酷、恶劣、污染环境中仍可正确读写信息	条码被污染或表面破损后就无法读取信息
高速读取	可以高速移动读取	移动中读取有所限制

资料来源：冯耕中，周南，等. 物流信息系统，北京：机械工业出版社，2009。

RFID 技术与互联网、通信等技术相结合，可实现全球范围内物品跟踪与信息共享，它优于条码识别技术之处在于 RFID 可以动态地识别高速运动物体并可同时识别多个电子标签，识别距离较大，能适应恶劣环境。

2. 物流设备跟踪与控制技术

目前，物流设备跟踪与控制指对物流的运输载体及物流活动中涉及的物品所在地进行跟踪与控制。物流设备跟踪的手段有多种，可以用传统的通信手段如电话等进行被动跟踪，可以用 RFID 手段进行阶段性的跟踪，但目前国内用的最多的还是利用3G 技术跟踪。“3G 技术”并非简单地指 GIS、GSM、GPS 三项单独的技术，而是以 GIS 技术、定位技术、无线通信技术为代表的三项技术的统称和它们之间相互集成所产生的新技术。3G 技术集成的核心在于：GPS 定位技术和导航技术根据具体的应用需要，可以实时获取不同精度的目标位置信息；GIS 可以作为基础的信息系统平台，具有可视化、地理分析和空间分析、数据库统一管理等的优势；GSM 通信技术可以实现大范围内数据传输，对于信息系统指挥、调度、监控、管理等具有重大的意义。这三项技术的集成，可以有效地实现对运输车辆及其他物流设备实时动态的追踪与监控。关于 GIS、GSM、GPS 技术的简单介绍如下：

（1）GIS 地理信息系统。GIS 是为了获取、储存、显示、查询定位数据而建立的计算机数据库管理系统，将所需要的信息和资料直观、形象地在电子地图上以图形或表格的形式显示出来，为 GPS 卫星定位提供良好的地图环境，能将空间信息与属性信息的处理完美结合起来，以直观的方式显示车辆的位置和状态等信息。

（2）GSM 通信网络系统。GSM 全球数字移动系统是目前国内覆盖最广、可靠性最高、容量最大、保密性最强的数字移动蜂窝通信系统。以 GSM 为代表的无线通信技术，包括 GSM、GPRS、CDMA、CDPD、集群、电台等多种无线通信方式。GSM 通信网络作为物流配送系统的无线数据传输平台确保了报警信号和数据传输通道的可靠性。车辆终端上的 GPS 接收机获取车辆的实际位置、速度、运行方向等信息经过处理后通过 GSM 网络传送到运输调度中心，中心可以对车辆进行管理、调度和控制。

（3）GPS 全球卫星定位系统。GPS（Global Positioning System）即全球定位系统，是由美国建设和控制的一组卫星所组成的、24 小时提供高精度的全球范围的定位和导航信息的系统。它是由 24 颗沿距地球 12000 公里高度的轨道运行的 NAVSTAR GPS 卫星组成，不停地发送回精确的时间和它们的位置。GPS 接收器同时收听 3 ~ 12 颗卫星的信号，从而判断地面上或接近地面的物体的位置，还有它们的移动速度和方向等。21 世纪以来，全球卫星定位系统在物流领域得到越来越广泛的应用。其中，在物流跟踪与监控管理系统中，利用 GPS 技术可以跟踪货运车辆与货物的运输情况，使货主及车主随时了解车辆与货物的位置与状态，保障整个物流过程的有效监控与快速运转。

随着 GPS 设备的普及，GPS 与 GIS 和 GSM 的结合也日益紧密。在物流领域的应用中，GPS 用于实时监控车辆等移动目标的位置，根据道路交通状况向移动目标发出实时调度指令，GIS 则利用强大的地理数据管理功能来完善物流规划、导航及成本分析，而 GIS、GPS 和 GSM 的有效结合，再辅以车辆路线模型、最短路径模型、网络物流模型、分配集合模型和设施定位模型等，能够建立功能强大的物流信息系统，使物流活动变得实时、透明并且成本最优。

3. 物流信息传输与处理技术

(1) 物流信息传输技术——EDI

EDI 是英文 Electronic Data Interchange 的缩写，中文译为“电子数据交换”，它是一种在企业之间传输订单、发票等作业文件的电子化手段。它通过计算机通信网络将贸易、运输、保险、银行和海关等行业信息，用一种国际公认的标准格式，实现各有关部门或公司与企业之间的数据交换与处理，并完成以贸易为中心的全部过程。由于使用 EDI 可以减少甚至消除贸易过程中的纸面文件，因此 EDI 又被人们通俗地称为“无纸贸易”。一般构成 EDI 系统的三个要素是 EDI 软硬件、通信网络以及数据标准化。其中 EDI 软硬件是 EDI 运行的必要条件，通信网络是 EDI 应用的基础，数据标准化是 EDI 的特征。这三个方面相互衔接、相互依存构成 EDI 的基础框架。

物流系统的信息由作业过程中的实时数据组成，包括购进物料流程信息、生产状态信息、产品库存信息、装运及新到订货信息等。对外需要与卖主或供应商、金融机构、运输商及顾客等就订货装运和相关单据事宜进行交流，而对内则可能用于生产领域的计划和控制方面等。这些处理都可以应用 EDI 技术来实现。EDI 技术的主要工作方式如下：用户在计算机上进行原始数据的编辑处理，通过 EDI 转换软件将原始数据格式转换为平面文件，平面文件是用户原始资料格式与

EDI 标准格式之间的对照性文件。再通过翻译软件将平面文件变成 EDI 标准格式文件。最后在文件外层加上通信信封，然后通过通信软件（EDI 系统交换中心邮箱（Mailbox））发送到增值服务网络或直接传送给对方用户，对方用户则进行相反的处理过程，最后就成为了用户应用系统能够接收的文件格式。

（2）物流信息处理技术——物流信息处理平台

物流信息处理平台包括各种物流管理信息系统。随着供应链已将供应商、业务合作伙伴和客户交织在一个复杂、动态的关系网中，物流信息处理平台出现了质的飞跃，可视化供应链网络平台技术得到了飞速发展。可视化供应链网络平台将先进的传感器、软件及相关知识整合到系统中，有效促进了物理网络和数字网络的融合，形成了真正智慧和智能的供应链系统。可视化供应链网络平台的价值在于可以从各种数据中抽取有价值的信息（包括基于地理空间或位置的信息、关于产品属性的信息、产品流程信息、供应链关键业绩指标等）以及数据流的速度，从而实现更透彻的感知、更全面的互联互通与更深入的智能化，如图 5－7 所示。目前，可视化供应链网络平台技术在提高效率（如动态供求均衡、预测事件检测和解决、旨在降低库存的库存水平和产品位置高度可视性）、降低风险（如降低污染和召回事件的发生频率及其影响、减少产品责任保金、减少伪劣消费产品）以及减少供应链的环境保护压力（如降低能源和资源消耗、减少污染物排放）上都得到了大量的应用。

设备上的仪表板可以实时显示计划、交付时间、供应商、预计库存、商品状况和客户需求的当前状态。

全球合作伙伴组成协作网络，共享决策、风险和回报，始终以消费者为活动中心，合理均衡地配置全球资源。

供应链自动监控，并在全球货物和服务流通中断时自我识别和自行纠正。

图 5－7　可视化供应链网络平台技术的应用价值

→[实例5-3]：现代信息技术在昆明烟草物流配送中的应用①

昆明市烟草公司在卷烟销售网络运行初期，由于企业区域供应链运营逐步趋于完全集约经营状态，随着日进出货物数量、品种的逐步增加以及客户需求日趋复杂，造成了人力资源投入增加、仓储管理难度加大、占用资金等诸多不利于集约经营的因素。为此，公司学习借鉴国外先进企业仓储管理经验，应用无线射频识别技术（RFID）对卷烟配送中心进行完全数字化仓库建设。在这一项目建设过程中，昆明市烟草公司充分利用现有资源，依靠现有网络、无线数据通信、RFID技术、网络技术以及现代物流信息软件等成熟技术，实现了集物流、信息流和价值流为一体的综合物流信息管理系统，实现对库存的准确控制，切实提高了公司整体运作水平。自从该项目投入运行以来，系统运行稳定。从一段时间系统运行的效果来看，该系统能够较为突出地实现以下几项主要功能：

1. 实现了货物的先进先出管理

在数字化仓库项目建设以前，原有配送中心仓库库存管理依靠的是手工的方式，只能实现楼层级的管理。根本无法区分各批次的库存货物，从仓库出货时，无法做到货物的先进先出管理，导致部分货物长期存放在仓库中，影响了产品的品质和公司的形象。数字化仓库建成以后，利用RFID、无线局域网、数据库等先进技术，可以实现卷烟托盘货位管理。对于每一批入库的货物，其入库时间、存放货位等信息均由系统自动记录，当货物出库时，就可在此基础上实现货物的先进先出管理。

2. 仓库库存实时化管理

原始卷烟配送中心仓库的库存管理依靠的是手工报表，人工统计的方式来实现，导致公司领导和电话订货中心等相关部门无法及时确切了解仓库的库存信息。此外，随着公司业务的发展，日进出货物数量、品种逐步扩大，客户需求也日趋复杂。能否实现仓库库存的实时化管理已经成为了影响建立快速、高效的运营体系的重要因素。数字化仓库项目建成投入运行以来，极大地改变了这一状况。管理人员和相关部门可以实时、准确地掌握卷烟配送中心仓库的库存情况。

① 资料来源：RFID在昆明烟草物流配送中的应用，阿里巴巴网站，http：//info. china. alibaba. com/news/detail/v0-d1002911668. html。

仓库库存的实时化管理为公司领导和相关部门的经营决策提供了科学的依据。同时，电话订货中心等相关部门可以实时地掌握仓库中各卷烟品牌、数量的情况，确保每天客户订货以及公司经营顺利进行。在公司卷烟销售网络建设其他项目建设的配合下，目前，公司的卷烟经营一天就可以完成一个（投放计划→电话订货→结算→分拣→配送）销售循环。

3. 物料跟踪及图形化管理

在实现卷烟托盘货位管理的基础上，该系统还能实现物料跟踪及图形化管理的功能。这一功能使得库存物料可以非常直观、迅速地以图形化的方式反映出来。极大地提高了卷烟物品管理的仓储效率和精细度。

4. 优化业务流程，提高工作效率

数字化仓库项目建成后，结合计算机技术和托盘管理，在很大程度上优化了卷烟配送中心的业务流程。入库时，货物在传送带上经扫码后，直接堆放在托盘上，由在系统控制下的提升机自动将该托盘送到相应楼层，最后叉车将托盘送到系统分配的货位存放。出库时，叉车根据系统指示，按照先进先出的原则将目标托盘送到提升机，再送至分拣中心进行分拣，通过对托盘的有效管理和运用，减少了卷烟货物的搬运次数和破损机率，提高运行效率。具体来说：实施数字化仓库项目以前，完成4000件卷烟第一次出货工作需要3～3.5个小时。在该项目完成之后，这一时间缩短到了约2个小时。第二次补货出库的时间也由原来的2～2.5小时缩短到了约1个小时。数字化仓库的建设不仅实现了更快地找到所需货物，同时实现了减少商品供应品种中有脱销情况发生、保持了准确的适当存货、杜绝人为操作失误、缩短了供销计划时间，从而减少存货占用资金、降低运费，使零售商的商品销售得到及时的满足。

5.2.3 物流信息技术综合运用新趋势——物联网

1. 物联网概念与结构

物联网的诞生是终端便捷移动化、网络泛在化以及信息海量发展的必然趋势。物联网可实现人与物之间的信息沟通，因而被称之为第三次信息技术革命，如图5－8所示。

第一次革命是在信息处理领域，标志为计算机的诞生，将人类从烦琐的计算和数据处理中解放出来，实现计算机的自动运算；

第二次革命是在信息传输领域，标志为互联网的发展，将人类计算所得到的数据通过互联网进行传输，从而使得人与人之间的沟通变得容易；

第三次革命发生在了信息获取领域，也就是传感网络，即物联网的发展。物联网的发展使得信息的处理—获取—传递整个过程有机地联系在了一起，对于人类的生产力来说又是一次重大的解放。

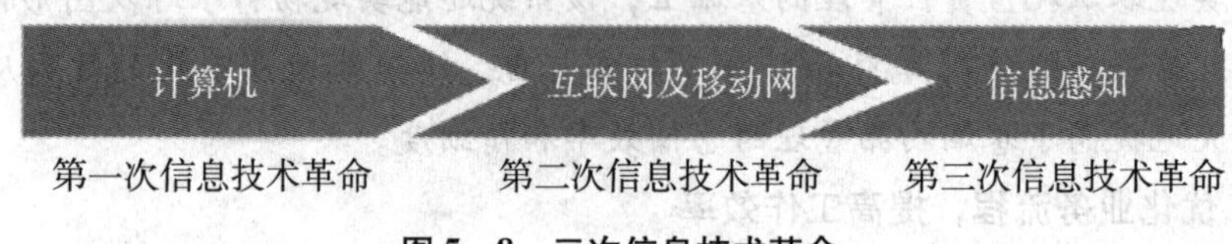

图 5-8　三次信息技术革命

实际上，物联网的概念在 10 年前就已经提出了，最早是美国麻省理工学院给出了定义。他们认为物联网就是将所有的物体通过无线射频识别、信息传感等设备与互联网连接起来的一个网络，可以实现智能化的识别和管理。另外，在 2005 年的时候，国际电信联盟在一份报告中也对物联网的概念进行了描述，而他们的定义同物联网的最初定义基本一致。在本书中，“物联网”（Internet of Things）指的是将各种信息传感设备，如无线射频识别（RFID）装置、红外感应器、全球定位系统、激光扫描器等种种装置与互联网结合起来而形成的一个巨大网络，其目的是让所有的物品都与网络连接在一起，方便识别和管理。关于物联网的组成要素，通行的说法是物联网由 RFID、GPS、传感器、互联网等设备或技术组成，它们之间的关系是按照约定的通信协议，把物体同互联网连接起来，从而进行信息传输和交换，最终实现智能识别、跟踪、定位、管理、监控等。物联网分为感知层、网络层、应用层，其基本结构和体系框架如图 5-9 和图 5-10 所示。

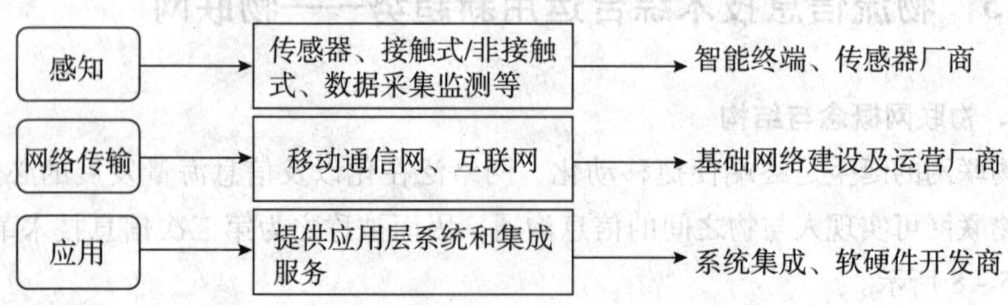

图 5-9　物联网的基本结构

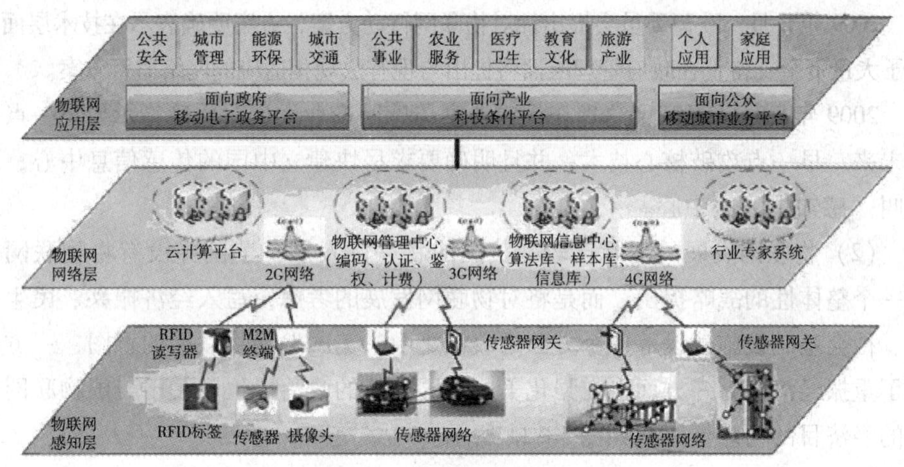

图5-10 物联网的体系框架

2. 物联网发展历史与国际比较

（1）物联网的发展历史。自1999年物联网概念提出后，物联网获得了社会各界的重视，其发展历史如下：

1999年，MIT Auto-ID Center提出物联网概念，即把所有物品通过无线射频识别等信息传感设备与互联网连接起来，实现智能化识别和管理。

2000年，日本总务省提出u-Japan构想中，希望在2010年将日本建设成一个“Anytime，Anywhere，Anything，Anyone”都可以上网的环境。同年，韩国政府制订了u-Korea战略，韩国信通部发布的《数字时代的人本主义：IT839战略》以具体呼应u-Korea。

2005年11月，在突尼斯举行的信息社会世界峰会（WSIS）上，国际电信联盟（ITU）发布了《ITU互联网报告2005：物联网》。报告指出，无所不在的“物联网”通信时代即将来临，世界上所有的物体，从轮胎到牙刷、从房屋到纸巾都可以通过因特网主动进行交换。无线射频识别技术（RFID）、传感器技术、纳米技术、智能嵌入技术将得到更加广泛的应用。

2008年11月，IBM提出“智慧的地球”概念，即“互联网+物联网=智慧地球”，以此作为经济振兴战略。如果在基础建设的执行中，植入“智慧”的理念，不仅仅能够在短期内有力地刺激经济、促进就业，而且能够在短时间内为中国打造一个成熟的智慧基础设施平台。

2009 年 6 月，欧盟委员会提出针对物联网行动方案，方案明确表示在技术层面将给予大量资金支持，在政府管理层面将提出与现有法规相适应的网络监管方案。

2009 年 8 月，温家宝总理在无锡考察传感网产业发展时明确指示要早一点谋划未来，早一点攻破核心技术，并且明确要求尽快建立中国的传感信息中心，或者叫“感知中国”中心。

（2）物联网发展的国际比较。美国的物联网发展：美国并没有将物联网作为一个整体性的战略提出，而是将对物联网发展的考虑，写入经济振兴、民生改善、社会基础设施建设等各个方面的政策之中。美国发展物联网的意图，一方面为了重振经济，另一方面也在强化美国在国内外的政治地位。关于美国物联网发展的经济目的与政治意义如图 5 - 11 所示。

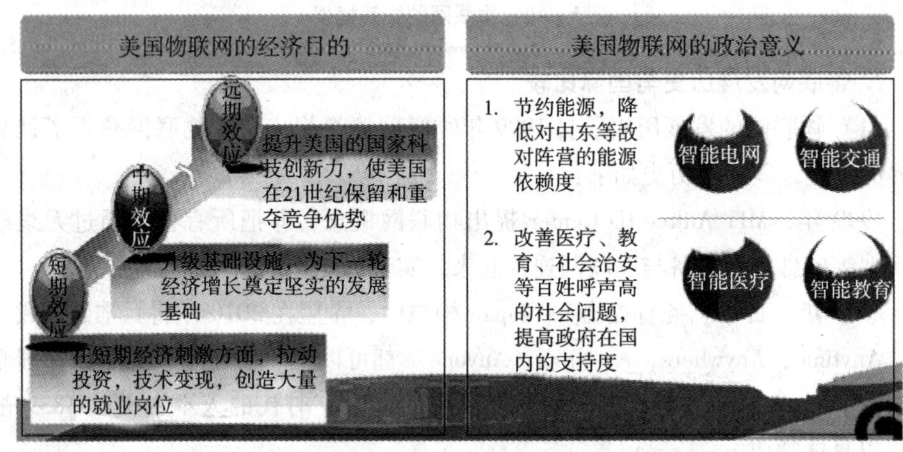

图 5 - 11 美国物联网发展的经济目的与政治意义

日本的物联网发展：关于日本物联网的发展历程如图 5 - 12 所示。其中，e - Japan的目的是使日本在世界信息化建设中处于领先地位，目前该阶段已完成。u - Japan 旨在 2010 年将日本建成为人性化的物联网智能服务社会，而 i - Japan 是日本建设信息化社会的整体战略，其核心意图有两个：其一，日本社会高龄化趋势显著，即将面临有效劳动力不足，医疗、养老等负担沉重等社会问题，通过物联网可以节省大量劳动力；其二，一个有号召力的信息社会发展蓝图，有利于调动日本电子信息产业各主体的积极性，使这些企业之间以及这些企业和其他行业之间紧密协同，确保日本在信息时代的国家竞争力始终位于全球第一阵营。

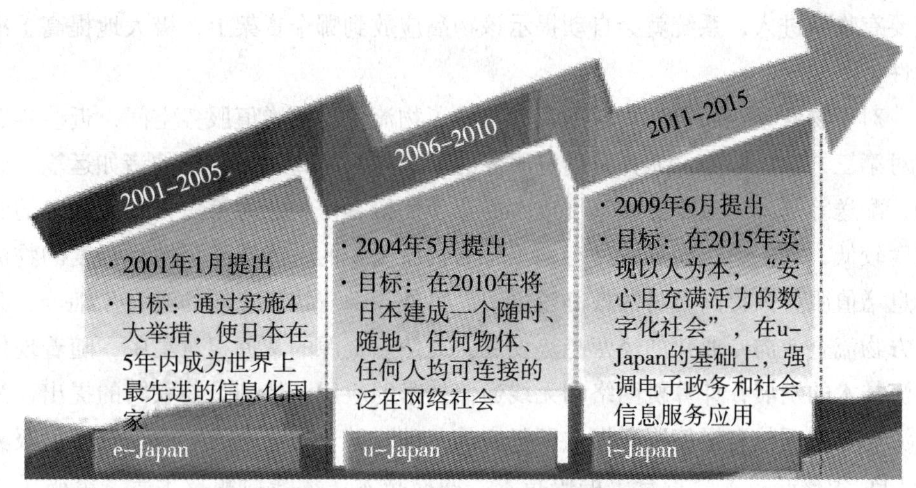

图 5－12　日本物联网的发展历程

中国的物联网发展："十一五"规划或者是在各大行业规划中，都提出了对 M2M 业务的紧迫需求。根据中国 RFID 产业联盟发布的《2008 年度中国 RFID 发展报告》的数据显示，2009 年中国 RFID 市场规模将突破 70 亿元。2009 年 8 月 7 日，温家宝总理在无锡考察时指示"把传感系统和 TD 技术结合起来"、"尽快建立中国的传感信息中心，或者叫'感知中国'中心"。2009 年 9 月 11 日，经国家标准化管理委员会批准，中国信息技术标准化技术委员会组建了传感器网络标准工作组，标准工作组现聚集了中国科学院、中国移动通信集团公司等国内传感网主要的技术研究和应用单位，将统筹传感网的标准研究，力争主导指定传感网国际标准。

3. 物联网在物流中的应用

物联网技术将每一个物品设置一个唯一的编码，这些编码信息会被 RFID、GPS、传感器等有效识别，然后通过互联网就可以实现人与物、物与物之间的信息交换与交流。这种全新的通信交流模式改变了对物品的管理、控制、查询和追溯模式，不仅提高了企业的运营效率和管理机制，而且也改变了物流行业的运作模式。通过应用物联网技术后，运输车辆的位置信息就能随时掌握，寄件人、收件人也能随时了解快件在途的情况，而且机场的行李分拣、集装箱运输的管理，都可以实现智能管理。比如人们关注的冷链运输，物联网的应用就可以实现车辆的监控以及温度的控制，这样就能对食品安全起到很大的作用。同时在仓库中，只要有物品进入，系统就会自动提示该物品应放到哪个货架上，极大地提高了准确性。

对于物流企业而言，物联网大大增加了物流信息的增值服务空间，近些年客户对第三方物流服务，尤其是信息服务的要求越来越高，无差别的诸如运输、仓储、配送等基础物流服务和基于成本的竞争使得客户企业对第三方物流服务的满意度较低，它们迫切需要一种有别于公共物流服务的，能提高个性化程度的物流信息增值服务来提高自身的核心竞争力。另外，随着物流市场的进一步细分，第三方物流企业向专业化的经营趋势发展，对信息资源的掌握相对集中，随着现代物流技术的发展，计算机网络和无线通信技术的应用，特别是物联网的提出，为物流企业实现信息增值服务提供了坚实的基础。基于物联网的物流信息增值服务以 EPC 为核心技术，集合了编码技术、网格技术、无线射频技术等，突破了以往获取信息模式的“瓶颈”，在标准化、自动化、网络化等方面进行了创新，从而使物流公司能够准确、全面和及时地获取物流信息，并在此基础上根据不同的信息级别来分别提供企业级、行业级和供应链级的信息增值服务。

对于供应链整体而言，利用物联网，可以对供应链级信息进行整合，冲破供应链管理的信息“瓶颈”。通过物联网，可以对整个供应链中各个环节的商流、物流、资金流和信息流状况进行实时的监控，可以对从企业的订单处理过程到生产过程，再经配送过程、代理过程、销售商库存过程，最后到销售过程都进行信息跟踪，从而整理出对供应链管理有用的信息，并为供应链管理服务。总之，基于物联网的供应链全程管理将能够依靠物联网的网络特性和个性化的配套软件系统来实现物品流通过程中各个市场要素的全方位管理与控制，提供既满足企业所需要的信息管理和信息服务，又满足整个供应链资源优化配置的信息管理和信息服务。

→［实例5－4］：物联网的应用离我们有多远①

2010 年，重庆两路寸滩保税港与重庆移动签约，全力加快“两化融合”进程，推动物联网产业发展，拟将重庆保税港建设成为国内一流的物联网试验区。

① 资料来源：http：//bbs. vsharing. com/Article. aspx？aid＝1070321，畅想论坛。

今后，进出两路寸滩保税港区的集装箱、大货车、园区企业内生产机器等都将贴上电子标签或加入网络芯片，工作人员在控制中心对其一举一动都能看得一清二楚。

重庆移动董事长沈长富说，两路寸滩保税港区的“两化融合”内容涉及物流、企业信息化、行政管理等内容，目标是通过智能电子、网络信息技术，在两三年内建成国内一流水平的“两化融合”物联网试验区域。通过这样的自动“管家婆”，今后可大大提高企业生产、行政管理效率。

物联网距保税港区有多远？具体都有怎样的效果？重庆市经信委举例称，长安汽车公司采用了类似物联网的管理信息系统后，大大简化了库存控制环节，还使得停线盘存时间大幅减少，相当于每年挤出了1个月的生产时间，可以多生产6万辆汽车，增加产值30多亿元。而类似长安汽车这种将物体联结起来的管控系统，即被称为“物联网”的雏形。

5.3 物流信息系统规划与设计

5.3.1 物流信息系统规划原则

在进行物流信息系统规划时，必须遵循下列基本原则：

1. 系统性原则

物流信息系统规划不能局限于某个物流系统甚至某个物流功能，而必须充分考虑周边环境并从整个系统的角度去规划，从而使物流信息管理的功能与整体物流系统的运作有机联系，使物流信息系统能够提升企业整体甚至整个供应链的运作效率。同时，在物流信息系统规划时，也要注意功能的系统性和开发过程的完整性，所谓功能系统性是指根据企业物流管理的实际功能需要，来设计物流信息系统，而系统开发的完整性是指需要遵循相应的管理规范，例如开发文档的管理规范、数据格式规范、报表文件规范等，以保证系统开发和操作的完整性和系统性。

2. 经济性原则

物流信息系统的开发费用必须在保证质量的情况下尽量压缩，例如在物流信息系统规划时必须充分利用现有资源，考虑在已有业务应用系统和数据库等资源的基础上进行完善与整合，最大程度地降低成本。同时，物流信息系统投入运行后，必须保持较低的运行维护费用，减少不必要的管理费用。

3. 实用性原则

物流信息系统规划必须以实用为原则，使开发的物流信息系统真正能够满足和贴近实际需要，提供友好的用户操作界面，从而使得系统操作方便、快捷、易用，符合业务人员日常工作习惯和流程。

4. 可靠性原则

物流信息系统规划的可靠性原则指的是开发的物流信息系统能够保证在正常情况下和非正常情况下都能够可靠运行。这就要求物流信息系统能够在正常情况下达到系统设计的预期精度要求，实现系统的准确性和稳定性。而在软、硬件环境发生故障的非正常情况下，物流信息系统也能够保持一定的灵活性，能够针对一些紧急情况提出应对措施，实现部分使用和运行。

5. 开放性和协同性原则

物流信息系统的规划开发是一项庞大的系统工程，涉及组织日常管理工作的各个方面，既是一个管理决策过程，又是管理与技术相结合的过程，因此相关部门的广泛参与是开发成功的首要条件，这就需要物流信息系统规划时能够保持开放性和协同性。此外，物流信息系统规划的开放性还表现在物流信息系统本身应具备与公司内部其他系统如财务、人事等管理系统相连接的性能，同时，系统不仅要在物流企业内部实现数据的整合、顺畅流通，还应具备与企业客户、外部的供应链的各个环节以及其他相关部门、企业的协同，实现数据交换等方面的无缝连接。

6. 标准化原则

在物流信息系统规划的每个环节，必须遵循有关国际、国家主流技术标准，并采纳行业通行的业务模式和业务处理方法，按照标准化、工程化的方法和技术来设计和开发系统。

7. 可扩展性原则

物流信息系统规划是一个复杂的发展完善过程，它需要逐渐认知实际物流系统的需要，同时还要考虑环境的变化。这就要求在物流信息系统规划时应充分遵循可扩展性原则，即充分考虑企业未来的物流管理及业务发展的需求，在设计、功能和界面上尽可能留有接口，使功能可进一步扩展，便于维护、修改、衔接以及增加新的功能，以便在原有的系统基础上建立更高层次的管理模块，使物流信息系统具有一定的适应环境变化的能力。

→［实例5-5］：深圳海运在线平台应用展望①

深圳海运在线平台应用结构包括基础业务层、标准业务层、增值业务层和高级业务层，其中基础业务层是目前基本的海运业务信息管理功能模块，标准业务层是海运业务电子作业操作的集成一体化应用，增值业务层是发展区域海运业务的信息化手段，高级业务层是支持和实现区域宏观决策的数据分析保证。深圳海运在线平台是运营商多年东部海运业务的积累，其1.0版本旨在通过集成海关、货主、报关行及船代之间的装船单及舱单信息，实现无纸化电子流转方式，加快订舱及舱单申报业务速度，同时支持相关环节的业务管理，目前正在完善的2.0版本将集成在线支付预约、电子支付、海关大厅接单及EIR业务集成，实现码头进场、报关、订舱及支付业务的一体化。深圳海运在线平台的不断深入是深圳市海运业务的发展及区域优势体现的过程，平台业务及功能的完善保持在总体规划的基础上，结合区域海运业务的发展战略来深化实施。

易网通电子网络系统（深圳）有限公司黄总在谈及目前的海运在线平台的发展时提到："未来深圳海运在线平台不仅是区域物流平台的重要构成部分，同时，也是深圳市外向型经济走向世界的窗口，平台在保持先进性、实用性、安全性、开放性及可实施性的基础上，实现海运进出口通关业务、电子贸易业务、电子单证流转业务的一体化。"结合前面所述，笔者认为未来深圳海运在线平台至少具备以下应用特点：

1. 平台的可集成性和扩展性

深圳海运在线平台是通过统一的平台集成海运业务组织及操作业务的集成应用系统，实现包括业务、数据及界面层次上的集成平台，组织包括货主、报关行、码头、船代、船公司、海关、拖车行、货代及其他相关政府职能部门和物流组织，同时平台在设计时又必须考虑与其他平台的兼容性，预留相应的标准接

① 资料来源：http：//www. eclink. net. cn/website/docc/ForumList. jsp，深圳易网通电子网络系统有限公司网站。

口，例如港口与港口海运业务的对接、与深圳市大物流平台的对接等；最后，平台在深化应用及开放的过程中必须充分考虑到未来应用的接口，为平台一体化业务做预备。

2. 业务过程的一体化和自动化

深圳海运在线平台的业务包括合同备案、货主业务委托、报关报检、订舱、舱单EDI传输、海关业务分类监管、闸口进场、海关查验、货物装卸、费用支付等，平台通过实现一站式的海运业务平台应用，以业务委托单为起点，提供可视化的一体化作业流程操作与管理，结合海运业务计划设置一定的预警机制，从而达到业务的自动化执行效率。例如通过图视的功能，形象化地展示业务委托目前执行的情况，利用标识来识别目前的流程状态，滞后的环节将通过系统报警的方式进行提醒，以指导和督促业务的正常进行。

3. 平台的安全性和高效性

深圳海运在线平台是提供给多个组织，集成多种业务的综合性应用平台，因此在使用的过程中存在着安全性的问题，包括数据、应用及传输方面的安全性；深圳海运在线将在保持传统安全EDI传输方式的基础上，引入CA安全认证体系，实现对敏感数据和业务引入安全性应用，例如对结算、客户和通关等信息及应用的加密安全应用。深圳海运在线平台还将结合区域海运业务的实际现状及发展规划，贴近相关用户需求，坚持推行标准化过程的进度，实现操作UI、流程及输出的高效化，帮助企业有效降低成本、简化流程，促进海运业务的高效作业。

5.3.2 物流信息系统规划步骤

物流信息系统的规划可以按照时间顺序分为四个阶段：物流信息系统分析阶段、物流信息系统设计阶段、物流信息系统构建阶段、物流信息系统运行与维护阶段。

1. 物流信息系统分析阶段

物流信息系统分析阶段主要包括系统的需求分析以及系统总体分析两大部分，其基本步骤如图5－13所示。

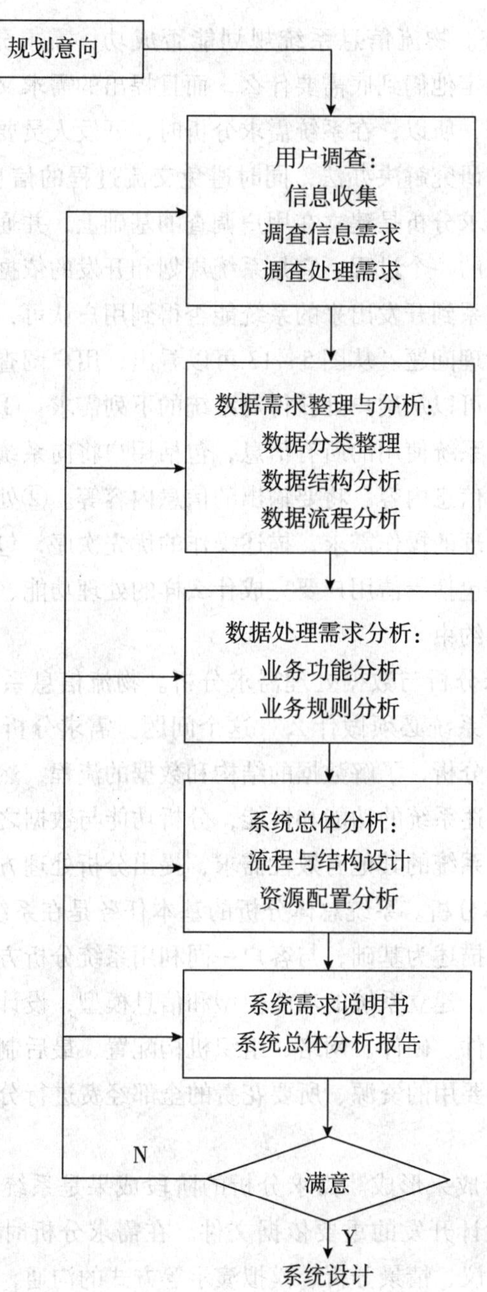

图 5－13　物流信息系统分析阶段的基本步骤

（1）用户调查。物流信息系统规划能否成功，需求分析是关键、是基础。但很多客户不能确定他们到底需要什么，而且提出的需求又有可能经常变动，或不能准确表达想法，所以，在系统需求分析时，开发人员要同客户一起共同分析现状、挖掘问题、研究解决办法，同时避免交流过程的信息干扰与误解。因此，物流信息系统的需求分析是建立在用户调查的基础上，并通过分析讨论，逐步明确用户对系统需求的一个过程。它是系统规划和开发的依据，对用户需求是否准确把握，将直接关系到开发出来的系统能否得到用户认可，用户能否真正运用该系统解决业务或管理问题。从图 5－13 可以看出，用户调查的重点是信息收集和处理。通过调查，可以从用户处获得对系统的下列需求：①信息需求。信息需求定义未来物流信息系统使用的所有信息，包括用户将向系统输入的信息数据、从数据中要求获取的信息内容、将要输出的信息内容等。②处理需求。处理需求定义未来系统数据处理的操作需求，描述操作的优先次序，包括操作执行的频率和场合；处理需求还包括弄清用户要完成什么样的处理功能、要求的响应时间以及安全性和完整性的约束。

（2）数据需求分析与数据处理需求分析。物流信息系统需求分析的基本任务是准确地回答“系统必须做什么”这个问题。需求分析所要做的工作是对数据需求进行整理和分析，了解数据的结构和数据的流程，然后对数据处理的需求进行分析，深入描述系统的功能和性能，分析功能与数据之间的关系，确定系统设计的限制和定义系统的其他有效性需求，提出分析处理方式和系统逻辑方案。

（3）系统总体分析。系统总体分析的基本任务是在系统目标要求和约束下，以系统的应用需求描述为基础，与客户一同利用系统分析方法和工具，分析并优化系统的信息流程，建立系统的功能模型和信息模型，设计系统的总体结构和功能，进行系统的软件、硬件、网络、组织机构配置、最后制订项目管理计划，对所要做的工作、所要用的资源、所要花费的全部经费进行分析和描述，并进行预期效益分析。

（4）系统分析成果形成。需求分析的阶段成果是系统需求说明书。系统需求说明书是系统设计开发的重要依据文件。在需求分析时，通过和客户进行交谈、文档交流、会议、情景分析、模拟演示等方式的沟通，可以在需求说明书中尽可能地明确客户需要什么样的物流信息系统产品。不同客户对物流信息系统的要求是有差别的，通过调研、分析、交流及了解客户物流业务活动的现状，可以明确客户的目标、需要解决的问题、希望实现的功能、业务需要的信息、管理决策需要的信息、信息的表现方式以及操作的习惯等。

而系统总体分析的阶段成果是系统总体分析报告。系统总体分析报告包括与客户之间的一项规格说明文档合同，它明确表明了物流信息系统必须做什么，物流信息系统必须满足的约束条件有哪些，应该采用什么样的解决问题的策略，同时它也是系统最终交付使用的验收标准集。在系统总体分析报告中，还必须根据系统的功能模型、信息模型及物理结构制订明确的项目规划，包括系统的总目标，系统的功能、结构以及所需的接口等方面的规划；并对可供使用的资源（如计算机硬、软件、人力等)、成本、可取得的效益和开发的进度作出评估，制订开发任务的实施计划。在物流信息系统项目管理计划中，最重要的是估计项目的开发周期和开发成本。

2. 物流信息系统设计阶段

物流信息系统设计是物流信息系统规划的技术核心，其基本任务是将用户要求转换成一个具体的物流信息系统的设计方案。设计过程的输入是物流信息系统需求说明书及总体规格说明文档，主要描述物流信息系统要做什么；输出是设计文档，说明如何完成物流信息系统的构建。物流信息系统设计文档包括以下三个方面：

（1）系统设计定义。主要包括定义系统目标、系统功能、数据分类以及信息结构四个方面。其中，定义系统目标需要确立各子系统的统一目标，局部目标要服从总体目标；定义系统功能需要确立系统设计的物流管理与经营活动的主要内容与决策；定义数据分类需要在定义系统功能的基础上，把数据按支持一个或多个功能分类；定义信息结构需要确定信息系统各个部分及其数据之间的相互关系，导出各个独立性较强的模块，确定模块实现的优先关系，划分子系统。

（2）逻辑设计。在系统调研的基础上，从整体上构造出物流信息系统的逻辑模型，对各种模型进行优选，确定最终方案。主要研究物流信息系统的模块划分，在物流信息系统总体规格说明文档的基础上建立软件和系统结构，包括数据结构和模块结构。模块结构中的每个模块要意义明确且和某些用户需求相对应。

（3）物理设计。以逻辑模型为框架，对每个模块进行具体的设计与描述，确定所需要的算法和数据结构，确定模块的功能、接口和实现方法，以便为程序编写打下基础。物理设计的目标不仅仅是逻辑上正确地描述每个单元的实现算法，更重要的是设计出的处理过程要尽可能简明，其结果基本上决定了最终程序代码的质量，使后续的物流信息系统构建阶段能够利用各种编程实现系统的输入、输出、存储及处理方法。

3. 物流信息系统构建阶段

物流信息系统构建阶段的工作主要包括物流信息系统软件的编程和测试。

编程是将系统需求和功能模块的设计及接口规范映射为可执行代码的过程。其主要任务是把软件转换成计算机可以接受的程序，即写成以某一程序设计语言表示的“源程序清单”。在编程阶段写出来的程序应该结构良好、清晰易读，与设计相一致，并且要按照系统分析中提出的需求和验收标准进行严格的测试和审查，审查通过后才可以交付使用。为保证软件的可靠性和程序的正确性，应该采用科学的程序设计方法和技术。

编码阶段完成后，在系统上线使用之前必须先进行严格、科学的测试，找出其中的错误并进行修正。一般常用的物流信息系统测试方法主要有黑箱测试和白箱测试两种，其中，黑箱测试是根据物流信息系统应该具有的功能，测试它每个功能是否达到了预期效果，而白箱测试是根据系统的内部工作过程，测试系统内部活动是否符合规格说明书的要求与规定。物流信息系统测试与纠错和调试密切相关，是保证物流信息系统质量和可靠性的关键因素，同时，物流信息系统的测试也是系统交付用户前，对需求分析、软件设计和编码的最后复审。一般而言，物流信息系统测试可以划分为以下四个阶段：

（1）数据准备及测试方案的确定。这里可以根据现有的作业处理数据来测试各子系统是否能满足原先的设计。现有作业数据及历史数据较符合实际情况，往往能为系统修正提供正确判断。

（2）单元测试。系统的测试以各程序模块的单元测试开始，这样便于集成测试时减少错误检查点。

（3）集成测试。结合各模块的单元测试对整个系统做完整的测试。

（4）验收测试。即最后验收交付时的测试，验收测试需要确定该系统是否满足开发人员所提交的规格说明，其主要测试方法包括正确性测试、健壮性测试、性能测试和文档测试，当系统通过了验收测试，就标志着物流信息系统设计开发阶段结束了，同时进入了运行与维护时期。

4. 物流信息系统运行与维护阶段

在建立物流信息系统架构、完成了其功能设计并通过了验收测试后，即可交付用户使用，物流信息系统规划工作也就进入了系统运行与维护阶段。这一阶段主要包括以下四个方面的工作：

（1）编写用户手册。为了使系统上线后可以顺利运行，必须编写用户手册以指导使用者如何正确维护及操作系统。其中，包括系统安装手册、操作手册和维护手册等。系统安装手册主要用于指导系统安装人员设置系统，其内容包含硬件运行环境要求，如服务器的档次、内存容量、辅助输入输出设备，应选择安装的子系统、网络管理程序、特殊的编译程序等，并且将系统设置步骤一一列举并举例说明。使用者操作手册则是用来说明如何从系统输入输出数据以及如何利用各项系统功能。而对系统的维护应具有维护手册，内容包括从系统分析，系统设计阶段开始的所有文档、数据格式、程序流程、算法说明等。

（2）系统安装与数据导入。系统安装设置好后通常无法马上上线运行，主要是因为现有数据尚未经过有效整理，无法适合系统所设计的输入输出格式或因必要的历史数据还没有输入而无法发挥系统功能。因此，系统初次使用时应将必要的数据输入或采用其他方式导入系统，并进行一定时间长度的调试，待稳定后正式投入运行。

（3）用户培训。系统设置好后应对各类使用者进行不同程度的培训，好的培训工作不但有利于新系统的投产运行，对以后的维护工作也有很大的帮助。用户培训的工作主要包括对使用者的操作培训、对系统维护人员的系统维护培训、对高层主管或决策人员的系统应用和功能说明培训等。

（4）物流信息系统维护与更新。经过上述一系列的工作，系统即可开始正常运作。然而，物流信息系统常常会面临一些运行错误或者会因为物流系统内外部环境的变化而产生新的业务需求，这也要求物流信息系统必须随之更新或修正。因此在物流信息系统运行与维护时期的主要任务不仅需要维护系统的正常运行，不断改进物流信息系统的性能和质量，而且还必须做好物流信息系统的进一步推广应用和更新换代。

5.3.3 物流信息系统规划的方法与技术

1. 物流信息系统需求分析方法与技术

物流信息系统需求分析的方法主要有：企业系统规划法、关键成功因素法、结果—手段分析法等。

(1) 企业系统规划法。企业系统规划法 (Business System Planning, BSP) 是由 IBM 公司于 20 世纪 70 年代提出的一种管理信息系统规划的结构化方法论。企业系统规划法可以确定出未来物流信息系统的总体结构，明确系统的子系统组成和开发子系统的先后顺序，并可以对数据进行统一规划、管理和控制，明确各子系统之间的数据交换关系，保证信息的一致性。BSP 法的优点在于利用它能保证物流信息系统独立于企业的组织机构，使物流信息系统具有对环境变更的适应性。

企业系统规划法的总体思路是先“自上而下”识别出企业战略目标和信息系统战略目标，然后再“自下而上”设计出企业的物流信息系统架构，逐步将企业目标转化为物流信息系统的目标和结构，如图 5－14 所示。

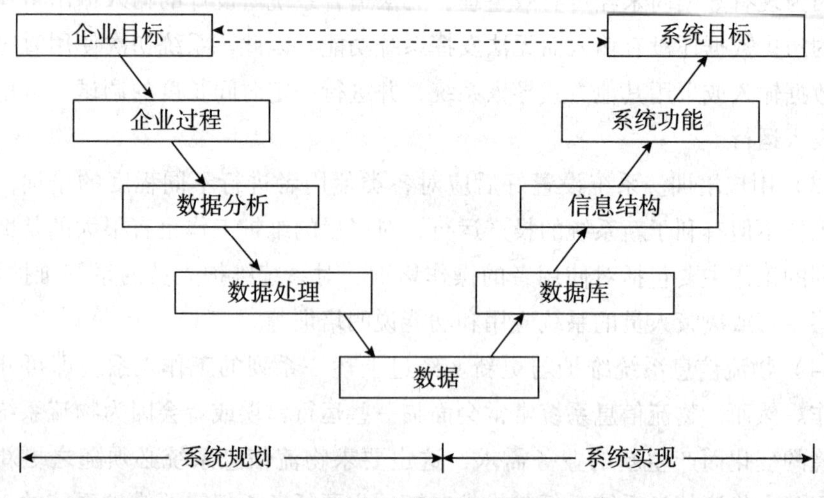

图 5－14　企业系统规划法的总体思路

借鉴企业系统规划法的总体思路，可以确定企业物流信息需求分析的步骤如下：

①确定企业目标与物流信息系统目标。在确定企业目标和物流信息系统目标时，规划人员必须深入各级管理层，了解企业有关决策过程、组织职能和部门的主要活动及存在的主要问题，要注意必须使所建立的物流信息系统支持企业的目标与战略。

②分析企业过程。分析企业过程可对企业如何完成其物流服务目标有较深刻地了解，可以作为建立物流信息系统的基础。在分析企业物流业务流程时，首先要识别出企业的物流产品与服务，以及支持这些产品与服务的相关资源（资金、材料、设备、人员等），然后定义与产品、服务及支持资源相关的作业流程。其次，还需要分析一些计划与控制类的管理流程。最后，需要将相关流程进行合并、补充、删减、修改或再细分，从而形成一组新的流程，以有效完成相关作业。同时，还要说明流程与组织各部门间的关系，并对重组后的新流程进行描述与说明，作为备查资料。

③管理物流数据和信息。管理物流数据和信息包括物流数据的分析、处理，并构建数据库等内容。管理物流数据和信息首先需要确定每一流程所生成和使用的数据有哪些，即利用前面识别出来的企业物流流程，确定每一流程使用了什么数据，产生了什么数据，或者说每一流程输入、输出的数据各是什么，然后再建立它们和某一实体的联系；其次必须识别数据类，将所有数据进行分类、整合，将属性相同的数据组合成数据类；最后，定义描述每一个数据类，并编写说明文件，构建数据库。

④定义物流信息系统结构和功能。识别出物流数据类后，就要建立数据类与企业物流流程之间的关系，这样做不但可以保证所有的数据类和流程都被完全识别出来，而且可以保证每个数据类有且仅由一个流程生成。用来建立数据类与企业物流流程之间关系的矩阵被称为过程/数据类矩阵或 U/C 矩阵。通过对 U/C 矩阵作交互分析，可以检查流程与数据类之间的关系，再依照流程分组或简化，就可以定义出物流信息系统的结构和功能，即划分出物流信息系统的各个子系统。

⑤完成 BSP 研究报告，提出建议书和开发计划。

（2）关键成功因素法。关键成功因素法（Key Success Factors，KSF）是信息系统开发规划方法之一，1970 年由哈佛大学教授 William Zani 提出。关键成功因素法就是通过分析找出使得企业成功的关键因素，然后再围绕这些关键因素来确定系统的需求，并进行规划。关键成功因素法的优点是能够使所开发的系统具有很强的针对性，能够较快地取得收益。应用关键成功因素法需要注意的是，当关键成功因素解决后，又会出现新的关键成功因素，就必须再重新开发系统。这种方法的缺点是通常只在确定管理目标阶段最为有效。

关键成功因素法的主要步骤如图 5－15 所示。

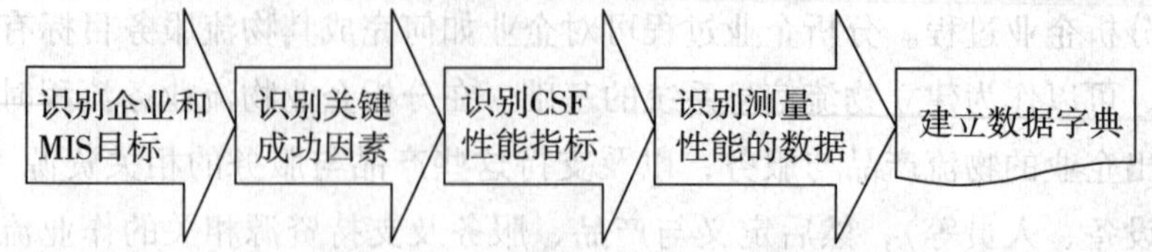

图 5-15 关键成功因素法主要步骤

根据图 5-15 可知，关键成功因素法主要包含以下几个步骤：

①确定企业或 MIS 的战略目标。

②识别所有的成功因素并确定关键成功因素：主要是分析影响企业和 MIS 目标的各种因素和影响这些因素的子因素，然后确定关键的成功因素；识别关键成功因素所用的工具主要是树状因果分析图；识别一个组织的关键成功因素需要与管理人员作一系列的访谈，并通过充分的讨论来确定这些目标与关键成功因素之间的内在联系，然后决定哪些关键因素可以合并，哪些因素可以删除，哪些因素需要重新阐释。

③明确各关键成功因素的性能指标和评估标准。

④识别测量性能指标的数据。

⑤建立数据字典：在进一步理解关键成功因素与组织目标之间联系的基础上，确定每个关键成功因素的性能指标和评估标准以及测量性能指标的数据后，对这些数据进行描述，建立数据字典。

（3）结果—手段分析法。结果—手段分析法（Ends - Means Analysis，E/M）是 1982 年由 Wetherbe 与 Davis 基于系统理论提出的一种确定组织、部门及个别管理者信息需求的方法。这种方法的出发点是企业组织及其内部的各个子系统与流程既有输入，又有输出，输入就是手段，输出就是结果。采用结果—手段分析法获得信息需求的步骤为：首先确定出组织过程产生的结果或输出，这些输出可以是产品或服务也可以是信息，其次分析得到这些结果的手段，这些手段包括输入和过程，最后确定出与结果和手段相关的各种信息。

结果—手段分析法在注重分析输入、输出信息的同时，还注意分析过程产生输出或结果的有效性与效率。所谓有效性是指一个过程的输出满足作为另一过程的输入的要求的程度，而效率则是指把输入转化为输出时所需的资源及这些资源的利用情况。因此，结果—手段分析法在提供信息的同时，还提供了关于信息有效性及效率的度量标准。

2. 物流信息系统开发方法与技术

物流信息系统的开发与管理信息系统的开发一样是一项复杂的系统工程。它涉及的知识面广、部门多，不仅涉及技术，而且涉及管理业务、组织结构和行为特征。它不仅是科学，而且是艺术。至今还没有一种完全有效的、万能的系统开发方法，但软件开发实践中形成的一些开发方法对确保物流信息系统的开发质量起到了积极的作用。目前常用的系统开发方法有：结构化系统分析与设计方法、原型方法、面向对象的开发方法、计算机辅助软件工程方法等。

（1）结构化系统开发方法（Structured Programming）。结构化系统开发方法是自顶向下结构化方法、工程化的系统开发方法和生命周期方法的结合，是迄今开发方法中应用最普遍、最成熟的一种。结构化开发方法的基本思路是用系统工程的思想和工程化的方法，按用户至上的原则，自顶向下地对系统进行分析与设计。具体来说，就是将整个信息系统开发过程划分出若干个相对独立的阶段，如系统规划、系统分析、系统设计、系统实施等。在前三个阶段应对系统再进行结构化划分，从宏观整体入手，先考虑系统整体的优化，然后再考虑局部的优化问题。在系统实施阶段，则应坚持自底向上地逐步实施、逐渐地构成整体系统。

结构化系统开发方法的特点如下：

①自顶向下整体性的分析与设计和自底向上逐步实施的系统开发过程：在系统分析与设计时要从整体考虑，从全局到局部逐步进行；而在系统实现时，则要根据设计的要求先编制一个个具体的功能模块，然后自底向上逐步实现整个系统。

②用户至上：用户对系统开发的成败是至关重要的，故在系统开发过程中要面向用户，充分了解用户的需求和愿望。

③深入调查：强调在设计系统之前深入实际单位，详细地调查研究，努力弄清楚实际业务处理过程的每一个细节，然后分析研究，制订出科学合理的信息系统设计方案。

④分阶段工作：把整个系统开发过程划分为若干个工作阶段，每个阶段都有其明确的任务和目标，以便于计划和控制进度，有条不紊地协调展开工作。

⑤系统适应性强：因系统开发是一项耗费人力、财力、物力且周期很长的工作，一旦周围的环境（组织的外部环境、信息处理模式、用户需求等）发生变

化，则会直接影响到系统的开发工作，所以，结构化开发方法强调在系统调查和分析时，对将来可能发生的变化给予充分的重视，强调所设计的系统对环境的变化具有一定的适应能力。

⑥开发过程工程化：要求开发过程的每一步都按工程标准规范化，文档资料也要标准化。

比较而言，结构化系统开发方法的优点是：从系统整体全局出发，保证了系统的整体性和目标一致性；根据用户需求开发，系统具有较强的适用性；严格区分工作阶段，每个阶段都有其明确的任务，每一步工作都及时地总结，发现问题及时地反馈和纠正，避免了开发过程的混乱状态；每一阶段的工作成果是下一阶段的依据，便于系统开发的管理和控制；文档规范化，在系统开发的每一步骤和每一阶段，都按工程标准建立了标准化的文档资料，有利于系统的维护。结构化系统开发方法的缺点是：由于用户的素质或系统分析员和管理者之间的沟通问题，在系统分析阶段很难把握用户的真正需求，易导致开发出不是用户需求的系统；开发周期长，一方面使得用户在较短时间内不能得到一个实际可运行的系统，另一方面，难于适应环境变化，一个规模较大的系统经历较长时间开发出来后，其生存环境可能已经发生了变化；此外，结构化程度较低的系统，在开发初期难于锁定功能要求。

（2）原型方法（Prototyping）。原型法是20世纪80年代随着计算机软件技术的发展，特别是在关系数据库系统、第四代程序生成语言和各种系统开发生成环境产生的基础之上，提出的一种从设计思想到工具、手段都全新的系统开发方法。与前面的结构化方法相比，它放弃了那种一步步周密细致地调查分析后整理出文字档案最后才能让用户看到结果的烦琐做法。原型法从一开始就凭借着系统开发人员对用户要求的理解，在强有力的软件环境支持下，创建一个实实在在的系统原型，然后与用户反复协商修改，最终形成实际系统。原型法的工作流程是：首先用户提出开发要求，开发人员识别和归纳用户要求，根据识别、归纳的结果，构造出一个原型（即程序模块），然后同用户一道评价这个原型。如果不行，重新构造原型；如果不满意，则修改原型，直到用户满意为止。

与结构化方法相比，原型法具有如下几方面的优点：

①从认识的角度来看，原型法更多地遵循了人们认识事物的规律，因而更容易为人们普遍接受。

②原型法将模拟的手段引入系统分析的初级阶段，沟通了人们的思想，缩短了用户与系统分析人员之间的距离，解决了结构化方法中最难解决的一环。

③充分利用了最新的软件工具，摆脱了老一套的工作方法，使系统开发的时间、费用大大减少了，效率、技术等方面都大大提高了。

但原型法也有一定的适用范围和局限性，这些局限性主要表现在：

①对于一个大型的系统，如果不经过系统分析来进行整体性划分，想要直接一个一个地模拟是很困难的。

②对于大量运算的、逻辑性较强的程序模块，原型法很难构造出模型来供人评价。

③对于一个批处理系统，由于大部分是内部处理过程，这时用原型法有一定困难。

（3）面向对象的开发方法（Object - Oriented Method）。面向对象的开发方法（简称 OOM 法），是从 20 世纪 80 年代各种面向对象的程序设计方法逐步发展而来的。OOM 法基本思想主要如下：

①客观事物都是由对象组成的，对象是在原事物基础上抽象的结果。任何复杂的事物都可以通过对象的某种组合构成。

②对象由属性和方法组成。属性反映了对象的信息特征，如特点、值、状态等，方法则是用来定义改变属性状态的各种操作。

③对象之间的联系主要是通过传递消息来实现，传递的方式是通过消息模式（Message Pattern）和方法所定义的操作过程来完成的。

④对象可按其属性进行归类。对象和类之间的结构层次靠继承关系维系。

⑤对象是一个被严格模块化了的实体，称之为封装。封装了的对象满足软件工程的一切要求，而且可以直接被面向对象程序设计语言所接受。

从面向对象方法基本思想可以看出其主要优点是：OOM 法与人类习惯的思维方法相一致；OOM 法以对象为中心构造的软件系统稳定性好，不会引起软件结构的整体变化，往往仅需要作一些局部性的修改；OOM 法的技术中因为对象具有封装性和信息隐藏等机理，具有很强的独立性，可提供比较理想的模块化机制和比较理想的可重用的软件成分，因而具有很好的可重用性；面向对象方法开发出的软件具有稳定性好、易于修改、易于理解及测试和调试等特点，因此，OOM 法开发的软件维护性比较好。

（4）计算机辅助开发方法（CASE）。如果严格地从认知方法的角度来看，计算机辅助开发并不是一门真正独立意义上的“方法”。但目前就 CASE 工具的发展和它对整个开发过程所支持的程度来看，CASE 方法又不失为一种适用的系统开发方法。

CASE 方法解决问题的基本思路是：任何一种系统开发方法中，如果自对象系统调查后，系统开发过程中的每一步都可以在一定程度上形成对应关系的话，那么就完全可以借助于专门研制的软件工具来实现上述一个个的系统开发过程。这些系统开发过程中的对应关系包括：结构方法中的“业务流程分析—数据流程分析—功能模块设计—程序实现”；原型方法中的“业务功能一览表—数据、指标分析—数据、过程分析—数据分布和数据设计—数据库系统”等；面向对象方法中的“问题抽象—属性、结构和方法定义—对象分析—确定范式—程序实现”等。

上述 CASE 的基本思路决定了 CASE 方法只是一种辅助的开发方法，在实际开发物流信息系统中，CASE 环境的应用必须依赖于一种具体的开发方法，例如结构化方法、原型方法、OOM 法等，但由于 CASE 方法采用了计算机来辅助开发，所以能帮助开发者方便、快捷地产生出系统开发过程中各类图表、程序和说明性文档。

具体而言，CASE 工具的优点主要表现在如下几个方面：显著提高系统分析和设计人员的生产率；能够培训和指导用户应用软件工程方法开发系统；使用交互式图形技术支持结构化系统分析、设计，用户容易理解；由于 CASE 工具自动化程度高且能自动生成程序代码，使开发者把系统开发重点转移到系统分析、设计上，能控制系统开发的质量与实现；CASE 工具的信息库、软件库、数据字典的可重用技术，使得系统的定义与描述可以从非冗余的数据字典、软件库中产生，具备系统分析、设计的一致性与完整性检验。

（5）各种开发方法的比较。在上述四种常用的系统开发方法中，迄今还很难绝对地从应用角度来评价其优劣。虽然每种方法都是在前一种方法不足的基础上发展起来的，但就目前技术的发展来看，这种发展只是局部弥补了其不足，就整体而言很难完全代替。另外，这种发展和弥补不足还必须建立在一定的技术基础之上，没有一定的基础，一切都无从谈起。

具体而言，结构化系统开发方法是真正能够较全面地支持整个系统开发过程的方法。尽管其他方法有许多这样那样的优点，但都只能作为结构化系统开发方法在局部开发环节上的补充，暂时都还不能替代其在系统开发过程中的主导地位，尤其是在占目前系统开发工作量最大的系统调查和系统分析这两个重要环节。

原型开发法由于要不断地对原型进行修改，因此不适合应用于大型物流信息系统的开发过程中的所有环节，一般多被用于小型局部系统或处理过程比较简单的物流信息系统设计环节。

面向对象法是一种围绕对象来进行系统分析和系统设计，然后用面向对象的工具建立系统的方法。这种方法可以普遍适用于各类信息系统开发，但不能涉足系统分析以前的开发环节。

CASE 方法是一种除系统调查外全面支持系统开发过程的方法，同时也是一种自动化的系统开发方法。因此，从方法学的特点来看，它具有前面所述方法的各种特点，同时又具有其自身的独特之处——高度自动化的特点。值得注意的是，在这个方法的应用以及 CASE 工具自身的设计中，自顶向下、模块化、结构化却是贯穿始终的，这一点从 CASE 自身的文档和其生成系统的文档中都可看出。

表 5－3 给出了这四种开发方法的比较结果①。

表 5－3　　四种信息系统开发方法的比较

比较内容	结构化方法	原型开发法	面向对象方法	CASE 方法
开发过程中的阶段性	严格划分	无明显划分	不严格，允许迭代	严格划分
是否支持整个系统开发过程	支持	只支持需求分析和设计阶段	不支持系统分析阶段中的调查环节	不支持系统分析阶段中的调查环节
适用的系统规模	大型系统	小型系统	大型系统	大型系统
系统的稳定性	低	低	高	高
系统的可维护性	低	低	高	高
可重用性	低	低	高	高
用户参与积极性	低	高	低	高

① 冯耕中，周南，等．物流信息系统，北京：机械工业出版社，2009。

总之，在物流信息系统的开发过程中，可以根据实际情况选择采用结构化、原型法或面向对象的程序设计方法。这些开发方法可以适用于不同规模的物流管理信息系统，在每一个阶段可根据实际情况对开发工作进行进一步细化或合并。

5.4 案例：安吉天地零部件物流信息系统规划案例①

随着整车销售利润逐渐摊薄，整车物流的利润空间也越来越小，而由于汽车零部件物流领域几乎没有成气候的竞争对手，其利润空间较大。于是，从2003年下半年开始，安吉天地决定逐渐将业务拓展到汽车零配件物流领域，转型为一体化的汽车物流服务商。在安吉天地从汽车的整车物流商拓展到包含整车物流、入厂零配件物流、售后零配件物流、生产间接物流等汽车业一体化物流服务商的过程中，安吉天地对IT系统的支持力度的要求更高了。安吉天地物流信息部经理曾经这样说："零配件物流比整车物流复杂得多，因为它涉及供应链的整合，我们必须为此建设更为精密的IT系统。"同年，安吉天地提出了一整套针对上海大众业务的供应链管理理念，并希望结合信息化手段来解决上海大众入厂物流的管理，但是入厂物流信息化的道路并不容易走，在选用了多家国际知名物流软件公司的仓库管理系统后，由于本土化和操作便捷性等原因，这些仓库管理系统均未成功上线及使用。

正在入厂物流信息化战略出现险情时，安吉天地找到了有着良好合作历史的软件提供商——唯智（vTradEx）信息技术有限公司，并将零部件入厂物流信息系统的建设外包给唯智。唯智是一家专注于供应链优化解决方案的提供商，具有很强的海外背景和长期在国内的运作经验，客户包括安吉天地、长久、中远、中外运、ut斯达康等知名企业。唯智针对国内物流现状和客户应用特点，提出"小步快跑"理念。

"小步快跑"理念主要分为以下几个步骤：

步聚一、梳理业务流程，规划信息系统建设规模。

步聚二、按需求紧迫程度，分步骤实现信息系统功能。

步聚三、先局部实施，成功应用后再进行逐步推广。

① 资料来源：http：//www. 56885. net/newal_ list. asp？id = 107&page = 8，物流天下。

步聚四、信息系统功能优化，提升系统实用性。

步聚五、分析业务数据，实现决策支持、运营分析与评估等职能。

在入厂物流信息系统的建设中，唯智公司很好的应用“小步快跑”理念。在最初的信息系统建设时，唯智公司根据安吉天地的需求进行了规划，并按规划进行实施：

第一步，通盘了解入厂物流现状，其中包括信息化程度以及标准作业流程的执行情况等。

第二步，与安吉天地商定第一次实施的范围。商定的结果是：以途安车型为首次实施基础，实现相关仓库的系统功能上线。仓库包括：集装箱堆场，物流中心仓库、生产线线旁库。经过一个月、多相关仓库同时实施，系统顺利完成实施，并得以应用。

第三步，完成与运输系统、SAP ERP 系统等多个系统的接口工作，实现数据交换。提供绩效考核功能，分析和管理作业执行情况。

第四步，优化系统功能，并将实施成功的信息系统推广到其他相同作业模式的仓库。

第五步，引入排序件的管理，实现排序件的捡货配送功能，并实施上线。

第六步，建立 BI 分析体系，提供供应链决策分析和管理的技术支持。

在入厂物流信息系统项目中，唯智公司应用了许多先进的技术。最为突出的有以下几个技术：B/S 结构的 FRAMEWORK 开发平台、Reference Model 技术、TELNET 手持应用系统。

随着零部件信息系统的成功上线，如今上海大众通过安吉天地的 IT 系统可以监控物流运作的全过程，包括某种零配件在哪个仓库以及实时查询到其数量。通过 IT 系统的数据支持，安吉天地根据实际需要还优化了上海大众的零配件仓库布局，精简了人员。目前，上海大众以前采用的全手工管理零配件的模式逐步被可实时监控所有零配件状态的 IT 系统所替代。通过入厂物流信息系统的实施，也实现了安吉天地和上海大众“双赢”局面，为企业的未来发展提供了更有利的基础。

5.5 本章小结

首先，本章介绍了物流信息管理与物流信息系统的基本概况。在了解物流信息内涵和特征的基础上，本章认为物流信息管理是对物流信息资源进行统一规划和组织，并对物流信息进行收集、存储、分析、加工、处理、检索、传递和应用的全过程；本章将物流信息管理的发展分为四个阶段：人工操作信息管理阶段、计算机化信息管理阶段、自动化信息管理阶段和智能化信息管理阶段；然后，本章对现阶段专门从事物流信息管理的信息化集成工具平台——物流信息系统的作用和分类进行了详细介绍，并对物流信息系统的拓扑结构、总体结构和功能结构结构进行了分析。

其次，在澄清基本概念的基础上，本章介绍了物流信息系统中基本的物流信息技术发展概况。首先，介绍了物流信息技术在物流规划中的作用和发展趋势；其次将主要的物流信息技术分为物流信息采集技术、物流设备跟踪与控制技术以及物流信息传输与处理技术三大类，并分别进行了介绍；最后对物流信息技术综合应用的新趋势——物联网的发展状况及在物流中的应用前景进行了系统的分析。

最后，本章重点分析了物流信息系统规划和设计的原则、步骤和方法。在把握物流信息系统规划基本原则的基础上，本章将物流信息系统规划按照时间顺序划分为物流信息系统分析、物流信息系统设计、物流信息系统构建和物流信息系统运行与维护四个阶段进行了详细分析；并分别介绍了企业系统规划法、关键成功因素法和结果—手段分析法等物流信息系统需求分析方法，以及结构化系统开发方法、原型方法、面向对象的开发方法、计算机辅助开发方法等信息系统开发的方法。

6 物流金融系统规划

6.1 物流金融系统规划概述

在供应链中，相比于商品的生产制造，物流占据了更多的时间和费用，提高物流运营的效率将关系到整个供应链的水平。而要提高物流效率，就需要资金的有效支持，没有资金流和物流的匹配，供应链上就会产生大量的资金缺口，并进而导致供应链条的链接不畅甚至断裂。这样，在“供应链竞争”的时代，注重于供应链上企业所从事的商品交易关系和相应担保，并为物流提供融资、保险和结算等服务的物流金融系统规划就具有了发展的紧迫和必要性。而物流金融系统规划迅速发展的必然性则与物流金融“多方共赢”的特性相关。

首先，对融资对象来说，物流金融作为供应链金融创新的一种特殊而最为重要的形式，能够有效地解决供应链上的资金薄弱环节，即供应链上中小企业的融资困难。因为在供应链上，作为“链主”的核心企业会通过欠款、要求预付款和要求批量采购等方式将资金风险转嫁给上下游的中小企业，而这些资金短缺的中小企业既没有足够的信用评级，也没有足够的抵押资产和第三方保证，按照传统的信贷方式它们很难获得金融机构的融资。但在物流金融中，金融机构则可以充分考虑这些企业上下游关系产生的存货、应收账款和订单等来提供相应的融资产品，因而解决了供应链上的资金“瓶颈”，保证了供应链条的畅通。

其次，对融资主体来说，物流金融能够提供丰厚的利润并降低贷款的风险：在物流金融中，参与业务的物流企业可以通过业务的参与获得更多的仓储客户，可以通过协助金融机构控制业务获得相应的监管和信息咨询收益，甚至还可以直接参与借贷获得一部分利差；而提供资金的金融机构，不仅可以扩展新的融资业务，获得丰厚的利差，更重要的是，它们还可以通过供应链上交易关系提供的担保以及物流企业的评估和监控有效地降低贷款风险。

正因为这些优点，近几年国外的金融机构，如法国巴黎银行、荷兰万贝银行和美国的花旗银行等，纷纷与物流仓储企业合作，对企业进行物流金融系统规划；还有些金融机构成立了专门的质押银行，例如，1999 年美国摩根斯坦利投资 3.5 亿美元给上市公司 Redwood Trust 用于开发物流金融服务；而世界物流快递业的巨头 UPS 更是收购了美国第一国际银行，成立了专门的 UPS 金融公司，为客户提供全方位的物流金融服务，以实现物流、信息流和资金流的同步化。物流与金融的业务整合，也成为我国物流业与金融业共同关注的新兴领域，得到社会各界充分的重视。例如，自 1999 年中国储运与银行联手开发第一笔存货质押模式的物流金融服务后，发展到现在，中国储运已与工商银行、建设银行、农业银行和招商银行等十几家金融机构合作，2006 年 1 ~ 10 月，完成的质押贷款额度达 111 亿元。2004 年 8 月，国家发改委和广东发展银行在广州举行“中小企业融资创新产品推介会”，会议宣布将在广州和杭州等全国 10 个城市试点推广“物流银行”来开展物流金融服务。2005 年 11 月，中国人民银行公布了与世界银行的重要合作项目“中国信贷人权利的法律保护”的总报告，明确指出开展动产担保模式的物流金融服务是解决中小企业融资难的有效途径，并在制度建设方面提出了相关策略。2006 年 5 月，深圳发展银行在总结广州分行的“能源金融”、佛山分行的“有色金融”、上海分行的“汽车金融”和大连分行的“粮食金融”经验后，正式提出了“供应链金融”的战略，试图将深发展打造成为从事贸易融资和物流金融业务的专业银行。可以说，近几年我国物流金融系统规划在广度和深度上都发展很快，表现出了旺盛的生命力。

为此，本章将在深入剖析物流金融服务的内涵和基本结构后，提出物流金融系统规划与控制的步骤和方法，最后用案例进行相关分析。

→[实例6－1] 深圳发展银行拓展供应链金融案例描述[①]

深圳发展银行成立于1987年12月28日，2004年，深圳发展银行成功引进国际战略投资者，从而成为国内首家外资作为第一大股东的中资股份制商业银行。深圳发展银行从1999年开始规模化经营供应链贸易融资业务，至今该行业务创新周期不断缩短，货押融资、票据融资和能源金融等在业界均居领先地位。2005年全年累计投向供应链贸易融资的资金总额超过2500亿元，几年来累计扶持超过10000家中小企业实现了业务成长。该行供应链金融业务保持了较好的资产质量，以货押业务为例，该项业务自开办起5年内不良率维持在0.5%以内。2006年5月，深圳发展银行在总结广州分行的“能源金融”、佛山分行的“有色金融”、上海分行的“汽车金融”和大连分行的“粮食金融”经验后，正式提出了“供应链金融”的战略。该行还制定了包括评级、授信、物流和间接客户监管等子系列的《自偿性贸易融资管理制度》，摸索出了一套针对供应链金融的全新的风险控制体系，突破了中小企业贷款的“瓶颈”，这套体系对授信主体的风险评判作出了根本性的改革，变以往的静态评估为动态评估，从对单一的授信主体评级变为“主体+债项”合二为一的评级制度，从而有效地规避了业务风险，促进了业务发展。为整合“供应链金融”，深圳发展银行还构建了制度支持、物流金融、信息管理、产品支持和组织管理五大平台，其中，在物流金融平台上，深圳发展银行在2005年先后与中国对外贸易运输（集团）总公司、中国物资储运总公司和中国远洋物流有限公司签署了总对总战略合作协议，三大物流公司发挥在货物运输、仓储、质物监管等方面专长，深圳发展银行则基于货权控制、物流与资金流封闭运作给予企业授信支持，为广大中小企业提供创新性的物流金融服务。银行与物流企业基于核心能力互利互补建立的物流金融平台，不仅解决中小企业融资难的燃眉之急，同时也为企业提供一体化物流解决方案，受到了市场广泛欢迎，一年来已有数百家企业分享到了物流金融平台的融资便利与物流增值，截止到2006年9月末，三家合作物流公司从中新增物流与货押监管货值累计将近500亿元，并呈加速增长趋势，深圳发展银行从中也获得了新的客户与利润增长。2009年深圳发展银行被中国平安保险公司收购，深

① 案例来源：深圳发展银行网站。

圳发展银行不仅得到了更加充足的资本金，而且可以将中国平安保险公司的客户及保险业务有机嵌入到供应链金融中，从而可以获得更加系统的供应链金融解决方案。深圳发展银行推出的供应链金融被称为“1+N”供应链金融服务，其中，竞争力较强、规模较大、具有强势地位的核心大企业就是“1+N”中的“1”，而处于供应链上下游的中小企业群就是其中的“N”。“1+N”供应链金融服务的核心就是要使银行抓住供应链的核心大企业“1”，并以“1”带动整个供应链上下游的中小企业群“N”，来为其提供全面的金融服务。“1+N”供应链金融首先是通过对由供应商、制造商、分销商、零售商组成的供应链进行深入分析，然后依据每一链条上核心企业与上下游企业的供应关系或协作关系，利用票据融资管理、抵质押融资管理等业务手段而开展的一系列金融服务。以下是深圳发展银行的“1+N”供应链金融典型服务案例。

X铜业公司是外商投资企业，具有工艺先进、管理先进的技术优势，且订单充足、履约能力强。公司目前已完成基础生产线投资，需投入较多流动资金扩大产能完成订单，但公司已将厂房、设备等有效资产抵押在其他银行申请了中长期贷款，也难以找到有效担保人提供第三方担保。然而，深圳发展银行经过分析却认为，铜加工行业属于资源性朝阳产业，产品热销，虽然X铜业公司上游均为知名大型企业，难以取得赊销信用支持，但也具有下游较为分散、销售按时回款、订单充足和交易链条清晰、交易对手资信可靠的优势，可利用交易环节的改善、金融产品的灵活运用和对交易对手的自行捆绑，构建“封闭运行、单笔操作”的融资条件，达到贸易融资的要求。于是深发展针对X公司不同的贸易背景，为其量身定做了多套融资解决方案：

(1) 境内采购A（W供货商）。采用商业承兑汇票保贴+票据代理贴现模式。银行与上游W供货商及X铜业公司签订三方协议，预先设定X铜业公司作为商业承兑汇票贴现代理人，代理上游W供货商背书，然后凭商业承兑汇票和保贴函向银行申请贴现。贴现后银行直接将贴现款转入上游公司指定账户。

(2) 境内采购B（Z化工厂）。采用存货质押模式，对于无法签订三方协议的上游化工厂，由银行、X铜业公司与银行指定仓储机构签订《仓储监管协议》，客户将存货质押给33银行，仓储机构24小时不间断监管，并由银行向X铜业公司提供授信，款项直接支付给上游Z化工厂。在客户补交款项赎货后，银行向仓储机构发出放货指令。

(3) 境内销售 A (XX 信息电缆)。采用国内保理模式。X 铜业公司在授信额度内向银行申请应收账款转让，银行受让应收账款，并共同通知电缆厂，电缆厂确认对应收账款后，银行向 X 铜业公司发放融资款。应收账款到期后电缆厂直接将款项汇入银行指定账户；银行扣除融资款，余款划入 X 铜业公司账户。

(4) 境内销售 B (XX 漆包线厂)。采用未来提货权质押模式。银行直接向 X 铜业公司的下游漆包线厂授信，款项用于向铜业公司订购裸铜线。银行、X 铜业公司与银行指定仓储监管机构签订《仓储监管协议》，铜业公司将产品随生产进度逐步移交监管机构 24 小时不间断监管，漆包线厂打款分批赎货，银行向监管机构发出放货指令。

在给 X 公司融资 3 年后，银行与企业取得了双赢的效果，企业销售规模迅速扩大，年销售收入从 6 亿元增加到 35 亿元，银行的客户也从 X 铜业公司扩展到整个贸易链条，实现了授信主体与风险的分散化控制，从而为整个产业链条的发展带来积极而深远的影响。

实例评析①

供应链金融创新是指金融机构与物流企业合作，在供应链运作过程中向客户提供的融资及配套的结算和保险等相关服务的业务。通过开展供应链金融创新，贷款方能够以供应链条上的商品与贸易关系为担保或者利用供应链整体信用，将资金注入到相对弱势的上下游中小企业，从而有效解决供应链失衡问题。

供应链金融发展战略与现阶段产业发展的战略是匹配的，因为和传统“纵向一体化”制造模式相比，虽然供应链模式能够有效降低物流成本，体现分工的效率，但却有可能大大提高整个生产过程的财务成本，为此，借助于第三方金融机构提供的供应链金融服务，对供应链上下游不同企业之间的物流和资金流进行统筹安排，将能够合理分散资金成本，实现整个供应链财务成本的最小化，而且更重要的是，能够有效地解决资金“瓶颈”问题，使物流和资金流有效地匹配，促进物流的无缝衔接，提高产业链整体运作的效率，使产业链有效升级。所以，深圳发展银行、华夏银行和中信银行等将供应链金融作为战略发展方向是符合产业发展趋势的，具有很好的发展前景。

我们从系列案例还可以看出，各个银行开展的供应链金融业务都有很多类型

---

① 李毅学，等. 物流与供应链金融评论，北京：科学出版社，2010 年。

的产品，这些产品涉及了许多行业，涉及了供应链的各个环节，涉及了供应商、生产制造商以及分销商等多种类型的主体。因此，银行开发供应链金融产品需要根据不同产业的特点来进行设计，在设计中还需要尽量根据客户的需求来提供相应的产品。银行只有使自己设计的供应链金融产品尽量贴近客户，在风险可控的基础上提供越来越多的全程化和组合型的金融服务产品，才能够在越来越激烈的供应链金融市场竞争中占领制高点，获得更加广阔的空间。

6.2 物流金融服务表现形态

6.2.1 物流金融服务内涵

概括而言，现阶段物流金融创新是指金融机构与物流企业合作，在供应链运作过程中向客户提供的融资、结算和保险等相关服务的业务，其核心是物流融资，即银行等金融机构通过与物流企业的合作创新，以供应链上企业所从事交易项下的担保品为依托，对企业资金投放、商品采购、销售回笼等经营过程的物流和资金流进行锁定控制或封闭管理，依靠企业对处于银行监控下的商品和资金的贸易流转所产生的现金流实现对银行授信的偿还。

物流金融创新在现阶段的表现形式有很多，但可以按照产品生产经营周期的不同阶段，剖析业务的基本结构，如图 6－1 所示。

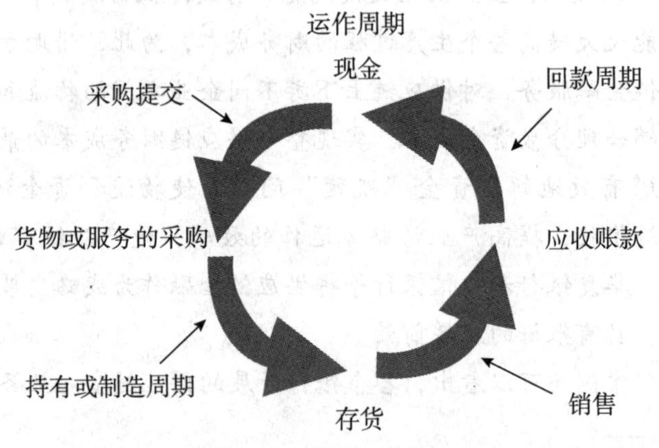

图 6－1　企业运作周期示意

按图6－1，物流金融创新的基本形式可以分成三大类：

一是基于交易关系的预付款融资，主要发生在采购提交这一运作周期，包括基于推动式交易关系与拉动式交易关系两种基本形式，基于推动式交易关系的预付款融资可以依靠物流企业对借款企业产品生产销售前景的准确预测替借款企业支付给上游供应商相应的预付款，以启动借款企业的采购运作；而基于拉动式交易关系的预付款融资也称订单融资服务，它需要根据下游厂商的订单或采购合同等替借款企业支付给供应商相应的预付款，以启动借款企业的采购运作。

二是基于存货的物流金融服务，这也是物流金融的核心模式，主要发生在持有或制造周期以及销售周期，包括存货质押融资和其高级阶段仓单质押融资两种融资形式，就中国的实际情况而言，由于开展仓单质押融资的市场和制度基础环境还未完全成熟，完全意义上的基于仓单质押的物流与供应链金融目前在国内开展得很少，仓单更多地是作为一种存货凭证，仓单的流通机制还未形成，此时物流与供应链金融服务更多地是以存货质押融资为主，许多仓单质押融资在业务控制上与存货质押融资类似，因此本章将重点介绍存货质押融资。

三是基于应收账款的物流金融服务，简称应收账款融资，主要发生在回款周期，一般来说，下游厂商会拖欠上游中小企业的货款从而形成一段时间的资金缺口，此时物流企业可与银行合作将应收账款作质押担保给借款企业提供融资，直至应收账款从下游厂商处收回以偿还借贷。关于物流金融基本形式分类及特征如表6－1所示。

在现阶段我国的具体实践中，这些基本业务形式可以围绕存货质押融资组合成许多物流金融的创新产品，例如保兑仓、未来提货权质押融资、打包放款、先票款后货业务、未来货权质押开证、进口全程货权质押授信业务等。本章将主要介绍存货质押融资、应收账款质押融资以及订单融资业务控制的规划与设计。

表 6－1 物流金融基本形式分类及特征

采购周期	制造或销售周期	回款周期
基于推动式交易关系的预付款融资特征： ①借款缘由。借款方有较好的销售前景，而且需要资金采购原材料或货物等 ②运作方式。借款方申请贷款；贷款方审核材料，根据对借款方销售前景的良好预测给借款方提供贷款额度，分批给供应商打款为借款方采购原材料或货物，且物流企业控制货权；物流企业按贷款方指令对物流过程进行监管 ③性质。基于贸易关系的信用和动产担保 ④适用。有销售前景的企业采购	存货质押融资特征： ①借款缘由。借款方拥有大量的货物，而且需要资金 ②运作方式。借款方以存货作质押申请贷款；贷款方审核材料、提供贷款并控制货权；物流企业对质物进行监管，在接受贷款方指令的同时保证借款方物流的顺利运作 ③性质。动产担保 ④适用。原材料、产成品甚至半成品等	应收账款融资特征： ①借款缘由。借款方有下游客户（链主、大企业）的应收账，而且需要资金 ②运作方式。借款方以应收账款背书作质押申请贷款；贷款方审核材料、在央行登记系统进行登记并控制应收账款凭证；物流企业协助监管并代收货款 ③性质。权利担保 ④适用。应收账款（主要指来源于下游大客户的应收账款）
基于拉动式交易关系的预付款融资（订单融资业务）特征： ①借款缘由。借款方有下游客户（链主、大企业）的订单，而且需要资金采购原材料或货物等 ②运作方式。借款方以订单为凭证申请贷款；贷款方审核材料，主要根据订单优劣给借款方提供贷款额度，分批给供应商打款采购原材料或货物等，且物流企业控制货权；物流企业按贷款方指令对物流过程进行监管 ③性质。基于贸易关系的信用和动产担保 ④适用。有优质订单的企业采购	仓单质押融资特征： ①借款缘由。借款方拥有大量标准仓单，而且需要资金 ②运作方式。借款方以标准仓单背书作质押申请贷款；贷款方审核材料和仓单真伪、提供贷款并控制仓单，物流企业根据仓单担保权人的指令释放仓单货物 ③性质。权利担保 ④适用。标准仓单（例如期货市场的有色金属、钢材等）	

6.2.2 典型物流金融的表现形态

1. 存货质押融资

存货质押融资指需要融资的企业（即借方企业）将其拥有的存货作为担保，向资金提供方（即贷方）出质，同时，将质物转交给具有合法保管动产资格的中介公司（物流企业）进行保管，以获得贷方贷款的业务活动。具体模式如图6-2所示。

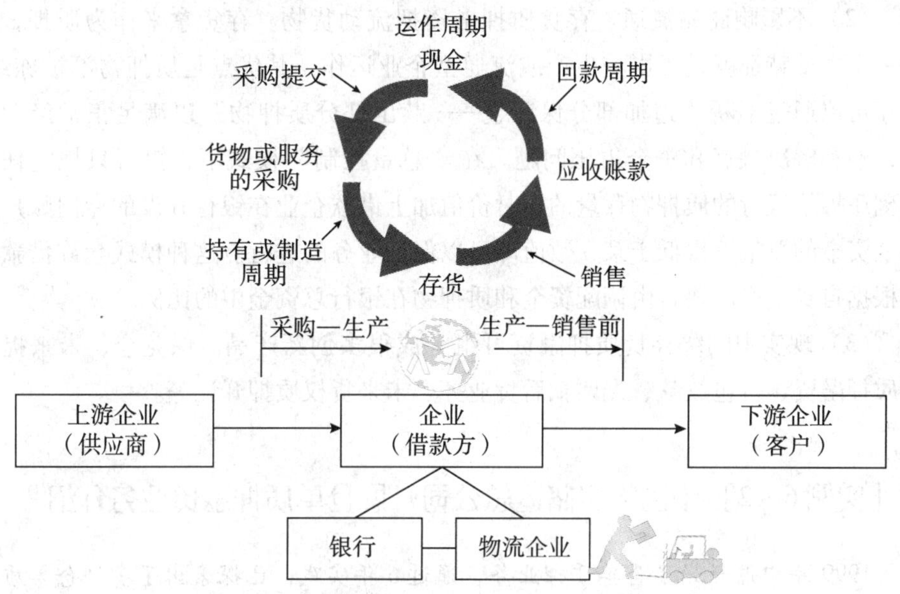

图6-2 存货质押融资业务基本模式

从供应链角度分析，这种模式的物流金融服务一般产生于“推动式供应链”中。所谓“推动式供应链”是指以生产为驱动模式的供应链，生产型企业并非根据订单而是自行决策产品生产量，进而生产并销售。因此，在这种模式的供应链中，生产型和流通型企业往往都会拥有大量的原材料或是产成品库存占用资金，企业为了获取更多的流动资金以维持运作，在缺乏其他有效的融资途径时，只能将部分或者全部库存质押给银行获取短期贷款，同时，借款企业可以通过产品销售向银行归还贷款本金和利息。物流企业在存货质押融资业务中受银行委托，负责储存并监管借款企业提供的质押物。物流企业只有在接到银行开具的发货单和接受单时才能允许借款企业对质押物进行出入库操作，并且随时记录归档。

存货质押融资的商业模式特征如下：

（1）物流企业参与。存货质押融资已由传统信贷的两方契约关系变为三方契约关系。物流企业的参与保证了借款企业可以不用转移质押物物理位置，而直接通过物流企业进行质押物入库、出库等操作。银行与物流企业是委托人和代理人的关系，银行不仅委托物流企业利用其专业优势监管质押物，并且通过物流企业了解借款企业所在行业情况、财政状况等信息，以便于控制业务风险。

（2）不影响商品流通。存货质押融资把流动货物、存货拿来作为质押，它的一个主要特征就是不影响生产或流通型企业运作，其优点是质押物不被冻结，商家可以通过不断“追加部分保证金——赎出部分质押物”以满足正常经营需要，顺利解决融资和资金占压问题。在“总量控制”模式下，银行只规定任意时刻质押给银行的质押物存量的即时价值加上借款企业在银行开设的专门账户内剩余资金的总量不得低于某一数值即可以保证业务的进行。这种模式允许借款企业根据自身生产需要自由调配资金和质押物在银行总资金中的比例。

（3）现实中围绕存货质押融资可组合成很多创新产品。保兑仓、未来提货权质押融资、打包放款、先票款后货业务、未来货权质押开证等。

→［实例6－2］中国物资储运总公司开展仓单质押融资业务介绍①

1999年中储开始了仓单质押业务，通过6年实践，已探索出了多种仓单质押融资监管业务模式，并不断创新，业务量逐年扩大。

目前，中储与中信银行、广发银行、招商银行、光大银行、浦发银行、交通银行、华夏银行、工商银行、农业银行、建设银行、中国银行、深发展等包括四大国有商业银行等数十家金融机构建立了合作关系。已经为近500家企业提供质押融资监管服务，质押融资规模累计达150亿元。抵押产品涉及黑色金属材料、有色金属材料、建材、食品、家电、汽车、纸张、煤炭、化工等诸多种类。

① 洪水坤．中国诚通物流金融业务的探索与实践．中国物流学术前沿报告（2005—2006）．北京：中国物资出版社，2005：337－340。

截止到 2005 年，中储开展的仓单质押融资业务没有出现过一起呆死账，银行和企业十分满意。

2. 应收账款质押融资

应收账款质押融资指企业为了筹措到继续运营的短期资金，缓解资金紧张的局面，以应收账款为支撑，通过特定的程序取得经营所需资金的行为。在应收账款质押融资中，银行和物流企业联合对借款企业的销售合同进行审查，确定无误后，银行直接发放贷款给企业而接受应收账款质押，物流企业负责销售运输以及协助银行回收应收账款。

应收账款融资与存货质押融资同属于质押融资范畴，区别在于：存货质押融资业务的质押物不存在销售合同，一旦借款企业违约，银行将承担质押物变现过程中的所有风险；而应收账款质押融资业务的质押品是应收账，因此只要下游客户的经营和信誉较好，应收账款质押融资业务对银行来说风险就比较小。

应收账款质押融资，也就是基于应收账款的物流金融业务的典型模式如图 6－3 所示。

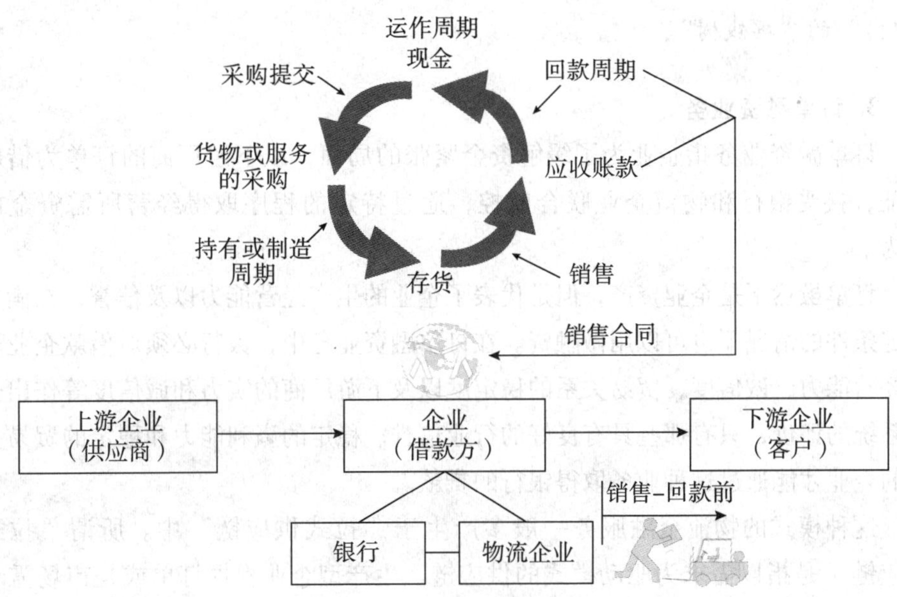

图 6－3　应收账款融资业务基本模式

→［实例6－3］UPS并购银行：资金链上增值服务[①]

UPS在2001年5月并购了美国第一国际银行（First International），将其改造成UPS金融部门（UPS Capital），这一战役马上波及包括中国在内的业务。

“比如说，东莞一家做杯子的厂家，货物出口到美国，它是没办法跟沃尔玛这样的超级零售商谈付款条件的，90天就是90天，一天也不会早，那么有了金融部门的UPS，就可以作为中间商在沃尔玛和东南亚数以万计的中小出口商之间斡旋。”UPS中国华南区总经理黄志江说，“UPS在两周内把货款先打给出口商，前提条件是揽下其出口清关、货运等业务和得到一笔可观的手续费，这样，小型出口商们得到及时的现金流；而拥有银行的UPS在美国和沃尔玛一对一结算，帮沃尔玛省去许多琐事，也大受欢迎。”

UPS金融不但可以将信贷服务深入到其供应商，还发展出完整的货到付款（Cash on Delivery，COD）增值服务——当货物送达目的地后，通过直接的银行结算帮客户把货款收到手——整个“这边收完钱（运送费），那边再收钱（代收货款）”的“摇钱树”。

3. 订单融资业务

订单融资业务指企业为了缓解资金紧张的局面，以下游厂商的订单为借款凭证，接受银行和物流企业联合监控，通过特定的程序取得经营所需资金的行为。

订单虽然不是企业资产，但是代表了企业的生产经营能力以及信誉，在满足一定条件的情况下也可以用做融资。在订单融资业务中，银行必须对借款企业自身经营能力、诚信度、贸易关系的稳定度以及下游厂商的实力和诚信度等作出全面系统的评价，只有那些具有良好的行业信誉、稳定的赢利能力和稳定的贸易关系的企业才能通过这种业务取得银行的贷款。

这种模式的物流金融服务一般多产生于“拉式供应链”中。所谓“拉式供应链”是指以需求为驱动模式的供应链。生产型企业根据订单或是市场需求

---

① http：//www.tianya.cn，天涯网。

决定产品生产量，对上游供应商的采购也是根据下游顾客订单需求决定。因此，在这种模式的供应链中，生产型企业往往会拥有大量对下游顾客的订单或应收账款。企业为了获取更多的流动资金，可以以此类贸易合同向银行申请短期贷款。由于现实供应链已经逐渐从“推式供应链”发展到“拉式供应链”，消费需求成为拉动生产型企业运营的根本动因，各生产销售型企业都追求“即时生产”和“零库存”，因此，基于贸易合同的订单融资业务具有很大的发展潜力。

订单融资的商业模式特征如下：

（1）物流企业深度参与。物流企业深度参与有助于监控订单融资业务的基本过程，降低贷款风险。特别是借款企业以下游厂商的订单为凭证获取贷款购买原材料并组织生产后，物流企业可以帮助银行对借款企业借款采购、生产直至销售回款的全过程进行有效支持和监控，从而降低了贷款风险。

（2）能够有效增加企业的现金流量。借款企业用贸易合同作为担保，其优点是在完全不影响企业运营的情况下增加了企业的现金流量。

订单融资的典型业务模式如图6－4所示。在图6－4中，银行以企业已签订的有效销售订单为依据，发放针对该订单业务的全封闭式贷款，实行“一单一贷、回款结算”的融资模式。物流企业受银行委托参与借款企业从订单质押到销售还款的全过程，从而确保借款企业能够准时完成订单，偿还贷款。

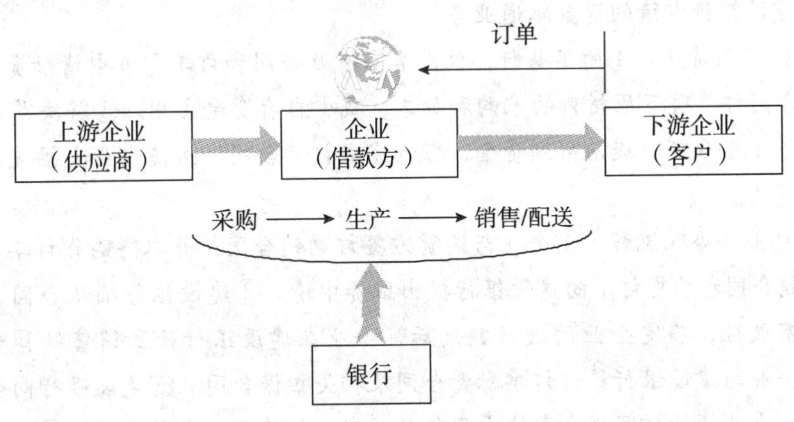

图6－4　订单融资业务基本模式

→［实例6－4］：一些商业银行的订单融资产品介绍[①]

1. 中国农业银行订单融资产品介绍

订单融资业务，是指在以汇款、跟单托收方式结算的国际贸易中，出口企业凭出口合同、订单，向我行申请用于出口货物备料、生产和装运等履约活动的短期融资。订单融资亦可称为汇款或跟单托收项下打包放款。

（1）产品功能。为贵公司解决生产备货阶段所需的融资款项，帮助贵公司及时按照贸易合同规定发货收款，缓解贵公司的流动资金压力。

（2）办理指引。①贵公司填写《订单融资业务申请书》、提供出口合同、订单及农业银行要求的其他材料。②农业银行审批贵公司的订单融资申请，与贵公司签订《订单融资合同》。③贵公司以自有资金、其他自筹资金或后续融资款项归还订单融资款项。

（3）温馨提示。①对于以汇款方式结算的出口合同、订单，农业银行只办理货到付款项下订单融资业务。②出口商品质量和市场价格应稳定。③贵公司应按合同要求按期交货。

2. 中国建设银行订单融资产品介绍

订单融资是指企业持建设银行认可的购销合同和买方发出的真实有效的购货订单向建设银行申请的资金融通业务。

（1）产品特点。①简单易行，仅需真实有效合同和订单即可申请融资。②资金进行合同订单项下原材料的采购和加工，减少自有资金占用。③解决前期资金问题，中小企业可以提前得到资金，顺利完成订单合同。④使企业大幅提高接收订单的能力。

（2）业务办理流程。①企业与购货方签订购销合同，并取得购货订单。②企业持购销合同和购货订单向建设银行提出融资申请。③建设银行确认合同、订单的真实有效性，确定企业的授信额度后，企业在建设银行开立销售结算专用账户。④企业与建设银行签订订单融资合同及相关担保合同。⑤建设银行向企业发放贷款，企业须按合同规定用途支用贷款、完成订单项下交货义务。⑥购货方支

---

① 李毅学，等. 物流与供应链金融评论，北京：科学出版社，2010年。

付货款，建设银行在专用账户扣还贷款。

3. 大众银行“台塑网供应商订单融资服务”产品介绍

(1)“台塑网供应商订单融资服务”简介。大众银行配合“台塑网”平台，提供合格的供应商直接上网查询账户明细，订单资料，并提供订单融资，融资利率较一般市场行情（订单融资）低廉，且融资成数最高可以达到9成。只要在“台塑网”上点击大众银行便可申请这一快速且低利率的融资服务！

(2)“台塑网供应商订单融资服务”特色。①方便的融资渠道：台塑网供应商融资服务可以通过“台塑网电子商务交易平台”，成为协助供应商取得低利率融资的管道。②优惠的融资利率：以路透社初级市场融资性商业本票90天平均利率加成2.46%；贷方期间采用固定计息。③弹性的融资成数与期限：申请融资的供应商一般可享受订单8成以上的融资成数，最高可达9成，融资期限可高达120天。④完善的服务：整个过程都由大兴银行为您服务，不必担心因不熟悉申请作业而错失良机。

(3)“台塑网供应商订单融资服务”申请步骤。①连接至台塑网供应商电子交易市场平台进入供应商专区。②确认申请银行为大众银行。③连接至大众银行企业网进行融资申请，大众银行营业单位将与您联系，并填写申请书。④大众银行初次建档完成后，您即可登入大众银行企业网点选取融资笔数。⑤大众银行审核确认后即可拨款动用。

6.3 物流金融系统规划方法

6.3.1 存货质押融资业务管理与过程控制

1. 存货质押融资业务管理概述

虽然存货质押融资业务在实际中存在许多种模式，但是总体来看，从贷款业务开始到业务结束，存货质押融资业务一般经历以下几个流程：

(1) 提出申请。借款企业在充分了解存货质押融资业务的基础上，根据自身需要按照申请贷款流程，向银行提出书面贷款申请。

(2) 资格审查。由银行联合物流公司对借款企业提供的质押物品以及借款企业本身资信程度进行审查。

（3）签订合约。通过审查后，银行同意借款企业成为质押贷款客户，在银行开设专门账户。银行、物流公司、借款企业三方签订合约。

（4）管理控制。银行综合审核所有相关资料，对质押物的总价值进行评估，并按照合约中事先确定的贷款价值比对企业发放贷款，贷款直接到达借款企业在银行开设的账户上。经银行批准，借款企业将质押物发送至物流公司仓库，由物流公司审核后开具《入库单》。借款企业从银行得到的贷款按照合约规定专款专用，不得挪用，并接受物流公司监督。物流公司负责向银行汇报质押物的各种信息，包括出入库情况、价格波动情况等信息。

（5）清算结算。银行通过借款企业在银行所设账户收回贷款本息，并将物流公司应得的各项服务费用划入物流公司在银行所设账户。

通过分析存货质押融资业务流程，可以把存货质押融资业务管理和控制的主要内容分为以下三个部分：

（1）质押品种选择和借款企业选择。存货质押融资业务不同于其他商业贷款，在该业务中银行的风险首先来自于质押物。由于存货质押融资业务的对象是缺少足够流动资金的中小企业，所以用于质押的存货一般是属于中小企业普遍拥有的动产，包括原材料、半成品和产成品。这些动产作为融资企业获取银行贷款的担保物，是价值载体同时也是风险载体。因此银行开展存货质押融资业务面临的首要问题是质押物选择问题。选择合适的质押物不仅可以降低银行用于储存保管质押物的费用，更能使银行规避质押物价格波动的风险。

除此之外，银行还面临对借款企业的选择问题。银行必须像进行其他类型商业贷款一样，对存货质押融资业务中的借方经济状况、资信程度进行分析以降低风险。但是在这种业务中，借方的还款来源是存货销售转化产生的现金流，而并非通过投资运作产生的现金流，因此银行着重考察借款企业从存货销售中获取现金流的能力、企业的诚信度以及银行和物流企业相应的监控能力等方面的情况。

（2）存货质押融资业务合约设计。贷款合约是约束借款方和贷款方行为的主要工具，也是存货质押融资业务顺利进行的法律保障。在三方签订的合约中，必须明确界定各方的行为权限，规定各方的权利和义务，约定借方的还款时间、方式等内容。银行通过合约设计，制定不同的贷款价值比（Loan - to - Value，LTV）和平仓线等参数，可以有效避免向高风险企业提供贷款。

（3）存货质押融资业务风险管理与控制。当存货质押融资业务的合约鉴定后，就正式进入了存货质押融资业务执行过程，在这一过程中，需要对存货质押融资业务进行系统的风险管理，主要是进行业务的风险识别与控制。

2. 存货质押融资业务质押品种和借款企业选择

(1) 质押品种选择。银行选择何种物品作为质押物对于存货质押融资业务的成功与否起着重要的作用。但是实践中，银行对于质押物品的选择基本上是通过大量的实际业务运作得出的经验，并没有在理论上形成明确的质押物品种选择标准。一般而言，对于质押物品种选择问题可通过分析各种待选物品的属性来进行判断。

现实中各种待选货物的属性纷繁复杂，待选货物的种类、状态、品质等各个方面属性对于质押物的选择都有不同程度的影响。一般而言，与业务相关的属性可以归为四类：法律属性、物流属性、流通属性、价值属性。

①法律属性。任何一种贷款业务都需要在国家法律许可和规定范围内进行，因此质押物的法律属性是进行质押品种选择时首要考察的属性。对存货质押融资待选货物法律属性的考察主要依据国家制定的《物权法》和《担保法》中为物品抵押和质押制定的相关规定。对待选货物法律属性的判断和分析主要包括：货物是否在法律许可的可作为质押的品种范围之内；待选货物的所有权是否明确；质权是否单一，即是否存在货物担保给多个质权人的现象；待选货物作为质押物品后受偿的优先权如何确定等。

②物流属性。质押物品作为存货质押融资中物流企业监管对象，其物流属性也是质押品种选择时需要考察的重要属性。待选货物的物流属性，即货物在物流企业提供存货质押融资业务相关的物流服务中涉及的保管、储存、运输、清算等操作所涉及的待选货物的相关性质，主要包括对产品包装的合理性，产品质量的稳定性，产品的危险程度的考察；对产品可标准化的程度以及质量是否易于控制、测度的分析；对产品交易费用的高低和在货物处理过程中的损伤而带来的责任追究等方面的考虑。

③流通属性。在需求约束型的市场经济条件下，商品流通是消费启动市场运行的起点。当存货质押融资发生违约时，银行根据合约需要对质押物进行平仓时，质押物的流通属性决定了平仓的效率，因此质物的流通属性也是决定业务风险大小的重要属性。存货质押融资所考察的待选货物的流通属性是指货物在市场上的需求、消耗量状况、待选货物的即期需求、潜在的需求转化为消费行为的能

力以及商品的流通速度和变现能力等。

④价值属性。存货质押融资的质押物选择风险主要来自质押物价格风险。银行在向借款企业贷款后委托物流公司监管的主要内容就是质押物的价格变化情况，因此，质物的价值属性也是质押品种选择时重要的考察对象。质物的价值属性，是指质物在市场运行中体现出的，对存货质押融资收益产生重大影响的相关属性，主要包括质物价值量的大小和价格的波动情况。这两点都需要具体的量化分析和界定，才能有效地降低业务风险。一般来说，开展存货质押融资服务，债权人常常偏好于选择价格稳定、市场波动量小的存货品种。

（2）借款企业选择。大多数银行借贷业务控制风险的关键因素就是放贷对象的选择。同样，银行进行存货质押融资业务时也必须对借款企业的各种状况进行分析。在一般性贷款业务中，银行对于借款企业拥有一套相对完整的评估体系。但有所不同的是，在存货质押融资中银行分析借款企业财务状况和还款能力时应更注重分析借款企业转化存货为现金流的能力。除此之外，银行还必须准确地评估借款企业的运作周期和行业。

①借款企业的财务状况分析。传统的信用贷款进行财务分析时需要考虑三个方面的指标，包括收入与现金流、资产价值、流动性以及杠杆、财务规模、弹性和负债能力。而在存货质押融资中，进行财务分析需要考虑和业务紧密相关的一些财务指标，而且分析时应该充分考虑业务的特征。

在存货质押融资中，首先，需要分析借款企业的资产负债率，一般而言，存货质押融资中，资产负债率要高于行业的平均水平，但作为金融机构必须清楚造成借款企业这一现象的真实原因。质权人必须明确企业缺乏资金究竟是因为它刚刚成立，还是因为正在经历快速的成长；究竟是盲目的扩展，还是刚遭受损失造成了资本的消耗。弄清楚这些将使银行和物流企业能够很好地把握借款企业面临的风险。其次，也需要考虑借款企业的收入和现金流，采用存货质押融资的借款企业一般都有不均衡稳定的收入和现金流，贷款方需要确定造成借款企业不稳定的收入和现金流的原因究竟是因为周期性定价的制约还是因为管理团队对市场反应调整太慢。再次，贷款方需要考虑借款企业的财务趋势，可以事前明确是否可通过严密的监控来改变借款企业的财务平衡表，从而在提供借款企业必要信用的时候降低贷款的风险。

②借款企业的运作周期分析。银行对于借款企业运作周期的了解有助于银行

针对企业的实际情况发放不同类型的贷款，同时也降低了风险，保证了银行的利益。企业的一个生产运作周期包括企业采购原材料、产成品入库、销售以及收回应收账款等过程。企业在整个运作周期内必须保持足够的现金流以满足生产销售的资金需要。资金充足和高利润的企业可以通过内部运作满足自身的资金需求，而那些资金缺乏、经历快速成长或是受季节影响较大的企业往往需要外部融资。

借款企业的生产运作周期长短随着企业所在行业的不同而不同。借款企业必须考虑在原材料采购之后多长时间内能将产品或服务转化为现金以偿还贷款。一般来说，供应商会通过赊销等方式对借款企业提供一定的资金支持，弄清楚其他资金支持的来源和大小，弄清运营过程中哪些方面哪个时候需要资金支持，需要多少资金，将能够对存货质押融资风险事前有一个清晰的认识。

③借款企业的行业分析。借款企业的行业将影响借款企业的绩效和质押物价值。对于借款企业行业进行分析需要考虑行业总体的利润水平、交易环境、技术变化、发展前景等因素，通过分析行业情况，一方面可以使贷款人能够更加准确地评估整体风险的大小，另一方面贷款人可以更好地分析借款企业财务状况和经营周期变化是否归因于普遍的行业因素，从而准确地把握企业的经营水平。

④其他分析。对借款企业进行选择还需要综合考虑借款企业的管理团队、企业规模大小、企业的生命阶段等因素，在存货质押融资中，通过对这些因素的分析，贷款方可以判断借款企业究竟是新建立的公司还是成立很久的公司，是在快速的成长还是正经历季节性的波动，有多大的盈余空间，业务是否涉及多个行业，管理团队是否富有效率等情况，从而有利于对借款企业主体的信用风险进行准确的识别与评估，决定是否提供给借款企业存货质押融资支持。一般情况下，银行不易直接了解借款企业的经营能力，但是合作的第三方物流企业通过参与借款企业的采购、库存以及销售过程，掌握大量的企业信息，大大增强了银行对借款企业信息透明度，因而对银行甄别和筛选借款企业能够提供有力帮助。

3. 存货质押融资业务合约设计

在确定了借款企业及其质押存货，选择了相应的物流监管企业之后，应该由三方签订存货质押融资合约。合约的签订应该考虑质押存货的特征、所在行业的情况以及借款企业、银行和物流企业的具体情况。能够充分考虑业务情境的合约将能够保证银行和物流企业的合作效率，提高借款企业的运营效率，有效地实现业务的增值，降低监管的成本和业务的风险。反之，合约设计的不合理就会使物流运营效率降低，监管成本增加，业务风险增加。因此，银行应该联合物流企业在充分保证借款企业正常物流运营的情况下，对存货质押融资合约设计的风险进行有效的分析和管理，从而实现对业务风险的事先控制。

一般而言，存货质押融资业务合约内容涉及一系列三方的责任和义务的界定，包含了业务形成的各种法律关系界定、业务内涵诠释、各种指标的制定等。因此，合约的设计内容主要包含业务诠释、业务规定和指标体系三个部分。

① 业务诠释。存货质押融资业务合约首先需要对该项业务作出明确诠释，解释该项业务参与方、发生条件、业务模式、法律依据等。

② 业务规定。存货质押融资业务合约规定各种状况下的处理措施。例如，如果借款企业无法偿还银行本息时，银行有权将质押物变现。

③ 指标体系。合约中包含一系列量化指标，包括贷款额、贷款利率、质押率、还款期等。

此外，在合约设计中，还有一些关键的风险控制点需要特别的关注：

(1) 关于质押物产权界定问题。在存货质押融资过程中，质押物产权界定是一个基本的问题，它包括所有权审核和质权审核两个方面。所有权审核指审核质物是否在法律上清晰地归出质人所有，而质权审核指审查质物是否能够在法律上允许质押，是否被担保给多个债权人，存在重复担保的现象等。在合约中，首先，必须正确地规定承担质物产权界定的责任人。一般而言，产权的审核是一项非常复杂的工作，需要专业的知识和专业调查能力，因此，合约应该从风险可控的角度来决定由谁来承担相应的审定职能，即由谁承担相关的产权界定工作，主要是看谁具有调查客户的贸易渠道、结算方式、往来账目的专业能力和专业的人才。其次，在合约中还必须正确地确定审核产权的方式。通常审核产权的方式选择应该充分地考虑质物的性质和上下游的贸易关系，审核人可以直接审核相关法律证明材料，也可通过审核出质货物的发票、购销合同、质检证明、上游企业的出售证明、运输发票等方式来间接界定产权，对于进出口货物还可以审核海关通关单、关税证明、结算证明、进口许可证等来间接界定产权。只有确定了正确的责任人和正确的审核方式，才能对质押物产权界定上的风险进行有效地控制。

(2) 关于质物检验问题。质物的数量、重量和种类等的确定都属于形式上的审查，很容易进行相关的审核。而质物的检验则是对商品实质内容的审查，也是合约设计中的关键风险点。在合约中，首先，必须确定进行质物检验的责任人。通常，质物的检验机构应该具有法定的检验资质，应该对质物的检验具有专业的能力和知识，而物流企业也可以参与质物品质检验，并承担辅助的作用。其次，在合约中必须确定正确的检验方式。在现实中，除了质检机构的正式检验方式外，还可以充分地考虑质物的贸易关系，采用间接的方式降低检验成本、提高检验效率。其中，视同检验或原单原转就是这样的间接检验方式，这种检验方式可以把经由海关、商检、质检等国家机构检验的商品的实质性鉴定报告作为各方对商品的认定依据，也可以将上游厂商的质检证明作为认定依据，例如采取保兑仓的形式，就可以直接从厂家购买已检验的商品作为质押物。

（3）价格确定与动态控制问题。在合约中如何准确地确定质物的市场价值并进行动态的控制也是一个关键的风险点。在合约中，主要要规定清楚以下问题：质物以什么价格为基准，应该采取什么价格，怎么动态地确定质物价格，怎么达成相关价格调整协议，价值波动应如何防范，谁承担价格数据采集和监控的职责，应该采取什么样的价格风险防范机制，应该规定怎样的价格风险控制流程等。

4. 存货质押融资业务风险管理与控制

（1）存货质押融资过程风险识别。在存货质押融资具体的执行过程中，会出现宏观、行业以及供应链系统的风险，也会出现信用风险、质物变现风险以及操作风险这些非系统的风险，如图 6 – 5 所示。

以下对存货质押融资的风险来源进行了详细的归类说明。

①宏观与行业系统风险识别。这是一类典型的系统风险，包括宏观系统风险、行业系统风险以及区域风险三大类。

宏观系统风险主要是由于宏观经济、政治和法律环境的不确定造成的。行业系统风险主要是由于行业总体的利润水平、交易环境、技术变化、发展前景等行业层面的不确定性所产生的风险，而且不同行业对宏观经济环境的敏感度也会使不同行业系统面临的风险大小不同。区域风险主要是企业所在区域的经济发展、政治和法律环境等的不确定性所造成的。

②供应链系统风险识别。存货质押融资主要依赖存货的自偿性来偿还贷款，而存货的自偿性水平，也即其销售变现的水平，从中观上来自于供应链系统的稳定性和竞争力，因此可以说，供应链系统风险是分析存货质押融资所特有的一类系统风险，主要包括供应链系统竞争风险、供应链系统协调风险和供应链系统控

图 6－5　存货质押融资风险来源

制风险三类。

供应链系统竞争风险的主要来源是因为一个行业可能有很多条供应链系统展开竞争，借款企业所在供应链系统的强弱将直接影响到存货的销售水平，从而产生竞争风险。供应链系统协调风险指的是供应链上下游企业的协调合作关系不畅产生的风险，这种协调风险有可能是因为信息交流的水平低下或者是因为相互之间合作意愿的欠缺等造成的。供应链系统控制风险主要关注核心企业对供应链系统的控制程度是否有利于供应链系统的发展和稳定，是否能够保持和增强供应链系统在行业内的竞争力。

③信用风险识别。虽然存货质押融资更加注重于债项风险的大小，注重于存

货资产的变现风险，但信用风险仍然是贷款人在存货质押融资中所必须关注的一类重要的非系统风险。存货质押融资信用风险主要包括借款企业的信用风险和物流企业的信用风险两类。

借款企业的信用风险指借款企业在融资过程中可能会发生违约的行为。而物流企业的信用风险指物流企业可能不履行合约对融资过程进行监管，甚至可能与借款企业进行勾结来获取不当利益。

④存货担保物变现风险识别。担保存货的变现风险是存货质押融资中最重要的风险，关注这一风险能够把握住存货质押融资的客观状态，对存货质押融资风险实行有效管理。存货的变现风险主要包括存货价格风险、质物形态风险以及销售风险三大类。

价格风险指存货的市场价格在贷款期间内的波动性所造成的风险。质物形态风险主要关注质押存货的流动性、标准化、变现能力、质物易损程度及配套的保管条件等方面产生的风险。销售风险是指由于销售渠道、销售客户、市场容量和销售账期等因素的不确定性所造成的存货难以变现的风险。

⑤操作风险识别。根据《新巴塞尔资本协议》第三次征求意见稿的定义，操作风险又称商业风险，是“直接或间接由人或系统的不适当或错误的内部处理，或外部事件所造成的损失的风险”。存货质押融资的操作风险一般可归纳为合规风险、模式风险、流程风险以及具体操作风险四大类。

合规风险包括法律风险、相关规则或政策的风险及配套执行方面存在的缺陷等。模式风险主要来自于以下方面的不足：商业模式选择不适合、超额担保程度不适合、质押方式和监控强度选择不合理、业务结算情况与业务不匹配、资金使用不合理、没有必要的个人担保或第三方担保方式、没有必要的损害保险、监管方控制方式选择不合适、财务评估报告模式不合适等。流程风险主要是指在存货质押融资业务流程过程中标准化与信息化方面的不足造成的风险。具体操作风险主要包括银行方面的具体操作风险以及第三方物流企业的具体操作风险，这些和具体操作人员的素质和水平密切相关。

(2) 存货质押融资过程风险控制。针对宏观、行业和供应链等系统风险，一方面是建立监测机制，进行实时地监控与分析预测，以提前采取措施，另一方面是建立预警和应急预案，当系统风险发生时，迅速采取应急方案进行风险控制，防止贷款损失。

而对于非系统风险，则要根据具体业务的状况来进行分析和控制，一方面，需要明确参与各方的权利和责任并严格按照合约进行运作，另一方面，对一些业务运营过程中的关键风险点，还必须采取有效的措施来进行控制。

其中，对于存货质押融资信用风险的控制主要包括对借款企业信用风险的控制和对物流监管企业信用风险的控制两类。

对借款企业信用风险的控制，需要银行和物流监管企业主要关注借款企业的财务和管理状况。银行和物流监管企业需要对借款企业在财务运作和运营管理上进行不定期的检查，对出现的问题要分析原因，一方面可以和借款企业共同解决问题，另一方面，当借款企业出现了严重违约的现象时，要迅速地控制借款企业的物流和资金流运作，停止授信甚至冻结借款企业的其他资产。

对物流企业的信用风险的控制，首先，需要银行对物流企业的流动资金状况和合约执行状况进行密切关注，以防物流企业的道德风险；其次，银行需随时对物流监管企业的工作水平进行抽查，合理地检查物流监管企业控制质物的情况，看物流企业的监管运作是否符合标准。

对于存货变现风险的控制主要包括存货价格风险控制、质物形态风险控制以及销售风险控制三大类。

对存货价格风险的控制，首先，需要确定价格风险控制的责任人，由专业人员来收集存货价格的数据，监控价格趋势，并进行存货市场价格的预测和管理；其次，需要设置价格下降时的风险控制机制，设置价格风险控制指标，例如，警戒线和平仓线等；再次，在实际操作时，当存货价格下降到一定位置，或下降的幅度超过阈值时，监管方应该通过信息平台和信息沟通机制及时地将信息传给质权人和直接操作人员，通过启动应急预案及时地进行预警和防范，通常可以要求借款企业补充保证金或货物，甚至强行平仓将质物变现，规避质物价格风险。

对质物形态风险的控制主要要对质押存货的流动性、标准化、变现能力、质物易损程度及配套的保管条件等方面产生的风险进行控制。对于总量控制模式，要求严格控制质物种类，禁止流动性不强、标准化不高以及易损货物置换标准流动性好的货物用于质押，同时，对保管条件进行有效的规划，选取有经验有责任心的管理人员对质物进行管理，防止质物形态风险的发生。

对销售风险的控制需要质权人和物流监管企业密切关注借款企业在存货销售上的运营状况，主要考虑销售渠道和销售客户是否稳定，销售是否存在大幅度的下降，销售账期是否合理等方面的状况，如果销售上出了问题，质权人和物流监管企业首先应该向借款企业咨询和调查问题出现的原因，然后，与借款企业合作找到解决销售问题的办法，尽量通过存货的销售来保证贷款的安全，一旦存货的销售问题无法有效解决，质权人和物流监管企业就应该尽快停止相关授信业务，冻结借款企业的资金账户和其他资产，督促借款企业从其他渠道还清贷款。

对存货质押融资操作风险的控制主要包括对合规风险、模式风险、流程风险以及具体操作风险四大类风险的控制。

因为合规风险包括法律风险、相关规则或政策的风险及配套执行方面存在的缺陷等。因此对合规风险的控制首先要与相关的法律专业人士合作，对业务中可能出现的法律问题进行分析，与行业专业技术人员合作对业务中政策风险问题进行分析，这些问题主要包括质物产权问题，合约效力问题以及违约清算问题等；其次，是制定行规、特殊条款或进行模式创新等弥补法律和相关政策的不足；再次，制定相应的组织保障机构和执行保障机制，以降低业务的合规风险。

模式风险的控制主要要注意以下关键风险点的控制，包括选择合适的商业模式，选择合理的质押方式和监控强度，慎重考虑超额担保，充分考虑借款企业的需要和风险防范的要求来设置业务结算方式，充分考虑借款企业的需要和上下游贸易关系来保证贷款资金的正确使用，必要时提供个人担保、第三方担保和损害保险，设置合适的财务评估报告模式，等等。

流程风险主要是指在存货质押融资业务流程过程中标准化与信息化方面的不足造成的风险。对流程风险进行控制，主要要建立物流信息系统、资金流管理系统和报表输出系统等，实现业务流程的信息化和可视化，并通过流程再造，减少和改善流程环节，制定适合业务的风险控制流程和标准，例如，制定日常盘点的流程和标准、借款企业提货和质物追加的流程和标准等。

具体操作风险主要包括银行方面的具体操作风险以及第三方物流企业的具体操作风险，这些和具体操作人员的素质和水平密切相关。因此对具体操作风险进行控制需要进行组织结构的再造，界定清晰的管理职能，使具体操作人员的责权利能够统一，并用好的激励机制激励监管人员和操作人员的责任心，用好的培训机制提高操作人员的素质和水平。

6.3.2 应收账款融资业务管理与过程控制

1. 应收账款融资业务管理概述

应收账款融资业务产生于“拉动式供应链”的模式中。现代供应链理论和实践的发展方向更趋向于以顾客需求为核心“拉式供应链”。因此相比较存货质押融资业务，应收账款质押融资业务更具有发展前景。对应收账款融资业务的管理同存货融资业务一样，着重于对质押品种的管理与控制。具体分为以下三个阶段：

（1）质押品种选择和借款企业选择。应收账款融资是一种短期的商业贷款，着重于解决生产或销售型企业的融资问题，对质押品种和借款企业的选择是决定业务风险大小的关键，在这一阶段，重点应关注下游核心企业的经营能力和信用风险，产—销供应链的合作稳定性等指标。

（2）应收账款质押融资业务合约设计。应收账款的贷款价值比的取值取决于应收账款的各种特性。对于一般合法的应收账款，银行制定的贷款价值比在70% ~90%，如果银行判断某种应收账款具有更高的风险，那么所设的贷款价值比还可能降低。

（3）应收账款质押融资业务风险管理与控制。应收账款质押融资业务风险较低。控制风险最主要的就是对应收账的管理和控制，以及对作为第三方参与业务的物流企业进行道德风险监控。

2. 应收账款融资业务质押品种和借款企业选择

（1）借款企业选择。应收账款融资业务由于质押品种价值风险较小，因此受到了很多金融机构的青睐。很多银行对贷款企业实行存货和应收账款的混合质押方式，目的正是为了减小纯粹的存货质押融资业务的风险。

不同的企业有着不同的下游客户构成（比如借款企业的客户可以分为国有企业、小型私有企业、个体顾客等）。对于不同的客户构成，企业拥有的应收账款也存在着不同的风险级别。大多数应收账款的价值取决于供应链上企业的下游客户的信誉。因此，对于应收账款融资借款企业的选择应该同时考虑借款企业自身以及借款企业客户的资金流状况和经营状况。

① 客户组成的质量。为了鉴别借款企业客户的财政状况，银行应当参考以

往的信用记录、交易记录和负债情况，或者亲自进行信用评估。银行应该建立借款企业客户的信用档案，在对借款企业进行完客户构成评估后，这些分析报告应当存入相应的信用档案里。

② 延迟程度。银行应当监控和评估借款企业可能会出现的还款延迟趋势。还款延迟趋势的增长表明风险的增加或借款企业回收账款可能出现了某些问题。

③企业的运营能力。对于企业运营能力的评估，银行要在物流企业的协助下进行。借款企业的运营包括采购、生产、销售、运输和应收账款回收等各环节，运营的能力直接影响应收账款的实现。对于借款企业运营能力的考核应该关注从采购到生产销售直至货款收回的整个流程状况。

（2）应收账款的选择。应收账款融资业务同其他物流金融业务形式一样，控制业务风险的重点都是对质押物的风险控制。对借款企业应收账款的评估主要包括：应收账款的合法性、应收账款的可实现性、应收账款的集中度等。

① 应收账款受让的合法性。借款企业应该拥有应收账款凭证的所有权，并且应收账款必须具有可转让性。

② 应收账款的可实现性。对应收账款可实现性的评价是整个质押物评价的关键，影响应收账款实现的主要因素是应收账款债务方和债权方资信、运营能力，以及所处供应链的效率和水平等。

③ 应收账款集中度。在银行跟若干企业进行应收账款融资业务时，须考虑应收账款的集中度，即须考虑所融资的应收账款是否都集中在同一行业，是否都集中在同一类型的供应链中，更进一步须考虑应收账款的债务方是否都集中在同一家企业。一般来说，银行融资的应收账款越集中于同一行业、同一类型供应链和同一企业，银行面临的风险越大，这就像信用风险组合管理一样，需要尽量通过合适的融资组合来将风险分散化，从而减少银行主体的风险水平。

3. 应收账款融资业务合约设计

（1）相关参数说明。合约中应当明确应收账款融资业务合约的相关参数如下：

① 贷款期限。在合约中要确定贷款的期限，对贷款期的确定主要依据从借款采购到应收账款完全收回的整个运营周期的长短，一般情况下贷款期限为 3 ~ 12 个月。

② LTV 值。应收账款质押融资业务的 LTV 值一般在 70% ~90%，具体数值

取决于银行对借款企业风险大小的判断、对应收账款风险大小的判断、对借款企业下游客户的信用以及经营实力的判断、对借款企业和其下游客户构成的产—销供应链稳定性的判断等。

③ 授信额度。在合约中对授信额度的确定与贷款价值比率或质押率相关，银行要分析自身对风险的容忍水平、应收账款转化为现金的风险大小、借款企业运营周期的长短等因素。

（2）确定应收账款质押业务操作方式。应收账款质押融资是在传统的“保理业务”上发展起来的新型物流金融业务。业务的质押操作模式主要分为两种：应收账款抵借融资和应收账款让售融资。在应收账款质押业务合约中必须首先明确业务所采取的质押操作模式。

应收账款抵借融资：应收账款债权人以应收账款为质押标的向银行提供担保，银行对其财务状况进行分析后，确定适当的质押率和贷款期限，与应收账款债权人订立应收账款抵借贷款合同和应收账款质押监督协议，并提供贷款。在这种方式下，应收账款只是作为质押品，银行等金融机构在质押应收账款的债务企业不能及时付款时，仍享有对申请贷款企业的追索权，申请贷款的企业必须承担其损失。

应收账款让售融资：又称应收账款代理融资，指企业将其优质的应收账款资产销售给代理人，即专门以购买应收账款为业的金融公司，从而筹借所需资金的一种筹资方式。这样企业既能保证资金的收回，避免坏账损失，又能节约债务的日常管理费用，而集中精力搞好生产与销售。银行等金融机构收取佣金或利息，同时承担坏账风险。

（3）确定物流企业、银行和借款企业各方的权利和义务。合约将确定物流企业、银行和借款企业三方的基本权利义务条款。借款企业的权利主要是可将本企业拥有的应收账款质押给银行并获取贷款，义务是向银行提供作为质押物的应收账款的各种真实信息，以及在应收账款抵借融资模式下，如果不能回收应收账款，有义务承担相应的损失等。银行的权利主要是对应收账款实现过程的检查权和监督权、对物流企业监管情况的监督、咨询和处置权等，义务是提供迅捷的贷款资金服务。物流企业权利一般是取得向借款企业提供相关运输仓储服务的报酬，获取相应的监管费用等，义务一般是负责借款企业销售过程中的仓储以及运输服务，向银行提供相关的建议和咨询，防止借款企业作假，对由于自己失误或作假造成的银行贷款损失须承担相关责任等。

(4) 对于借款企业的评估方式。贷款合约必须授权银行等金融机构对质押品进行正式的、书面的评价，对质押品进行初始定价，进一步确定该质押品贷款价值比。但是这一工作必须要求在专业的第三方评价机构的公证下完成，并且允许借款企业提出异议。达成一致后银行应当将第三方评价机构的鉴定记录归档。

(5) 确定违约后处理方式。应收账款融资业务合约须规范违约后处理方式。由于质押模式的不同，违约后处理方式也各有不同：在应收账款抵借融资模式下，由于借款企业拥有追索权，如果无法回收应收账款，则判定借款企业发生违约，银行可以依据合约或相关法律冻结借款企业在银行开设的账户；在应收账款让售融资模式下，应收账款的追索权属于银行，如果无法回收应收账款，银行应承担相应的损失，在这种情况下，银行只能依据相关法律，与借款企业的下游厂商进行协调，挽回自身的损失。

(6) 确定赢利分配方案。在应收账款融资业务合约中须事先确定银行和物流企业的赢利分配方案。按照应收账款融资业务的不同模式分为两种：一是银行获得贷款利差收益，物流企业获得监管费、运输仓储费，结算方式可以直接由借款企业付给；二是银行获得应收账款差价收益，物流企业只获得运输仓储费，由银行从应收账款差价收益中付给。在确定了基本的赢利模式后，具体的收益指标须在合约中明确指出，并须指明结算方式、交接程序和违约处理方式等。

4. 应收账款融资业务风险管理与控制

应收账款质押融资业务风险主要来自于应收账款的回收。银行除了在质押品选择阶段避免接受不良应收账款作质押，还应在事中进行风险管理与控制。一般的风险管理过程包括识别影响借款企业的业务和现金流水平的风险因素，确定借款企业的风险产生原因和产生方式，评估借款企业主要风险的大小、集中度和对现金流的影响。现实中对应收账款质押融资的风险管理主要通过建立风险识别与监控系统来实现。

(1) 应收账款融资过程风险识别。银行建立应收账款融资业务过程风险的识别系统必须考察业务的每个流程，从银行对借款企业的应收账款进行评估到银行回收应收账款这一业务全过程可以得出，应收账款融资业务的主要风险分为以下几种：应收账款的回收流程风险、环境风险、企业运营风险、下游厂商的违约风险。这些风险都会影响应收账款融资业务的贷款偿还。在这些风险中，因为应收账款的回收是影响应收账款融资业务贷款偿还的最重要的因素，所以应收账款的回收流程风险分析应该是基于过程的应收账款融资业务风险分析的核心，而其他的风险，则是通过影响应收账款回收的实现过程而影响应收账款融资业务。

（2）应收账款融资过程风险控制。当识别和评估了借款企业业务实现过程的各种风险后，银行就需要在考虑自己的风险容忍水平时采取相应的措施来管理监控这些风险。应收账款融资过程风险控制的策略通常分为四种：一是规避风险，即自觉地选择不会产生风险的业务活动，对已经评估超过了贷款方风险容忍水平的活动进行严格的控制和规避；二是转移风险，即通过将风险转移给第三方来降低业务的风险暴露；三是缓释风险，即通过控制风险过程来减少风险的大小，在应收账款融资业务中，贷款方可以通过物流企业的协助，对借款企业的财务状况、战略决策进行评估，这样可以降低贷款的违约率，减少违约损失；四是接受风险，即当风险收益高于风险造成的损失并且能够得到有效控制时，作为贷款方可以接受相应的风险。关于各个风险控制策略的详细分析可以参考后文关于订单融资业务过程风险的控制分析。

6.3.3 订单融资业务管理与过程控制

1. 订单融资业务管理概述

订单融资业务最初主要应用在国际贸易中，也称为打包贷款，即银行等金融机构以出口商收到的国外订货凭证，例如订单、出口成交合同或进口商开出的信用证等为依据，在出口商接受国外订货到装运前，为出口商提供所需流动资金的一种贷款。随着产业经济从企业与企业的竞争发展为供应链与供应链之间的竞争，供应链的运行机制从推动式变为以客户订单为驱动的拉动式机制，基于订单的融资业务也逐渐从国际贸易的领域扩展到了供应—生产—销售的整个交易链条中。

订单融资业务的流程如图 6 - 6 所示。

根据流程图 6 - 6，可以将订单融资业务划分为三个阶段，即借款企业和订单的选择阶段、合约设计阶段以及业务风险管理和控制阶段。

在借款企业和订单的选择阶段，借款企业首先接到下游企业的订单，然后将订单及相关材料递交给银行申请贷款，银行与物流企业合作审核评估借款企业以

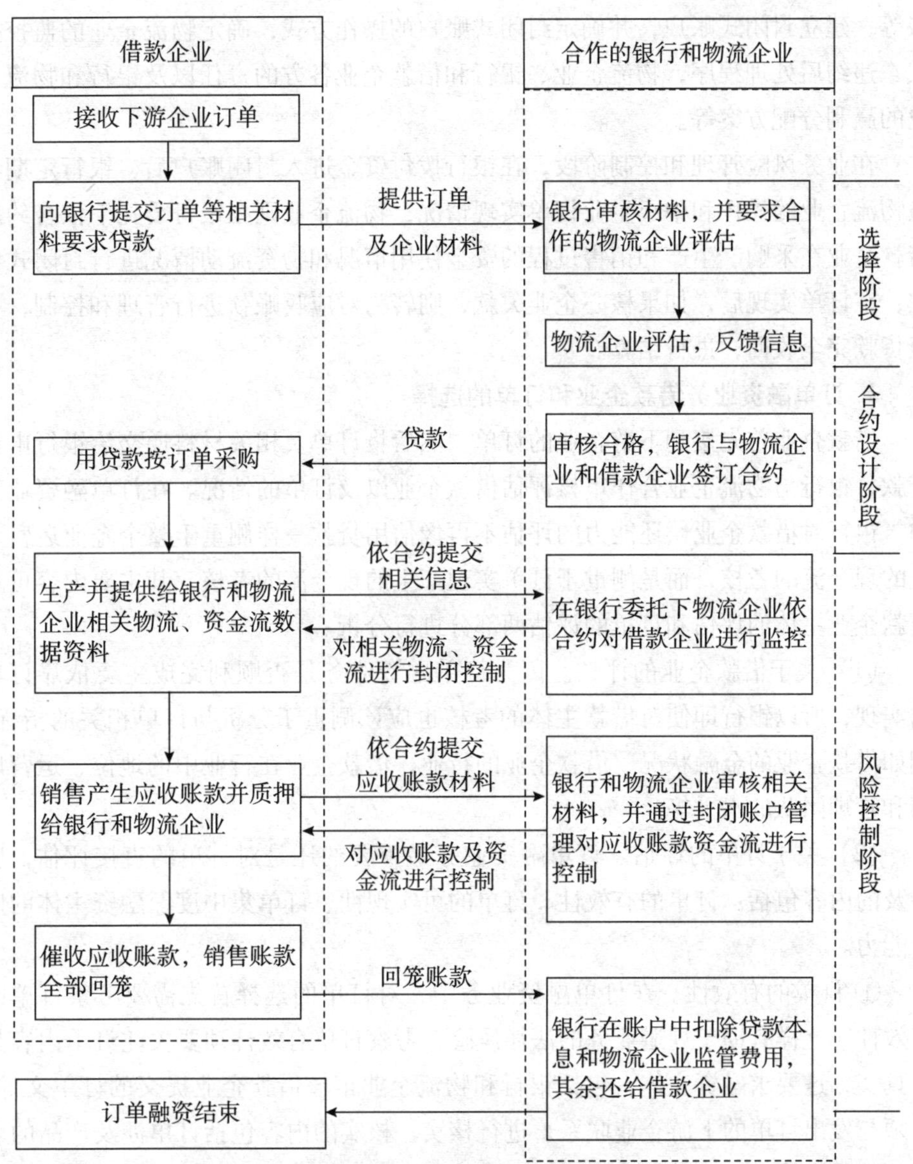

图 6-6　订单融资业务管理与过程控制流程

及订单的情况，确定是否基于订单给借款企业提供融资。

在合约设计阶段，银行确定给借款企业贷款后，由银行、物流企业和借款企业三方签订贷款合约，合约将规定一些重要指标，例如利率、授信额度、贷款期限等，建立封闭式账户，并确定封闭式账户的操作方式，确定物流企业的监控模式，违约后处理程序，物流企业、银行和借款企业各方的责任以及银行和物流企业的赢利分配方案等。

在业务风险管理和控制阶段，在银行拨付资金进入封闭账户后，银行定期考核物流企业的操作和中小企业订单实现情况；物流企业则在银行委托下依合约对借款企业在采购、生产和销售过程的资金使用情况和物资流动情况进行封闭式监控；在订单实现后，如果核心企业欠款，则转为对应收账款进行管理和控制，直至货款完全收回，进行结算。

2. 订单融资业务借款企业和订单的选择

借款企业首先接到下游企业的订单，然后将订单及相关材料递交给银行申请贷款，银行与物流企业合作审核评估借款企业以及订单的情况。在订单融资业务中，银行对借款企业偿还能力的评估不再像信用贷款一样侧重于整个企业运营产生的现金流的考核，而是侧重于订单实现产生的现金流的考核，其主要内容可从借款企业主体的评估和订单的评估两部分进行分析。

（1）关于借款企业的评估。因为订单融资业务是否顺利完成主要依靠订单的实现，所以银行即使对借款主体的考核也应该侧重于分析与订单相关的指标：例如借款企业的金融状况、借款企业的行业、借款企业在行业中的地位、运营周期和管理团队的水平等。

（2）关于订单的评估。订单融资业务最重要的还是对订单的直接评估，所涉及的内容包括：订单的有效性、订单的可实现性、订单集中度、融资主体的监管能力。

① 订单的有效性。在订单融资业务中，对订单的选择首先需要考察订单的有效性，这样有助于规避业务的法律风险。考察订单有效性须要关注订单内容是否真实，这要求融资主体，包括银行和物流企业审核借款企业提交的订单文件，并须与发出订单的下游企业联系，进行核实。核实的内容包括订单涉及产品的名称、数量和质量，订单的完成周期，完成订单效果的鉴定方式、交接方式以及违约处理方式等。

② 订单的可实现性。影响订单实现的主要因素包括所在供应链的水平、发出订单企业的资信、借款企业和订单发出企业的关系稳定性、借款企业的运营能力等。

③ 订单集中度。在银行给企业进行订单融资业务时，须考虑订单的集中度，即须考虑所融资的订单是否都在同一行业，是否都集中在同一条供应链，更进一步须考虑订单是否都由同一企业发出。

④ 融资主体的监管水平。订单融资业务的安全水平和融资主体的监管水平密切相关，融资主体的监管能力将影响贷款方对订单和借款企业的选择，融资主体监管能力的提高将减少订单融资业务的风险，从而使订单的选择面更宽。影响融资主体监管水平的因素主要有：银行和物流企业的业务关系、信息化程度、银行的业务水平、物流企业的资信和实力、对物资流动的管理水平、对订单封闭式账户的管理水平和对应收账款的管理水平等。

3. 订单融资业务合约设计

银行确定给借款企业贷款后，由银行、物流企业和借款企业三方签订贷款合约，合约将规定一些重要指标，例如，利率、授信额度、贷款期限等，建立封闭式账户，并确定封闭式账户的操作方式，确定物流企业的监控模式，违约后处理程序，物流企业、银行和借款企业各方的责任以及银行和物流企业的赢利分配方案等。

（1）合约的重要指标的确定。

① 贷款利率。《新巴塞尔资本协议》要求银行满足资本充足率要求，以对其信用风险进行有效控制，这就使得订单融资业务对贷款利率的确定，也即对贷款的定价须要从传统的净资产收益率量度的方法转化为基于风险调节资本的收益率计算方法，即 RAROC 方法。

② 贷款期限。在合约中要确定贷款的期限，对贷款期的确定主要依据从借款采购到应收账款完全收回的整个运营周期的长短。

③ 授信额度。在合约中对授信额度的确定，与确定贷款价值比率或质押率相关，贷款方要分析银行对风险的容忍水平、实现订单的风险大小，所控制的物流情况，运营周期的长短以及是否循环使用等因素。

（2）确定封闭式账户的操作方式。借款企业在该账户内可以使用贷款合约规定的授信额度来进行针对该订单的原材料采购、流动资金支付等工作。通常情况下，在贷款合约中会要求款项支付对象单位也在本行开立账户，以使资金封闭在银行可监管范围内流转，保证银行了解资金的流动信息，防范资金用于非该订单的情况发生。尽管不能保证和订单融资业务相关的资金在贷款周期内完全停留在贷款银行的封闭账户中，但是这种做法大大提高了银行对订单业务信息真实性的掌握程度，进而提高了贷款资金的安全和减少了贷款风险。

（3）确定物流企业的监控模式。在订单融资业务合约中要确定物流企业的监控模式，明确物流企业需要派多少人员参与业务的监管。一般来说，在贷款的运行阶段，物流企业对每笔封闭贷款都要指定专人跟踪管理，对借款企业的贷款用途要逐笔审核，并要求物流企业确定并向银行汇报贷款采购的原材料和半成品的品种、规格、数量、金额和期限，审核并掌控最终的产品，直至货款收回，从而保证贷款只用于产品当期生产的各项直接或合理的间接支出，同时，物流企业必须严格遵守和执行封闭贷款回笼货款使用时的“双签”制度，即要有企业和银行双方的签字方能允许贷款使用，对企业销货款未进专户、挤占挪用封闭贷款或有逃废银行债务行为的，物流企业则有权通报银行停止发放贷款。

（4）确定违约后处理方式。订单融资业务合约须规范违约后处理方式：一般借款企业在订单无法实现或订单实现成本太高时可能违约，也可能在其他项目流动性资金发生问题时挪用贷款资金而违约，也可能在下游厂商不履行合约或应收账款无法收回时发生违约，对于不同的违约情况，合约应该规定不同的违约处理方式。

（5）确定物流企业、银行和借款企业各方的权利和义务。合约将确定物流企业、银行和借款企业三方的基本权利义务条款。

（6）确定银行和物流企业的赢利分配方案。在确定了基本的赢利模式后，具体的收益指标须在合约中明确指出，并须指明结算方式、交接程序和违约处理方式等。

（7）银行定期考核物流企业的监控水平。因为物流企业是银行在订单融资业务的监管代理，所以在合约中也须明确对物流企业监控的考核方式，确定考核人员、考核程序以及需要的文件。

4. 订单融资业务风险管理和控制

（1）订单融资业务控制过程分析。一般来说，即便管理和控制最简单的订单融资业务都是相当复杂和烦琐的。这种复杂性主要来自于借款企业本身。借款企业要实现订单，获取转化为现金形式的利润，需要经历一个相当复杂的过程，需要完成一系列的任务，中途会遇到各种问题，所以要控制订单融资业务的风险就必须首先了解借款企业实现订单的整个运营过程。

关于订单融资业务的控制如图 6－7 所示。从这个图中可以看出，银行和物流企业合作对拥有下游厂商订单的企业开展订单融资业务，并对业务进行相应控制，控制的重点将是借款企业实现订单并最终收回现金的整个运营过程，共包括采购、生产、销售运输、提供服务和货款回收五个环节。借款企业是否运营成功主要看是否能实现订单收回货款，因此是否满足下游厂商的需要，对借款企业来说将是关键的因素，这也是贷款方业务控制的重点。

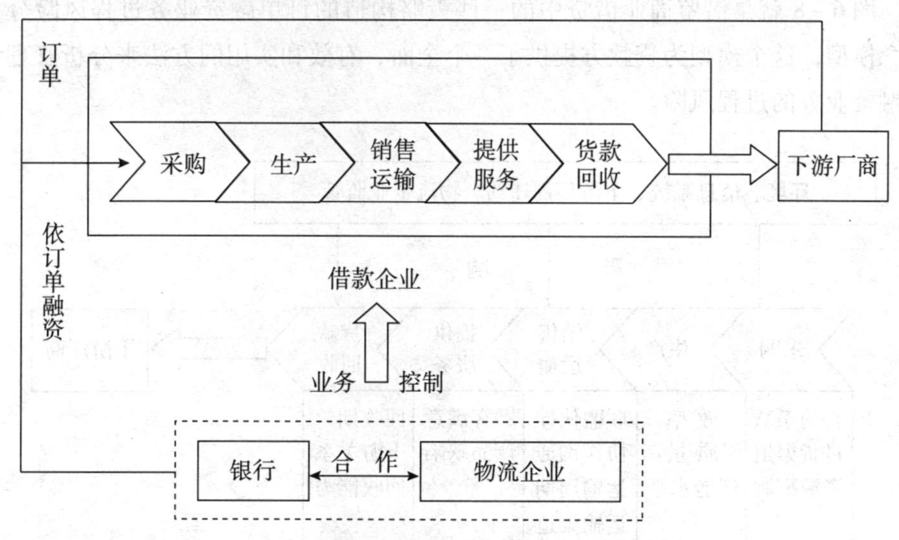

图 6－7 订单融资业务管理与控制框架

作为贷款方应仔细分析订单实现的五个环节。具体来说，采购是最初的环节，指的是用银行贷款获得原材料及所需服务来实现订单生产。紧接着是生产，在生产阶段，借款企业将通过生产制造转化劳务和原料为最终产品，对生产制造型的企业来说，生产无疑是它的核心环节，也是贷款方需要重点控制的一个环节。在销售运输阶段，借款企业应尽量满足下游厂商的交接要求，包括时间、数量、服务和经验方面的要求，对于运输，借款企业需要制订详细的计划，确定是自行进行，还是外包给第三方，还是由下游厂商来实行，并须确定用什么具体方式来将产品交给下游厂商。在提供服务阶段，借款企业须在产品交接后给下游企业提供相应的售后服务，售后服务的内容包括辅助下游厂商正确使用产品、回收有缺陷的产品以及保证产品使用安全等，这样能够使下游顾客满意，从而保证货款回收的安全。而在货款回收阶段，借款企业须继续保持和下游企业的长期稳定的关系，并组织专门的人员严格管理应收账款的回收工作，以降低货款回收风险。

（2）订单融资业务过程风险识别。不同于传统的信用贷款，订单融资业务由主体准入为基础的风险控制理念转变为基于价值链过程控制的风险管理理念，因此了解借款企业的订单实现过程是识别、评估和控制订单融资业务风险的关键。图6－8就是借鉴商业借贷中的一些策略构造的订单融资业务过程风险分析概念模型，这个模型为贷款方提供了一个全面、有效和实用的方法来分析管理订单融资业务的过程风险。

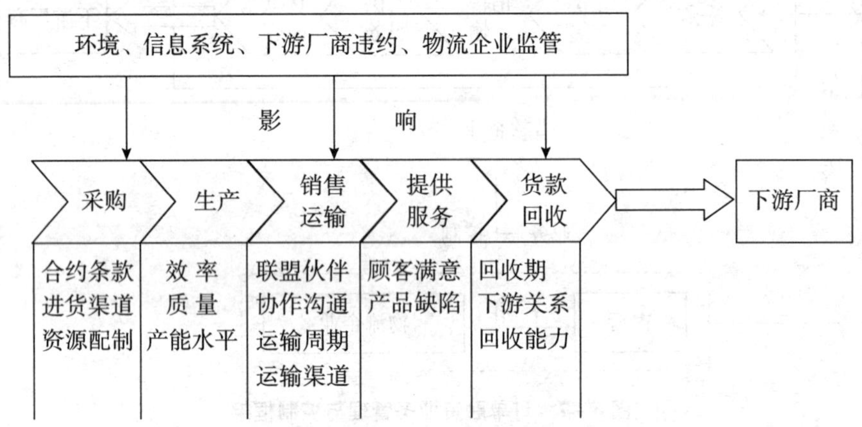

图6－8 基于过程的订单融资业务风险分析模型

从这个模型可以看出，订单融资业务的主要风险可以分为五种：订单实现过程风险、环境风险、信息系统风险、下游厂商违约风险和物流企业监管风险。这些风险都会影响借款企业实现订单的能力，并最终影响订单融资业务的贷款偿还。在这五种风险中，订单的实现是影响订单融资业务贷款偿还的最重要的因素，所以订单实现的流程风险分析应该是基于过程的订单融资业务风险分析模型中的核心，而其他的四种风险，则是通过影响订单的实现过程而影响订单融资业务。以下将逐一对这些风险进行讨论。

① 订单实现过程风险。借款企业实现订单的过程充满着风险，这些风险都会影响现金流量。以下将分别阐述。

采购：根据图6－8可知，借款企业实现订单的最初环节是采购。在这个环节，隐含了一些重要的风险因素。首先是合约条款方面的风险，这些风险指的是借款企业由于缺乏相关可靠的信息而使得企业在定价和制定其他合约条款时不能有效维护企业利益，例如，采购时间的不合理、成本太高以及采购的原材料不合格，等等。其次，进货渠道也影响了采购环节，比如一些关键资源的进货渠道过于狭窄，造成在进货上受制于供应商，供应商违约的风险加大，从而影响采购的时间和质量。最后，资源的配置也会影响采购环节，这类风险主要是由于不合理资源配置方式和相关信息的缺乏造成的，也就是说，采购的资源批次、数量和时间是否合适，稀缺的资源是否能够保证各个部门的均衡，保证风险和收益的均衡，是否能利用得更有效率，这些将影响借款企业在采购环节的竞争优势，从而影响采购的效率和效果。

生产：生产产品过程的复杂性将导致订单实现过程的大量风险。生产的效率是影响生产的一个重要因素，尤其是在这个高度竞争的环境中，借款企业如果不能以有效的方式生产出合理价格和高质量的产品，就会威胁订单的顺利实现。此外，银行还须考虑产能失衡的风险。其中，产能失衡的风险表现在两方面，一方面指借款企业可能缺乏足够的产能，导致无法及时满足订单生产的需要，另一方面指借款企业也可能由于产能过剩而导致利润降低从而引起风险。

销售运输：产品生产出后就须销售运输给下游厂商。在这一环节，借款企业有可能自营物流或者将运输职能外包给第三方物流企业，如果是后者，联盟伙伴的选择会影响销售运输环节，它将成为影响销售运输的关键因素，因为在这一过程中，有可能会产生第三方的道德风险，当第三方不按照合约规定完成职能时，就会大大地影响借款企业物流战略，从而影响订单实现的效果；而当销售运输的职能被不同的企业与部门分担时，协作沟通产生风险的概率也将增加，它们对订单实现也有影响；另一个影响产品运输环节的风险因素是运输周期的不确定性，即订单产品是否能够在规定的时间运达正确的地点；最后，许多订单实现过程出现风险都是因为没有找到合适的分销运输渠道，这使得产品不能以一种及时可靠的方式运达下游厂商，所以运输渠道的选择也是贷款方须关注的风险。

提供服务：订单产品被运抵下游厂商后，借款企业须要提供合约规定的售后服务。在这个环节会遇到与顾客满意相关的风险，即借款企业处理下游厂商的抱怨、问题和售后的服务无法达到顾客的预期，从而影响贷款的正常回收；这个环节还会有大量客户信息的反馈，这些信息对后续订单的采购、研发和生产影响很大，因此处理不当也可能产生风险；此外，由于产品缺陷产生的高返回率，也意味着借款企业贷款正常回收的风险增加。

货款回收：订单实现过程的最后一个环节是货款的回收。在这个环节，货款的回收期是产生风险的一个重要因素，一般回收期越长，由下游厂商还款不确定性造成的风险越大；而与下游厂商保持稳定的关系也会影响货款的回收，作为贷款方要重点审查这个因素；此外货款的有效回收还与借款企业本身的回收能力相关，借款企业是否有专门管理应收账款回收的部门，与其他部门，尤其是财务部门的沟通如何，是否有专门的人员，他们的经验如何，是否有一贯稳定的程序处理货款回收，等等，这些都将影响货款的顺利回收。

② 环境风险。环境风险指的是借款企业运营环境产生的风险，它可能影响订单实现过程的某个或某几个环节，有些甚至影响订单实现的整个过程。环境风险实质上可以分为自然、经济和政治三种类型。自然风险主要指的是由火灾、洪水、风暴等引起的自然灾害对订单实现的影响，比较难以预测，因此要求借款企业有相应的应急机制来有效转移与缓释此类风险。经济风险反映的是和借款企业订单实现相关的劳务、资本和产品市场的不确定性，它们包括原材料价格、就业率和工资水平、通货膨胀率和利率等因素。如果借款企业对这些风险相当敏感，那么这些风险对订单的有效实现将有很大影响。此外，经济风险也可能包括行业因素，例如行业的竞争度等，这些将影响对资源的争夺，从而影响订单的实现效果。政治风险主要指的是地方、国家乃至国际上的一些重要事件所导致的环境的不确定性，这些不确定性将影响订单的实现，例如发生战争或突发事件影响整个宏观经济，或者政府颁布法律规章改变了与借款企业订单实现相关的运营，比如道路交通法的实施就深刻地影响了物流和运输环节。

③ 信息系统风险。随着信息化的发展，与信息系统相关的风险也越来越重要。因为现今企业的采购、研发、生产和运输都离不开信息系统，例如，ATM网络、自动化的生产和客户服务系统，等等，这就需要大量的硬件和软件，这些硬件和软件的性能和使用情况都会产生大量的风险，因此借款企业是否能确保信息系统平稳的运行，是否有有效的措施及时处理遇到的突发问题，是否有对信息系统进行持续更新的能力，这些都会影响订单的实现。作为贷款方，为确保贷款的回收，就必须关注借款企业的信息化程度以及和相应风险管理相关的措施和程

序实施状况。

④ 下游厂商违约风险。发出订单的下游厂商的违约风险也是影响订单实现的一个重要影响因素。下游厂商的资信状态，包括一些基本指标，例如，财务状况、资本实力、企业管理素质、领导人素质和现金流状况等都会在一定程度上影响订单的实现，从而给订单融资业务的贷款方带来风险。因此，在业务的合约中还可以将授信偿还与订单发出企业进行责任捆绑，以利用整体的供应链信誉关系实现有效的风险控制。贷款方对发出订单企业的信用评估，和信用贷款中对借款企业的评估方式基本一致，不过由于订单融资业务主要依靠订单的实现，所以对发出订单企业的信用评估更强调它们的历史信誉和过往的交易记录，这些指标理应获得更高的权重。

⑤ 物流企业监管风险。因为物流企业最了解借款企业的运作及基本状况，银行需要物流企业实行专人管理、专人负责，做到供产销单独记账，成本费用单独核算，效益利润单独反映，即从银行信贷资金的注入到原材料的购进，从产成品的销售到贷款的归行，从本息的收回到整个资金的运转过程均实行封闭，这就要求物流企业须按合约担负监管职能。因为在物流企业的监管过程中，银行和企业是委托代理关系，所以肯定会产生物流企业的道德风险，也就是说物流企业有可能欺骗、不负责任、虚假上报或者监管失误，物流企业的监管风险将影响订单融资业务的风险。而且，物流企业的积极配合也将影响借款企业的运作，特别是原材料、产品的进出库等都和物流企业的监管相关，物流企业的监管水平也将直接影响订单的实现过程。

（3）订单融资业务过程风险控制。基于过程的订单融资业务风险分析概念模型比较全面地描述了借款企业实现订单过程中所遇到的风险，这个模型能够在以下几个方面帮助贷款方管理订单融资业务的过程风险：一是识别影响借款企业实现订单的风险因素；二是确定借款企业实现订单的风险产生来源、产生原因和产生方式；三是评估借款企业实现订单过程中的主要风险的大小、集中度和对现金流的影响。

当分析了借款企业订单实现过程的各种风险后，贷款方就需要在考虑自己的风险容忍水平时采取相应措施来管理这些风险。风险管理的策略通常分为四种：一是规避风险，即自觉选择不会产生风险的业务活动，不过因为风险是企业活动的内在特征，完全的规避几乎不可能，好的选择是找到一个均衡，就拿订单融资业务来说，这意味着对已经评估超过了贷款方风险容忍水平的活动进行严格的控制和规避，而对一些在容忍水平以内的风险则可以接受；二是接受风险，即当风险收益高于风险造成的损失并且能够得到有效控制时，作为贷款方可以接受相应风险，这样做也是出于均衡的考虑；三是分散和转移风险，即采取“把鸡蛋放在不同篮子里面”的方法来分散和转移风险，通过将风险转移给第三方来降低订单融资业务的风险暴露，例如，对已经识别和评估的具体风险，贷款方本身既可以要求借款企业进行相应的保险也可以对风险进行套期保值，从而有效地将风险分散或转移，再如，通过运用金融工程的方法，贷款方可以将订单融资业务面临的风险暴露加以分解，从而使其自身保留一部分必要的风险，然后把其他风险通过金融衍生产品（如互换、远期、期货和期权等）工具传递给他人，甚至还可以利用场外交易市场成功地创造更多新型的衍生产品，例如将各种订单贷款抵押构建资产池进行证券化等；四是缓释风险，即通过控制风险过程来减少风险的大小，在订单融资业务中，贷款方可以通过封闭控制相应的质押物（包括原材料、半成品和产成品等）或要求相应担保的策略来缓释订单融资业务的信用风险，这样可以提高贷款的违约回收率，减少违约损失。

总之，在订单融资业务中，不管贷款方是采取某一种风险管理策略还是各种策略的组合，都必须基于订单实现的价值链过程对业务的风险进行分析和管理，而且这种风险分析和管理是动态的，这就要求银行和物流企业需要紧密的合作来把握业务的变化。

→［实例 6－5］订单融资业务管理案例①

实例 1：杭州市滨江区李老板前些天接到一笔外贸订单，订货方要求一个月内交货，而且规定货到后付款。这笔订单对李老板充满了诱惑力，只是目前手头缺少足够的周转资金，李老板急得团团转。李老板将所有资信材料备齐，分别向几家大银行申请贷款，但因为缺少有效的抵押和担保，而且贷款金额较小，很多银行认为风险很大，收益很低，不愿贷款。刚好，最近招商银行杭州分行推出了“中小企业融资担保一路通”产品，其中“发票、订单一路通”业务正是针对企

① 李毅学，等．物流与供应链金融评论，北京：科学出版社，2010 年。

业的订单和应收账款开展的融资服务，在这一业务中，银行不再仅仅只考虑企业的规模和财务报表，而是更多关注企业手上订单的真实性，企业的组织生产能力，下游厂商的实力和信誉，以及企业与下游厂商的历史交易记录。正是将贷款评估的重点放在了“债项”上，招商银行认为李老板的企业具有真实稳定的贸易背景，订单完全可以保证完成，并能够顺利回收贷款，信用度完全符合银行设定的标准，因此给予了李老板所急需的贷款，使李老板顺利地利用贷款购买了原料和服务，完成了订单，而自已也顺利地回收了贷款。

实例 2：为满足小企业多样化融资需要，助力小企业健康持久发展，中国工商银行北京分行针对大型石油企业供应商的特点，量身打造了“能源通特色订单融资”业务。这一业务是专门为解决供应商因持有大型企业采购订单所产生的资金需求而提供的短期融资产品，该产品具有几大特点：首先，供应商可以凭采购订单获得融资，相比传统贸易融资产品，银行资金能够提前介入，解决发票开出时间较晚所造成的资金供需错位问题，真正填补了企业的资金缺口。其次，该产品的审查重点集中在核查订单的真实性、确认付款账号是否为该行回款专户，以及落实供应商担保方式，审批时效得到了大幅度的加强，节省了企业宝贵的时间。再次，由于银行认可付款方的付款能力，因而相对弱化了对供应商自身担保方式的要求，使得担保方式更加灵活，为小企业解决了抵押物不足而又急需资金的问题。据该行负责人表示，“能源通特色订单融资”业务，是工行北京分行继“城建通”产品之后推出的又一款中小企业专属融资产品，此项业务也填补了该行在石油业务领域的市场空白。下一步，工行北京分行将进一步细分客户市场，加快产品创新步伐，着力推动核心企业上下游国内贸易融资业务，为小企业发展增添新的活力。

实例 3：年交易量高达 2400 亿元的“台塑网”，相当于台积电一年的营业额，已经成为东南亚最大的 B2B 电子交易市场。目前在这一电子市场上来来往往的供货商及采购商会员数已高达 10000 多家，因社群经营产生的集聚效应，不但建立起了公开公平的采购平台，共同提升了经营绩效，更形成了强大的采购力，大幅节省了产业链上中下游的采购及时间成本。在这一电子交易市场上，台塑的供应商一旦拿到台塑的订单，这一订单就被称为“铁单”，金融机构很乐意将这些订单做为融资的担保品，承包商或供货商可以以订单向特约银行办理较优惠的融资方案，取得低利贷款。为更好地加快物资和现金的流转，满足电子交易市场上大量交易衍生的资金需求，在台塑网上，台塑集团还与一些特约银行合作将“订单融资”的功能整合在了平台上，承包商或供货商因而可以更加方便地获得订单融资贷款，大大降低了融资成本，最终也使得台塑网的发展越来越大。

实例评析

未来的供应链是拉动式的供应链，其运作将更多地体现订单驱动的特征，当供应商拿到下游厂商的订单时，就需要大量的资金去购买原材料和服务，以便尽快地满足下游企业的需求，而订单融资业务正是根据这一需求衍生而来的金融服务产品，它能够很好地解决手持订单的供应商的资金需求问题，而且也与供应链未来的发展趋势相吻合，因而具有巨大的发展空间。

随着信息技术和电子交易的发展，国内外尤其是我国的商品交易将越来越依托于电子交易市场来进行，这些市场会衍生大量资金需求，金融机构完全可以与物流企业、电子交易市场运营商等合作，将订单融资功能嵌入到电子交易平台上，这将使业务运作自动化和可视化，一方面可以大幅减少运作成本，提高业务运作效率，有力地支持交易市场内企业的运作，另一方面可以使贷款风险大大降低，使银行贷款的质量有效提高。

6.4 案例：物流企业进行物流金融系统规划的比较分析①

1. 引言

供应链时代，企业再也不能像工业化时期的福特公司一样什么都做了，它们必须专注自己的核心竞争能力。此时的企业单打独斗已没有出路，它们必须在供应链上找到自己的盟友，找到自己的归宿，借助供应链的平台生存与发展，这就要求物流能够快速的不间断运行，以提高整体供应链的效率。这种物流在供应链上的快速无缝运作，需要资金在供应链采购、生产运作以及销售回笼等经营过程各个环节都实时匹配，而这在传统的质押融资业务下仅依靠银行与借款企业的两方往来是难以办到的，时代已需要物流企业深度参与甚至主导物流金融业务，来有效沟通银行与借款企业的联系，成为供应链上物流与资金流运作的“管家”，

① 李毅学，等. 物流与供应链金融评论，北京：科学出版社，2010 年。

物流企业开展的物流业务形式因此也深刻地影响了物流金融创新的形式。

依照物流金融发展的这一内在逻辑，我们可对业界代表性的物流企业——中国物资储运总公司与深圳市怡亚通供应链股份有限公司进行物流金融系统规划的情况进行分析。

2. 中储——国内物流金融的先行者

中国物资储运总公司是我国最早开展物流金融创新的物流企业，自从20世纪90年代实施国有企业改制后，发展到现在中储总资产已达60亿元，拥有货场面积300万平方米，库房面积150多万平方米，能储存各类生产、生活资料，年吞吐货物5300万吨，年平均库存300万吨。中储还以各地物流中心为依托，把商流与物流相结合，形成了四通八达、纵横交错的商品销售网络。而根据我国流通体系特色建立的现货交易市场更是中储独有的流通渠道，具有独具特色的“前店后库”式格局，能提供物流延伸服务、市场配套服务和融资服务等，成为聚商流、物流、资金流、信息流为一体的综合物流基地，体现了我国流通体系的本土化特征。许多入驻现货交易市场中的企业在物流运行过程中都衍生了对资金的大量需求，中储正是依靠自身的物流资源规模、全国性的网络、庞大的客户群以及品牌和信誉等核心竞争优势，与银行合作对中储的客户企业提供物流金融服务，并取得了飞速发展。

因为拥有巨大的仓储资源，中储在1999年开展的我国第一单物流金融业务就是从存货质押开始的，发展到现在，单环节针对流通企业的存货质押融资业务仍然是中储物流金融的核心，按中储网站提供的数据，仅2006年上半年，中储系统内29家单位与银行合作共为客户提供质押贷款融资额56亿元，同比增加93%，累计质押货物289万吨，同比增加137%，累计质押货物价值75亿元，同比增加63%，实现融资的期末余额50亿元，同比增加194%。

作为物流金融领域的先行者，中储在业务的拓展中也面临着许多挑战：一是从传统国有企业转型而来的中储物流资源参差不齐，在执行统一标准、统一管理、统一调配方面需要进一步加强，在多方参与下物流金融业务效率也有待提高，以更好地为客户量身定做物流金融服务；二是银行和物流企业在物流金融业务管理上的技术储备不足和相关经验数据的缺乏等情况，也对中储物流金融业务的广泛和深入开展产生了一定的制约，例如在存货质押融资中，一旦存货价格连续暴跌、借款企业又违约的情况下，贷款方能否将质押存货快速变现、价格如何确定，以及增值税如何计算等问题都需要中储和银行来共同制订细则加以解决，这也要求中储与金融机构、中小企业之间业务信息与数据的共享进一步加强；三是供应链发展趋势要求物流金融逐渐的全程化，中储如何衔接供应链条的各个环节，如何利用现有的资源，从单环节质押融资过渡到多环节直至全程融资，成为了中储物流金融进一步拓展的关键。

目前来看，随着中储逐渐发展成为一个现代化的大型功能性第三方物流企业以及业务风险管理水平的提高，其物流金融业务将呈现如中储常务副总经理姜超峰所指出的几大趋势：①从静态质押监管向动态质押监管发展；②从自有仓库监管向库外仓库监管发展；③从流通型客户向生产型客户发展；④从现货质押向买方信贷发展；⑤从单一环节向供应链全过程发展。

3. 怡亚通——供应链上的物流金融范本

相对于中储，怡亚通则从另一个角度展现了物流金融的魅力。创立于 1997 年的怡亚通，先后经历了“单一代理通关”和“IT 物流”等第三方物流模式，在此基础上逐步导入供应链管理模式。仅仅 10 年，怡亚通就从单一环节的小型货代企业发展成为国内最领先的供应链专业服务商，其每年业务额保持 40% 多的年复合增长率。作为一个轻资产的公司，2008 年其资产总值已增至 65 亿元，主要客户包括 GE、IBM、AMD、CISCO、PHILIPS、清华同方、海尔、英迈等国内外顶尖企业。相比于本土传统的供应链管理服务商，怡亚通主要采取的是目前国外物流企业普遍采用的“一站式”供应链管理服务模式：供应链上核心的制造企业将生产研发之外的非核心业务转包给物流公司，物流公司将所有流通环节整合起来，提供包括从订单下达、仓储、配送、销售、资金回收与结算等各环节的整体服务。这种“管家”式的服务使整个供应链物流运作过程更加一体化、响应速度更快，还能减少库存，降低管理成本。

不过，如果怡亚通仅从事供应链一体化业务还不足以体现和别的现代物流企业的区别。研究发现，通过物流金融业务来有效支撑供应链一体化服务运作才是怡亚通飞速发展的深层动因。因为怡亚通在接到核心企业的外包业务后，需要整合供应商、第三方物流企业、分销商甚至制造加工商等来从事相应的采购、仓储、分销等各类业务，当这些企业资金出现问题时，怡亚通需要用资金流来支撑相应的物流运作，包括资金垫付、相关结算和应收账款回收等，而这些运作仅靠怡亚通自身实力是难以做到的，它们需要与金融机构合作开展物流金融业务。事实上，在具体实务中怡亚通正是从银行获得了大量的授信额度，从而给供应链运作提供了有效的资金支持。这样既保证了物流的不间断运行，保证了供应链一体化服务得以实现，而且怡亚通还可以通过物流金融业务获取高额的息差收入以及保险结算等其他的金融增值服务收益。由于供应链一体化运作服务与单环节功能性物流服务区别较大，所以怡亚通提供的物流金融业务也出现了和中储开展的物流金融业务不一样的特性。在供应链一体化运作过程中必然牵涉到采购垫资、生产流通、销售到货款回收各个环节，若要对这一过程形成资金支持，不仅需要存货质押融资业务，还需要相应的预付款融资和应收账款融资以及保险、结算的有机配合，这样才能保证物流的一体化运作和无缝化衔接，因此怡亚通的物流金融业务呈现了强烈的全程性和组合性的特征，反映了供应链时代物流金融业务发展的趋势。

由于要在转型中的中国市场实施现代化的一体化供应链服务，怡亚通开展物流金融面临的挑战也是高难度的：一是资金流来源有待扩展。为保证资金流的顺畅，同样从事一体化服务的国际物流巨头 UPS 与 DHL 等都通过收购银行，使其为物流业务提供资金支持。而受国内政策限制，这一混业经营模式对怡亚通而言无法实现。目前怡亚通所需资金大多来自银行，可靠资金的来源比较单一，而且其与银行的业务关系稳定性也比不上中储与银行的战略关系，如果国家采取收缩信贷的政策手段，则对倚重金融机构资本来进行一体化服务的怡亚通而言，其业务量将可能受到较大影响。二是风险控制方面有待加强。由于怡亚通是轻资产公司，为客户代付货款的规模又较大，怡亚通负债率一直居高不下，因此，任何一次的收款不畅，都有可能给公司资金链带来较大打击，而且怡亚通从事的一体化服务涉及的环节特别多，处理的业务烦琐，风险控制难度特别大，所以怡亚通在风险控制方面需要有效的技术支持。三是业务外包时的控制问题。作为供应链整合商的怡亚通，不可避免要将许多物流业务外包，那么，如何借用社会资源进行物流金融业务的有效运作和控制从而支持一体化服务，就成为怡亚通开展物流金融业务的关键。

根据怡亚通物流金融的特色与面临的问题，可以预测怡亚通发展的趋势：①物流金融业务从支持国内供应链运作到支持跨国供应链运作；②多方扩展融资渠道，重点防范资金风险；③风险控制措施逐渐加强；④建立与运行更加完备的网络和物流资源来解决业务外包时的控制问题。

4. 中储与怡亚通——物流金融的个性化比较

表6-2归纳了中储与怡亚通开展物流金融业务的区别。

表6-2　　中储与怡亚通开展物流金融比较

	中储	怡亚通
资产类型	重资产	轻资产
企业类型	功能性第三方物流仓储企业	第四方供应链整合服务商
物流业务类型	以仓储为核心的物流业务	供应链一体化服务
物流金融类型与特征	以存货质押融资业务为主	全程性的物流金融业务
面临挑战	一是多方参与下物流金融业务效率；二是自身业务控制；三是全程化物流金融的拓展	一是资金流来源有待扩展；二是风险控制方面有待加强；三是业务外包时的控制问题
发展趋势	①从静态质押监管向动态质押监管发展；②从自有仓库监管向库外仓库监管发展；③从流通型客户向生产型客户发展；④从现货质押向买方信贷发展；⑤从单一环节向供应链全过程发展	①从支持国内供应链到支持跨国供应链运作；②多方扩展融资渠道，重点防范资金风险；③风险控制措施逐渐加强；④建立与运作更加完备的网络和物流资源来解决业务外包时的控制问题

通过表6-2，可对中储与怡亚通的物流金融业务进行基本的比较。中储与怡亚通，它们一个是重资产，一个是轻资产；一个是功能性的第三方物流仓储企业，一个是第四方供应链整合服务商；一个扎根于中国特有的现货交易市场，主要从事以仓储为核心的物流业务，因此其选择的物流金融也以存货质押为主，然后逐渐地向供应链上下游扩展，一个则追随现代化物流管理的潮流，主要从事供应链一体化服务，因此其选择的许多物流金融创新业务也呈现出全程性和组合性特征；一个体现了物流金融业务在我国发展所独有的现实性和本土化，一个则体现了物流金融业务在供应链时代的发展趋势。这样的对比非常的鲜明，表明了物流金融业务在现实中的实际表现具有强烈的个性。如同管理模式一样，物流金融的创新模式也同样可以学习，但不可复制，因此，现实中的物流企业都应从自身的核心优势出发，找到自己开发物流金融业务的独特模式，找到一条适合自己的

发展路径。

6.5 本章小结

本章对现实中的物流金融服务系统进行了系统的归纳和总结，借鉴供应链管理的思想，将现实中纷繁多样的物流金融服务划分为基于交易关系的预付款融资、基于存货的物流金融服务和基于应收账款的物流金融服务三大类，并分别阐述了存货质押融资、应收账款质押融资和订单融资业务这三种现阶段流行模式的表现形式。

在归纳了物流金融服务系统的基本特征和结构后，本章从存货质押融资业务的管理与控制、应收账款融资业务的管理与控制以及订单融资业务的管理与控制三个方面对现实中的物流金融服务系统进行了规划，提出了不同类型物流金融系统控制的步骤与方法，这些分析有助于理解和管理一个新的但又越来越重要的系统，即物流金融系统，最终实现商流、物流、信息流和资金流的整合优化。

7 物流规划案例综合分析

7.1 物流系统诊断资料：爱佳物流系统运作快速诊断[①]

“我们的物流运作为什么不顺畅?”

“我们和先进企业的物流系统差距在哪里?”

“从哪里着手改善我们的物流系统?”

几乎所有的企业物流管理者都在进行这样的思考。实践证明，来自专业团队的“物流运作快速诊断”服务是迅速查清物流问题、找出差距、提升物流运作质量的有效工具。以下是爱佳咨询规划部结合近些年的物流诊断实践，总结出的物流系统的典型运作问题及爱佳相应的快速诊断工程流程。

1. 物流系统典型运作问题

(1) 场地与空间问题。伴随着现有业务的增长和生产设备、物流量的增加，原有场地已经用尽。这可能导致：

①物料堆放混乱，取放货困难，影响生产甚至停产；

②处理等量的订单，不得不耗费更多的人力和更长的时间；

③发货延迟；

④生产支持能力衰减；

⑤客户满意度下降。

(2) 作业效率问题。

① http：//www.aflux.com.cn/ZhiShi/ZhishiHtml54.html，爱佳咨询规划部，2002。

①拣货效率低；

②物料无规则的散布堆放在整座仓库内；

③作业人员不得不花更多的时间从事无效劳动；

④物流设备应用错误造成作业效率和质量问题。

（3）作业准确性问题。

①经常性的物料号或订单号输入错误；

②经常性的单据破损或单据文字识别困难；

③经常性的纸张单据手写错误；

④不得不花大量时间纠正数据输入错误，从事无效。

（4）作业库存问题。

①生产中间库存大；

②库存水平高；

③经常性的延迟交货；

④库存记录上有，但是找不到货；

⑤大大小小的订单处理复杂，订单处理成本高。

（5）人机工程方面的作业问题。

①作业人员经常攀爬、弯腰、站立、屈身取、放货；

②作业人员要经常处理超体积、超重量货物；

③低温作业困难；

④快节奏和高速度的物料处理需求。

（6）劳动力问题。

①耗时费力的劳动；

②作业人员不得不经常从事低价值，或无增值作业；

③每天中或季节性的劳动力需求波动；

④某些作业环节的作业“瓶颈”、物料或中间产品滞留。

2. 爱佳物流系统运作快速诊断典型工作流程

（1）初步现场调查。1～2 名爱佳物流工程资深专家将对企业的仓库、物流中心和生产车间进行初步现场调查，通常耗时 2～4 个小时，了解目前面临的问题、潜在问题，探究有待优化的作业功能区及作业流程。据此调查，爱佳物流诊断项目组将提交一份工作建议书。爱佳现场调查一般关注两个层面，即物流体系结构和具体物流运作层面的概况及关键问题点。

（2）启动物流诊断。双方确认工作建议书以后，爱佳物流诊断团队将组织到达物流运作现场并开展第一次现场工作，启动诊断工作。启动工作阶段，双方项目组成员将共同展开相关工作，包括：

- 确认、细化诊断目标；
- 说明工作计划和工作方法；
- 数据和流程采集工作。

物流诊断专业机构专家将详细说明物流作业数据分析和流程调查所需要的原始数据，并带领或帮助用户方成员采集整理相关数据。

诊断启动阶段还将完成其他三方面的工作：

①针对总体物流流程的细部调研。爱佳物流诊断项目组将展开全面的现场调查，从收货直到发货的整个流程，调查作业数据、场地资料并展开关键作业点的作业者访谈。

根据访谈依据和后续的数据分析结论，物流诊断专业机构专家将整理出相关物流需求和初步诊断结论，包括：

- 作业场地、空间数据需求及结论；
- 生产和配送相关的物料流程需求及分析；
- 库存和物料搬运需求及分析；
- 物流信息管理需求及初步分析；
- 物流扩展需求及分析等。

②概念方案设计。爱佳物流诊断顾问将协同用户方项目成员整理前期数据和现场调查结论，并设计不同特点的概念设计方案。

③提交、讨论初步结论文件。在此阶段（或该现场工作阶段后），爱佳物流诊断顾问将整体提交一份前期数据和现场调查的初步分析文件。在该文件中，将定义关键物流问题和存在优化条件的工作流程或功能区域。

（3）细化概念设计方案，准备结论性诊断报告。爱佳物流诊断顾问将在双方参与设计的概念方案基础上，从作业流程、系统布置、信息系统需求、设备及人员需求、预算等方面全面细化方案。其间，将贯穿多次的细节讨论。在该工作阶段，爱佳物流诊断顾问将建议第二次现场工作，该现场工作阶段通常将持续1～2周，以便于物流分析与方案设计工作的深入展开。

（4）讨论、交付结论性诊断报告，确认下一步工作。爱佳物流诊断顾问将建议就结论性诊断报告，向用户方的物流管理高层和相关项目成员进行详细说明和交付。诊断报告中，将明确建议优化工作的开展步骤和工作建议。在该工作阶段，爱佳物流诊断顾问将建议第三次现场工作，以便于用户方深入理解优化方案并顺利地在后续工作中有效贯彻。

7.2 物流需求预测案例：镇江市物流需求预测分析①

镇江市发展计划委员会联合江苏大学工商管理学院于2003年4月开始镇江市市域范围内的现代物流系统规划工作。该规划以《江苏省国民经济和社会发展“十五”计划》、《江苏省现代物流发展规划》、《江苏省发展现代物流业若干政策意见》、《镇江市国民经济和社会发展“十五”计划》、《镇江市城市发展总体规划》、《镇江市域公路网规划》、《镇江市沿江产业带规划》、《镇江港总体布局规划》等相关报告为依据，通过对长江三角洲、苏州、宁波、无锡、扬州等实地调研，对发展镇江现代物流相关行业以及物流基础设施调查，结合对镇江几十家制造企业与商贸流通业的需求抽样调查，在镇江现代物流发展战略研究的基础上，研究镇江市发展现代物流存在的问题，明确发展方向，进行镇江市物流需求预测和现代物流布局规划方案的制定。以下是《镇江市现代物流发展报告》中的物流需求预测工作内容简单介绍，其相关分析有助于我们对物流需求预测知识的理解和掌握。

1. 镇江经济发展战略和目标

镇江市在“九五”期间，综合实力显著增强。国内生产总值由1995年的285.86亿元增长到2000年的454.6亿元，按可比价计算年均增长率11.5%，三次产业比例由1995年的11.8∶56.5∶31.7调整到2000年的7∶56∶37。开放型经济初具规模，2000年完成进出口总额13.7亿美元，其中自营出口6.3亿美元。5年累计设计利用外资22.62亿美元，是“八五”总和的3.8倍。科技进步贡献份额逐年加大。社会使用全面进步，人民生活水平明显提高。

根据镇江总体规划及实现“双率先和两步走”的奋斗目标，以2002年为基

① 镇江市现代物流发展规划报告，http：//gzw.zhenjiang.gov.cn/tzdh/dsqy/200908/t20090801_140105.html，2005。

准，到2007年国内生产总值翻一番，达到1122亿元，年递增14.9%左右，二三次产业增加值占GDP比重≥95%；2012基本实现现代化，二三次产业增加值占GDP比重≥96%。

2. 镇江国内生产总值预测

规划主要以《镇江市国民经济和社会发展“十五”规划》和“双率先和两步走”的奋斗目标为依据，对镇江经济发展的总体要求和发展方向预测和历史数据的收集整理，如表7－1～表7－3所示。

表7－1　主要年份国内生产总值

年　份	1996	1997	1998	1999	2000	2001	2002
国内生产总值（亿元）	335.11	360.54	390.56	416.51	452.25	502.66	561.2

表7－2　国内生产总值增长率

经济年均增长率	全国（%）	江苏省（%）	镇江市（%）
2003—2007年	7～8	11.4	14.9
2007—2010年	7	10.5	14.5
2010—2012年		8.3	14

表7－3　镇江市国内生产总值预测　（单位：亿元）

年　份	2007	2010	2012
镇江市	1122	1684	2189
江苏省	15871	26052	57687

3. 人口预测

表7－4　人口及城市化预测水平　（单位：万人）

年　份	总人口	非农业人口	城市化水平
2005	291	119.3	58
2010	295	132.8	65

表 7－5　　分县市人口预测　　（单位：万人）

年　份	市区	丹阳市	扬中市	句容市
2005	110.6	90.2	29.1	61.1
2010	111.4	91.1	30.5	61.7

4. 镇江市物流量预测

（1）全市综合货运量。目前还没有明确的物流量的统计计算方法，因此这里近似地以综合货运量作为物流量的预测值。综合货运量预测采用时间序列法及弹性系数法，并参照《镇江市交通发展远景规划》，如表 7－6 所示。

表 7－6　　预测年镇江市货运总量　　（单位：万吨）

预测方法 \ 年份	2005 年	2007 年	2010 年	2012 年
时间序列法	8380.7	8986.2	9770	10500
弹性系数法	9412	10760	12592	13876
本规划取值	8900	10500	12200	13600

（2）分县（市）综合货运量。各县（市）综合货运量预测根据各县（市）历年的综合货运量及其占全市的比例，考虑其经济发展趋势，确定未来各县（市）的综合货运量比例，由此可得预测年货运量，如表 7－7～表 7－8 所示。

表 7－7　　镇江市各县（市）规划年综合货运量比例预测　　（单位：%）

年份 \ 地区	市区	丹阳	扬中	句容	合计
2005	69.5	17.6	3.9	9.0	100
2007	69.8	17.8	4.0	8.4	100
2010	70.0	17.8	4.1	8.1	100
2012	70.2	17.7	4.1	8.0	100

表 7－8　　镇江市各县（市）规划年综合货运量预测　　（单位：万吨）

年份＼地区	合计	市区	丹阳	扬中	句容
2005	8900	6185.5	1566.4	347.1	801.0
2007	10500	7329	1869	420	882
2010	12200	8564	2172	500	964
2012	13600	9547	2407	558	1088

（3）分方式货运量。预测年各种运输方式分担的货运量如表 7－9～表 7－10 所示。

表 7－9　　各种运输方式货运分担率　　（单位：%）

运输方式＼年份	2005	2007	2010	2012
公路	47.2	46.1	45.9	46.0
水路	47.1	47.2	47.4	47.2
铁路	5.7	6.7	6.7	6.8

表 7－10　　镇江市预测年各种运输方式货运量　　（单位：万吨）

运输方式＼预测年份	2005	2007	2010	2012
综合货运量	8900	10500	12200	13600
公路货运量	4200.8	4840.5	5600	6256
水路货运量	4191.9	4956.0	5783	6419
铁路货运量	507.3	703.5	817	925

（4）港口货物吞吐量预测。根据镇江港务公司港口吞吐量统计，1997－2002 年港口吞吐量如表 7－11 所示。

表 7 – 11　　镇江港历年吞吐量一览

年　份	1997	1998	1999	2000	2001	2002
吞吐量（万吨）	2246	2226	2437	2996	2949	3247

规划采用综合分析法对镇江港口吞吐量进行预测：主要参考交通部《全国港口主枢纽总体布局规划》、《全国沿海港口布局方案》、《长江水系航运规划报告》对镇江港吞吐量预测的结果以及采用时间序列与弹性系数法预测的结果进行综合分析，如表 7 – 12 和表 7 – 13 所示。

表 7 – 12　　镇江市货物吞吐量弹性系数法预测计算数据

年　份	1996—2001	2002—2007	2007—2010	2010—2012
吞吐量弹性系数	0. 67	0. 55	0. 36	0. 35
经济增长率	10%	14. 9%	14. 5%	14%
吞吐量增长率	6. 7%	8. 20%	5. 22%	4. 9%

表 7 – 13　　预测年镇江港吞吐量综合调整值　　（单位：万吨）

预测方法 \ 年　份	2005	2007	2010	2012
时间序列法	3647. 7	3999. 2	4526	4878
弹性系数法	4042	4732	5512	6066
本规划取值	4000	4600	5400	6000

5. 镇江市物流空间类型预测

根据物流流通的区域范围，将镇江市物流划分为国际物流、区域物流、城市物流三大类型。

（1）镇江市国际物流量预测分析。2002 年镇江市国际物流中不同类型及不同运输方式的物流量比例如表 7 – 14 所示。

表 7－14　　2002 年镇江市不同运输方式的国际物流量比例

物流量＼运输方式	水运	铁路	公路
货运量（万吨）	609	55.8	56.7
比重（%）	84.4	7.7	7.9

随着镇江市大力招商引资和交通环境的进一步优化，镇江市的国际物流量必将进一步扩大。2005 年、2007 年及 2012 年国际物流量及其不同运输方式构成比例计算结果分别如表 7－15～表 7－17 所示。

表 7－15　　2005 年镇江市国际物流不同运输方式物流量构成预测

起→讫点	运输方式	货运量（万吨）	起→讫点	运输方式	货运量（万吨）
镇江市→国外	水运	425	国外→镇江市	水运	352
	铁路	23		铁路	27.5
	公路	45.5		公路	36.2
	合计	493.5		合计	415.7

表 7－16　　2007 年镇江市不同运输方式的国际物流量预测

物流量＼运输方式	水运	铁路	公路
货运量（万吨）	1050	70	95
比重（%）	86.4	5.8	7.8

表 7－17　　2012 年镇江市国际物流不同运输方式物流量构成预测

起→讫点	运输方式	货运量（万吨）	起→讫点	运输方式	货运量（万吨）
镇江市→国外	水运	680	国外→镇江市	水运	565
	铁路	50		铁路	55
	公路	75		公路	60
	合计	805		合计	680

镇江市国际物流以水路为主。

（2）镇江市区域物流量预测分析。根据《镇江市2002年统计年鉴》和《2002年镇江市交通统计年鉴》，经分析计算，2002年镇江市不同分担方式的区域物流量比例如表7－18所示。

表7－18　2002年镇江市不同运输方式的区域物流量

运输方式 / 物流量	水运	铁路	公路
货运量（万吨）	2643	381.2	1670.3
比重（%）	56.3	8.1	35.6

随着镇江市“十五”计划实施和镇江市交通设施的进一步改善，未来区域物流量会有较大幅度的上升。

表7－19　2007年镇江市不同运输方式的区域物流量预测

运输方式 / 物流量	水运	铁路	公路
货运量（万吨）	3906	633.5	2100
比重（%）	58.8	9.5	31.7

表7－20　2012年镇江市不同运输方式的区域物流量预测

运输方式 / 物流量	水运	铁路	公路
货运量（万吨）	5174	820	2870
比重（%）	58.4	9.2	32.4

镇江市区域物流分担方式水路、公路并重。

（3）镇江市城市物流量预测分析。城市物流包括了镇江市域范围内生产并用于市域范围内生产、生活消费的货流活动，也包括镇江市的港口、货运场站到市内各物流中心、商家、厂家或消费者之间的货物往来运输。从量上分析，城市物流量的大小与本地生产活动和生活消费需求有直接关系，城市物流量的大小与公路内部运输流一致。

根据《2002 年镇江市交通统计年鉴》和《镇江市公路主枢纽总体布局规划》资料统计，2002 年镇江市分县市本地物流量如表 7－21 和表 7－22 所示。

表 7－21　　2002 年镇江市分县市本地物流量

物流方向	市区	丹阳	句容	扬中	总计
物流量（万吨）	952. 5	557. 8	273. 1	121. 6	1905
比例（%）	50. 0	29. 3	14. 3	6. 4	100

表 7－22　　规划年镇江市分县市本地物流量

物流方向	镇江市域内				
	市区	丹阳	句容	扬中	总计
2007 年物流量（万吨）	1322. 8	775. 3	378. 2	169. 2	2645. 5
2012 年物流量（万吨）	1625	953	465	208	3251

7. 3　物流系统网络规划案例：运用系统分析原理解决华润万家超市选址问题[①]

1. 引言

案例选择了一家典型的零售企业——华润万家作为研究对象。以华润万家超市选址问题为导向，以客观的数据资料为依据，以系统分析的相关理论为工具，对超市选址这一问题展开分析，首先使用初步分析对选址的方法、程序进行详细的介绍，结合企业愿景和企业内外部环境分析进行两轮初步筛选，选择出几个非劣方案；接着使用 AHP、模糊综合评价等方法并结合零售学中的商圈理论确定最终店址；最后使用冲突分析方法对店址选择以后可能出现的各个利益主体之间的

① http：//www. laihh. com/html/doc/bbaac8f3cdf2bcd2b3accad0cdf8d5be. html，张彤，夏露等（指导老师：袁治平），2007。

冲突进行深入的探讨，最终为公司的 SBU 层制定一个基于店址和商圈特性的发展战略。（分析框架如图 7－1 所示）

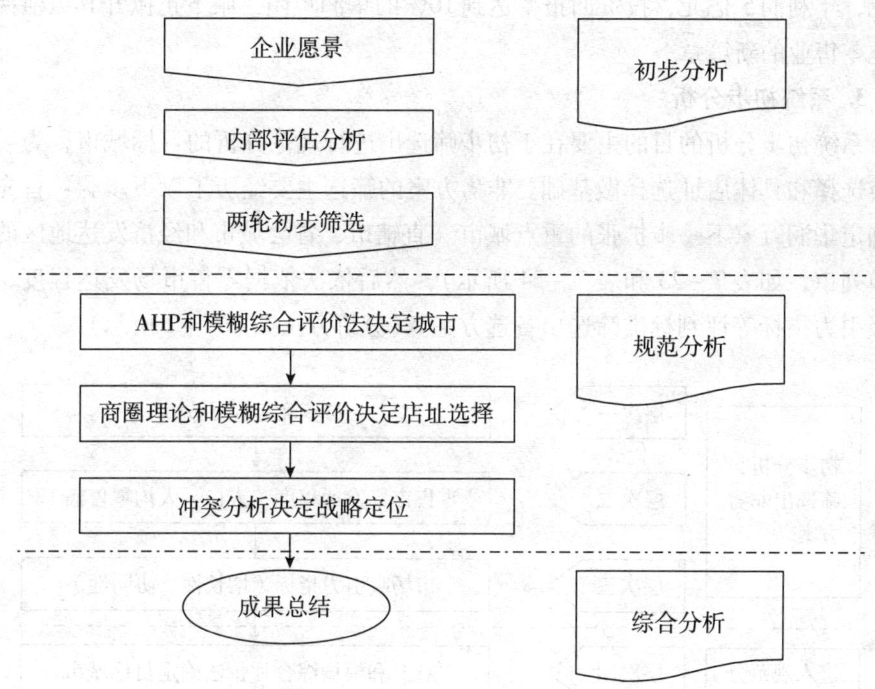

图 7－1　华润万家超市选址问题分析框架

2. 案例背景

华润万家超级市场有限公司（China Resources Vanguard Supermarket Co. Ltd.，C. R. V.）由华润超级市场有限公司和万佳百货股份有限公司整合而成，是华润（集团）有限公司旗下一级利润中心。

1984 年 2 月 14 日，华润超级市场有限公司在香港成立，它的前身是华润采购有限公司，1991 年开始，华润超市积极拓展内地市场，先后在深圳、苏州、天津、北京、徐州等地落户，建立区域性总部，形成了全国性的经营规模和连锁销售网络。2000 年入选中国连锁业百强第 11 位。由于过于快速的扩张和价格战，2003 年超市集团亏损 2000 万元。2004 年 5 月，华润万佳正式对外宣布更换企业名称为华润万家，启动企业新品牌战略，打造零售业最具价值的品牌。

在启用企业新品牌后，华润万家选择了积极的扩张性圈地运动，到 2004 年，华润万佳在内地的大型综合性超市增至43家，拟开56家标准型超市和21家综合型超市，声称将用5年时间在内地投资零售业务50亿元，实现年营业额500亿元，年利润5亿元，投资回报率达到10%的华润集团，眼下正掀开其纵横捭阖内地零售业的新篇章。

3. 系统初步分析

系统初步分析的目的主要在于初步筛选出进行规范分析的目标城市，为后续城市选择和具体店址选择做基础。非劣方案的筛选主要经历了以下步骤：首先初步确定华润万家下一步扩张的重点城市（直辖市、省会城市和经济发达地区的计划单列市，如表7－23和表7－24所示），然后依次依据零售市场发达程度、市场吸引力指标等评判标准筛选出备选方案。（分析方法如图7－2所示）

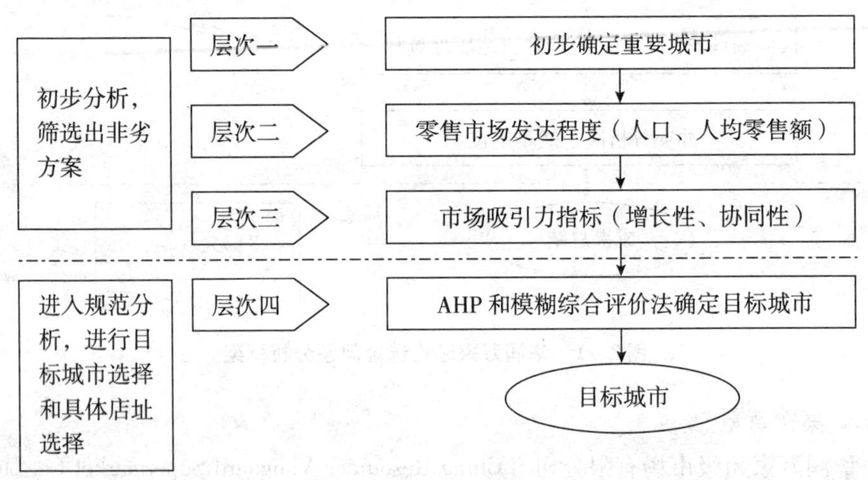

图7－2 城市选择方法

表7－23 人口与社会消费品零售总额

序号	城市名称	人口（人）（2004年）	社会消费品零售总额（亿元）（2004年）	人均社会消费品零售总额（元）（2004年）
1	重庆	30910900	644	2082
2	上海	13216300	1722	13031
3	北京	12780000	1443	11293
4	成都	10133000	554	5469

序号	城市名称	人口（人）（2004 年）	社会消费品零售[illegible]（亿元）（2004 年）	
5	天津	9120000	737	
6	武汉	8312645	603	
7	青岛	7494187	774	
8	长春	6995400	311	44[illegible]
9	西安	6880111	328	4774
10	沈阳	6851000	566	8262
11	郑州	6250000	346	5530
12	杭州	6215800	1851	29778
13	济南	5921697	494	8350
14	长沙	5860000	308	5254
15	广州	5666800	1121	19784
16	大连	5515000	489	8861
17	南京	5448900	420	7705
18	昆明	4809000	240	4981

表 7－24　　　　人口与社会消费品零售总额（续）

序号	城市名称	人口（人）（2004 年）	社会消费品零售总额（亿元）（2004 年）	人均社会消费品零售总额（元）（2004 年）
19	合肥	4380000	148	3385
20	南昌	4325500	144	3339
21	贵阳	3374500	109	3216
22	太原	3087500	148	4785
23	哈尔滨	3037000	455	14975
24	南宁	2943000	150	5083
25	兰州	2934400	106	3610
26	呼和浩特	2091700	69	3305
27	西宁	1745932	53	3019
28	石家庄	1668000	331	19837
29	乌鲁木齐	1643760	119	7220

续 表

		人均社会消费品零售总额（元）（2004 年）
		37079
31	481	36622
32	847	67822
33	42	4115
34		12855
35		5061

首先使用人口和人均零售额两个指标在初步确定的重要城市中进行选择，按照表 7－23 和表 7－24 中给出的城市分类归入图 7－3 矩阵的各个单元格中。选择的标准是人口和人均零售额“双高”的城市，在图 7－3 的零售市场发达程度矩阵中表现为矩阵右上角的成都、北京、上海、青岛、杭州、广州六个城市。

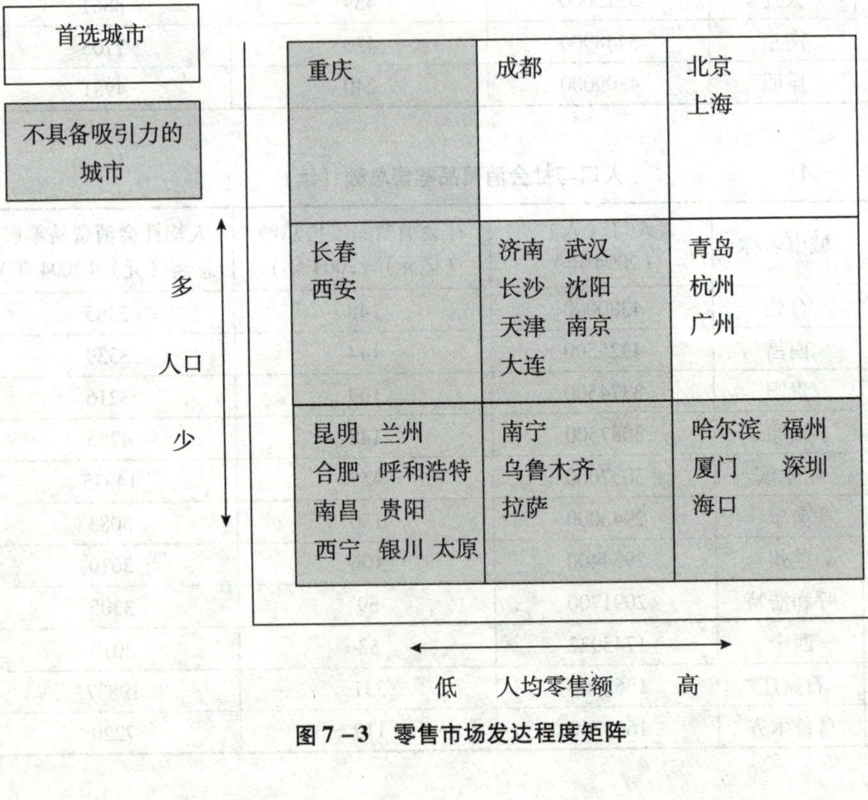

首选城市
不具备吸引力的城市
重庆
成都
北京
上海
长春
西安
济南 武汉
长沙 沈阳
天津 南京
大连
青岛
杭州
广州
昆明 兰州
合肥 呼和浩特
南昌 贵阳
西宁 银川 太原
南宁
乌鲁木齐
拉萨
哈尔滨 福州
厦门 深圳
海口
多
人口
少
低 人均零售额 高

图 7－3 零售市场发达程度矩阵

下面使用协同效应、人均可支配收入、人均可支配收入增长三个指标建立一个判断树，如图7－4所示，然后依据表7－25、表7－26的资料，在上一个环节筛选出的城市中进一步选择出有协同效应、人均可支配收入大于7194元，人均可支配收入增长大于7%的城市。符合条件的上海、成都、青岛就作为规范分析中的目标城市。

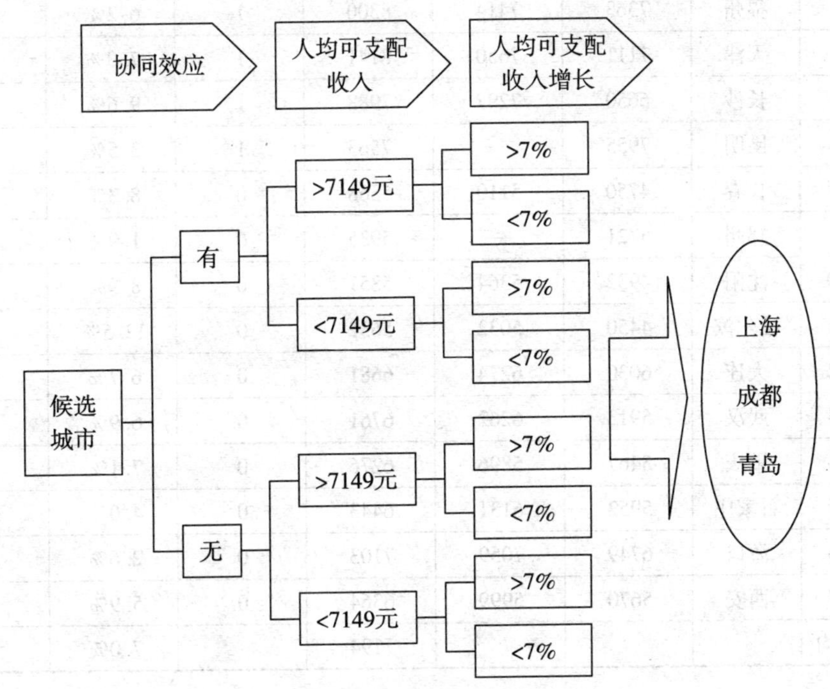

注：7149元和7%两个数据是表7–25中所有城市各项指标的平均值。

图7－4 市场吸引力指标判断树

表7－25 人均可支配收入情况

序号	城市	人均可支配收入（元）			人均可支配收入水平评价	人均可支配收入的增长2002—2004年	人均可支配收入增长的评估
		2002年	2003年	2004年			
1	厦门	9179	9626	10813	1	8.5%	1
2	南京	7018	7964	8233	1	8.3%	1

续 表

序号	城市	人均可支配收入（元）			人均可支配收入水平评价	人均可支配收入的增长 2002—2004 年	人均可支配收入增长的评估
		2002 年	2003 年	2004 年			
3	济南	6757	7162	8471	1	12.0%	1
4	福州	7363	7414	8300	1	6.2%	0
5	天津	7111	7650	8141	1	7.0%	1
6	长沙	6650	7297	7988	1	9.6%	1
7	昆明	7955	—	7563	1	3.5%	0
8	长春	4750	5110	5568	0	8.3%	1
9	郑州	5721	—	5935	0	1.9%	0
10	沈阳	4932	5364	5851	0	8.9%	1
11	哈尔滨	4450	5032	5632	0	12.5%	1
12	大连	6030	6274	6681	0	6.7%	0
13	武汉	5913	6262	6761	0	6.9%	0
14	重庆	5467	5896	6276	0	7.1%	1
15	石家庄	5952	6131	6443	0	4.0%	0
16	海口	6749	7059	7103	0	2.6%	0
17	西安	5670	5999	6364	0	5.9%	0
平均				7194		7.0%	

表 7－26　　　　协同效应

	城市	与未来可能进入地区的协同性	与现有业务协同性	总体评价
1	厦门	1	0	1
2	南京	1	0	1
3	福州	1	0	1
4	上海	1	0	1
5	成都	0	1	1

续 表

	城市	与未来可能进入地区的协同性	与现有业务协同性	总体评价
6	青岛	1	0	1
7	天津	1	0	1
8	长沙	0	0	0
9	昆明	0	0	0
10	长春	0	0	0
11	郑州	0	0	0
12	沈阳	0	0	0
13	哈尔滨	0	0	0
14	西安	0	0	0

4. 目标城市选择

在研究了华润万家的企业愿景后，我们结合零售学专业知识建立了如图7－5所示的AHP评价模型，求出了各个项目的权重（如表7－27和表7－28所示），继而建立了模糊综合评价表对上海、成都、青岛三个城市进行打分（如表7－29～表7－31所示）。最终青岛以76.68的最高分成为华润万家的最终选择城市。

表7－27　　城市选择的权重计算

A1	B1	B2	B3	Wio	B1	C1	C2	C3	Wio
B1	1	5	3	0.42	C1	1	2	2	0.38
B2	1/5	1	1/3	0.23	C2	1/2	1	2	0.34
B3	1/3	3	1	0.35	C3	1/2	1/2	1	0.28
B2	C4	C5	C6	Wio	B3	C7	C8	C8	Wio
C4	1	1/3	2	23	C7	1	4	7	0.59
C5	3	1	5	65	C8	1/4	1	6	0.35
C6	1/2	1/5	1	12	C8	1/7	1/6	1	0.06

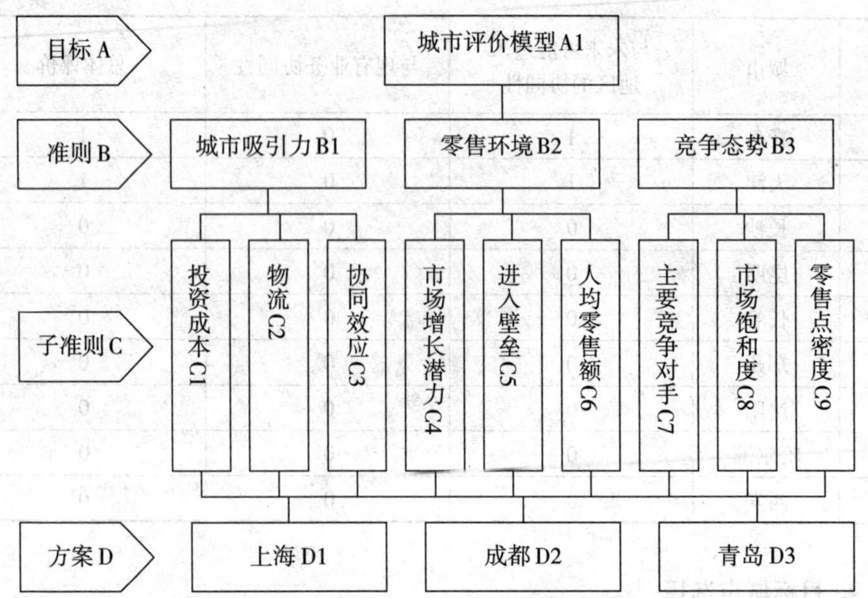

图 7-5 城市评价的 AHP 模型

表 7-28 城市评价权重计算结果

评价项目	所占权重
C1：投资成本	0.16
C2：物流	0.14
C3：协同效应	0.12
C4：市场增长潜力	0.05
C5：进入壁垒	0.15
C6：人均零售额	0.03
C7：主要竞争对手	0.21
C8：市场饱和度	0.12
C9：零售网点密度	0.02

表 7－29　　城市评价——上海

评价项目及其权重 ＼ 评价结果	100	80	60	40
投资成本（0.16）	0	0	1（0.2）	4（0.8）
物流（0.14）	2（0.4）	3（0.6）	0	0
协同效应（0.12）	2（0.4）	3（0.6）	0	0
市场增长潜力（0.05）	0	1（0.2）	3（0.6）	1（0.2）
进入壁垒（0.15）	0	1（0.2）	3（0.6）	1（0.2）
人均零售额（0.03）	4（0.8）	1（0.2）	0	0
主要竞争对手（0.21）	0	0	2（0.4）	3（0.6）
零售市场饱和度（0.12）	0	0	1（0.2）	4（0.8）
零售网点密度（0.02）	0	0	1（0.2）	4（0.8）
综合隶属度	0.344	0.202	0.264	0.19
综合得分（上海）	73.56			

注：

① 表中数据含义为：评价结果（该结果的隶属度）；

② 有些评价项目，如主要竞争对手、零售市场饱和度和网点密度等指标，竞争对手越强，饱和度越高，网点越密集，则得分越低。

表 7－30　　城市评价——成都

评价项目及其权重 ＼ 评价结果	100	80	60	40
投资成本（0.16）	1（0.2）	3（0.6）	1（0.2）	0
物流（0.14）	0	4（0.8）	1（0.2）	0
协同效应（0.12）	0	0	2（0.4）	3（0.6）
市场增长潜力（0.05）	3（0.6）	2（0.4）	0	0
进入壁垒（0.15）	0	2（0.4）	3（0.6）	0
人均零售额（0.03）	0	1（0.2）	4（0.8）	0
主要竞争对手（0.21）	0	0	3（0.6）	2（0.4）

续 表

评价项目及其权重 \ 评价结果	100	80	60	40
零售市场饱和度（0.12）	0	2（0.4）	3（0.6）	0
零售网点密度（0.02）	0	2（0.4）	3（0.6）	0
综合隶属度	0.064	0.432	0.348	0.156
综合得分（成都）	68.08			

注：

① 表中数据含义为：评价结果（该结果的隶属度）；

② 有些评价项目，如主要竞争对手、零售市场饱和度和网点密度等指标，竞争对手越强，饱和度越高，网点越密集，则得分越低。

表 7－31　　城市评价——青岛

评价项目及其权重 \ 评价结果	100	80	60	40
投资成本（0.16）	0	3（0.6）	2（0.4）	0
物流（0.14）	2（0.4）	3（0.6）	0	0
协同效应（0.12）	1（0.2）	3（0.6）	1（0.2）	0
市场增长潜力（0.05）	2（0.4）	3（0.6）	0	0
进入壁垒（0.15）	3（0.6）	2（0.4）	0	0
人均零售额（0.03）	1（0.2）	4（0.8）	0	0
主要竞争对手（0.21）	0	2（0.4）	3（0.6）	0
零售市场饱和度（0.12）	0	2（0.4）	3（0.6）	0
零售网点密度（0.02）	0	2（0.4）	3（0.6）	0
综合隶属度	19.6	35.36	21.72	0
综合得分（青岛）	76.68			

注：

① 表中数据含义为：评价结果（该结果的隶属度）；

② 有些评价项目，如主要竞争对手、零售市场饱和度和网点密度等指标，竞争对手越强，饱和度越高，网点越密集，则得分越低。

5. 店址选择

经过调查分析，初步选定了三个典型的店址，它们是：

地区A：位于市南郊商业中心，附近两公里内有两个中型购物中心；消费者由不同年龄段人口构成，人口密度大，包括附近的居民和流动人口，消费能力普遍偏高；交通方便，但没有大面积停车地，商圈大；店面租金贵，成本较大。

地区B：位于东郊居民区，附近分布两个中型居民住宅区和两所大学，3公里内有两家大型超市，5家便利店；消费者多由附近居民组成，流动性较小，消费能力中等；交通极为方便，有大面积停车场便于顾客购物和物流配送；店面租金便宜，成本偏低。

地区C：位于新兴产业园内，园内分布中大型企业若干家，消费者由企业员工占主导，消费习惯一定，零售状况比较稳定，消费能力较高；交通便利，多为步行；店面租金较贵，成本一般。

建立如图7－6所示的店址评价AHP模型，然后用模糊综合评价法得出地区A的得分最高，为最终的选址地点，其过程如表7－32～表7－36所示。

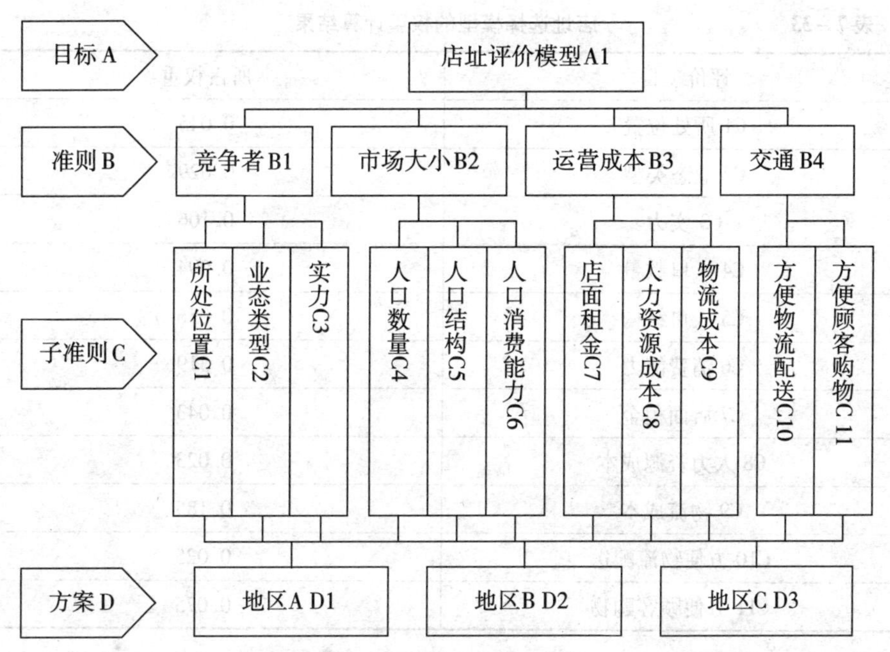

图7－6　店址评价的AHP模型

表 7-32　　店址选择模型的权重计算

A1	B1	B2	B3	B4	Wio	B1	C1	C2	C3	Wio
B1	1	1/3	1/2	3	0.18	C1	1	2	1/3	0.25
B2	3	1	2	4	0.47	C2	1/2	1	1/3	0.16
B3	2	1/2	1	2	0.25	C3	3	3	1	0.59
B4	1/3	1/4	1/2	1	0.10					
B2	C4	C5	C6	Wio		B3	C7	C8	C9	Wio
C4	1	2	1/4	0.20		C7	1	2	1/5	0.17
C5	1/2	1	1/5	0.12		C8	1/2	1	1/7	0.09
C6	4	5	1	0.68		C9	5	7	1	0.74
B4	C10	C11	Wio							
C10	1	1/3	0.25							
C11	3	1	0.75							

表 7-33　　店址选择模型的权重计算结果

评价项目	所占权重
C1 所处位置	0.045
C2 业态类型	0.029
C3 实力	0.106
C4 人口数量	0.094
C5 人口结构	0.056
C6 消费能力	0.319
C7 店面租金	0.043
C8 人力资源成本	0.023
C9 物流成本	0.185
C10 方便物流配送	0.025
C11 方便顾客购物	0.075

表 7－34　　方案评价——A 地区

评价项目及其权重 \ 评价结果	100	80	60	40
所处位置（0.045）	0	0	2（0.4）	3（0.6）
业态类型（0.029）	0	1（0.2）	3（0.6）	1（0.2）
实力（0.106）	0	2（0.4）	3（0.6）	0
人口数量（0.094）	4（0.8）	1（0.2）	0	0
人口结构（0.056）	3（0.6）	2（0.4）	0	0
消费能力（0.319）	4（0.8）	1（0.2）	0	0
店面租金（0.043）	0	0	1（0.2）	4（0.8）
人力资源成本（0.023）	0	0	3（0.6）	2（0.4）
物流成本（0.185）	0	0	1（0.2）	4（0.8）
方便物流配送（0.025）	0	0	2（0.4）	3（0.6）
方便顾客购物（0.075）	4（0.8）	1（0.2）	0	0
综合隶属度	0.424	0.1682	0.1684	0.2394
综合得分（A）	75.54			

注：

① 表中数据含义为：评价结果（该结果的隶属度）；

② 有些评价项目，如主要竞争对手、零售市场饱和度和网点密度等指标，竞争对手越强，饱和度越高，网点越密集，则得分越低。

表 7－35　　方案评价——B 地区

评价项目及其权重 \ 评价结果	100	80	60	40
所处位置（0.045）	1（0.2）	2（0.4）	2（0.4）	0
业态类型（0.029）	1（0.2）	2（0.4）	2（0.4）	0
实力（0.106）	0	2（0.4）	3（0.6）	0
人口数量（0.094）	0	2（0.4）	3（0.6）	0
人口结构（0.056）	1（0.2）	2（0.4）	2（0.4）	0

续 表

评价结果 / 评价项目及其权重	100	80	60	40
消费能力（0.319）	0	1（0.2）	2（0.4）	2（0.4）
店面租金（0.043）	2（0.4）	2（0.4）	1（0.2）	0
人力资源成本（0.023）	2（0.4）	2（0.4）	1（0.2）	0
物流成本（0.185）	3（0.6）	2（0.4）	0	0
方便物流配送（0.025）	3（0.6）	2（0.4）	0	0
方便顾客购物（0.075）	1（0.2）	2（0.4）	2（0.4）	
综合隶属度	0.193	0.336	0.343	0.128
综合得分（B）	71.88			

注：

① 表中数据含义为：评价结果（该结果的隶属度）；

② 有些评价项目，如主要竞争对手、零售市场饱和度和网点密度等指标，竞争对手越强，饱和度越高，网点越密集，则得分越低。

表 7－36　　　　方案评价——C 地区

评价结果 / 评价项目及其权重	100	80	60	40
所处位置（0.045）	1（0.2）	2（0.4）	2（0.4）	0
业态类型（0.029）	1（0.2）	2（0.4）	2（0.4）	0
实力（0.106）	2（0.4）	3（0.6）	0	0
人口数量（0.094）	0	1（0.2）	2（0.4）	2（0.4）
人口结构（0.056）	0	2（0.4）	3（0.6）	0
消费能力（0.319）	1（0.2）	2（0.4）	1（0.2）	1（0.2）
店面租金（0.043）	0	2（0.4）	3（0.6）	0
人力资源成本（0.023）	1（0.2）	2（0.4）	2（0.4）	0
物流成本（0.185）	1（0.2）	3（0.6）	1（0.2）	0
方便物流配送（0.025）	2（0.4）	3（0.6）	0	0

续 表

评价结果 评价项目及其权重	100	80	60	40
方便顾客购物（0.075）	2（0.4）	2（0.4）	1（0.2）	0
综合隶属度	0.2026	0.4444	0.2516	0.1014
综合得分（C）	74.964			

注：

① 表中数据含义为：评价结果（该结果的隶属度）；

② 有些评价项目，如主要竞争对手、零售市场饱和度和网点密度等指标，竞争对手越强，饱和度越高，网点越密集，则得分越低。

6. 结论

在完成了华润万家选址的全部过程后，我们可以看到在进行店址选择时首先选择了目标城市——青岛或与青岛零售业特征类似的城市作为新进城市。选择具体地点时首先考虑零售市场发达程度，其次考虑进入成本。所进行的分析不仅仅可以帮助华润万家进行超市选址，也可以帮助与其类似的商家。

7.4 物流仓储系统规划案例：灵蛙无线仓库管理系统解决方案[①]

1. 灵蛙仓库管理系统基本介绍

灵蛙仓库管理系统是上海灵蛙开发的基于条码和 RFID 自动识别技术的现代化仓库管理系统，能有效地对仓库流程和空间进行管理，实现批次管理、快速出入库和动态盘点。

灵蛙无线仓库管理系统方案通过运用条码自动识别技术，通过 802.11B 无线网络进行数据传输，记录并跟踪物料在企业内部物流中的各个环节，帮助企业的物流管理人员对库存物品的入库、出库、移动、盘点、配料等操作进行全面的控制和管理，能够有效利用仓库存储空间，提高仓库的仓储能力，在物料的使用上实现先进先出，最终提高企业仓库存储空间的利用率及企业物料管理的质量和效

① http：//it. china－b. com/wljs/jjfa/20090608/50600_ 1. html ，2009 年 6 月。

率，降低企业库存成本，提升企业市场竞争力。在上述仓储物流管理的基础上，本方案还涵盖了对物料出库上线生产和成品的基本物流管理，以期建立原料批次与成品的对应关系，实现成品到原料的质量追溯。

2. 应用灵蛙前纳贝斯克的仓库管理情况

上海灵蛙公司于2004年下半年开始为纳贝斯克的仓库实施基于条码的无线仓储管理系统，工程于年内实施完毕，目前已正式上线运行。

企业的产品决定了其原料的复杂性，与一般的企业仓库不同，该仓库存储的物料既有箱式包装，也有料罐式存储的流体型原料，出入库的方式也存在常规栈板出入库和管道出入库两种方式。

实施WMS前，仓库只简单进行分区，种类繁多、形式各异的物料也未按照固定的区域存放，经常出现仓库员工不能准确找到和区分物料的现象，物料入库后也没有严格按照批次进行管理，有的原料因长时间没有使用甚至过期变质，造成了一定的资源浪费。

生产中使用的物料种类、规格繁多，传统的手工出入库记录和不准确的库位限制了出入库操作的速度，与先进的高速生产线形成强烈的反差，并成为企业内部物流的“瓶颈”。

该仓库还存在一个重要问题，车间生产是三班倒，24小时连轴转，这就要求仓库同步工作，因此，仓库根本不能进行准确的盘点，只能利用产线休息时盘点或由员工在出入库操作的同时进行粗略清点，仓库库存数据与实际值一直都有较大偏差。库存数据是ERP系统的基础是重要数据，不准确的库存数据也造成ERP的一些功能形同虚设，企业各级领导也为之大伤脑筋。

3. 灵蛙的无线仓库管理系统解决方案

针对该仓库的具体情况，经过上海灵蛙实施人员近两个月的现场调查和多次的双方座谈，最终确定了两种物料形式（箱式、流体）兼容、统一分区编码、动态盘点的无线仓储管理系统方案。

系统在灵蛙仓库管理系统LINX－WMS2.0的基础上进行了部分客户化的功能定制，利用无线数据采集终端和条码打印设备，统一物料的条码和格式，对原料、成品建立批次，实现物料的全面条码管理，原料严格按批次先进先出。

对仓库进行区位划分，物料与仓位严格对应，规范管理。出入库和盘点操作都采用无线手持终端进行，实际操作的同时，出入库和盘点的数据也自动录入系统中，提高操作速度。系统按发料单对要发的物料批次、位置进行指定，既提高了发料速度，也减少了发料的错误。

与 ERP 集成，建立从采购到生产的连续物流体系，仓库库存数据和出入库、移库数据及时反馈到 ERP 系统，并建立库存预警机制，使得企业信息系统的功能得到全面发挥。

系统为实现仓库不停工的动态盘点设计了精巧缜密的算法，基于自动识别技术的动态盘点功能，使得盘点操作不再需要停工后，而是与其他出入库操作同时进行，该仓库切实实现了 7×24 小时的连续运转，与生产线的节奏保持了一致。

对于管道出入库的物料，实施中建立起设备数据自动采集功能，并根据管道流体的特点，设计了相应的解决方案。

灵蛙设计的无线仓库管理系统主要功能如下：

①基本信息设置。包含原料、成品、供应商、客户等相关基本信息的管理和系统的权限管理。

②仓库管理。支持多仓库多区域，按照区位划分来实现仓库空间的充分利用。

③入库管理。入库管理建立与 ERP 采购计划和到货计划的接口，从物料入库到入库检验和上架进行严格的流程控制。采用自动识别技术加快入库操作，并可根据既定的规则对物料的存放地点（库位）进行指定，做到物料的有序存放，并实现准确的批次管理。

④出库管理。出库操作根据出库计划指定出库物品的具体位置和数量，采用扫描出库方式提高出库速度和准确度，避免人工操作的失误。针对制造企业和物流企业，出库操作分别设定了不同的出库类型和模式。

⑤移库管理。支持仓库内和仓库间的移库操作。

⑥动态盘点。仓库盘点使用手持终端进行实时的批处理操作，盘点速度快，准确度高。支持动态盘点，盘点过程不影响正常的出入库操作，为连续运行的仓库提供准确的动态盘点管理。

⑦进货质量管理。无论对生产型企业还是物流型企业，仓库进货的检验工作都是必要的，LINX－WMS 支持快速的检验录入，并提供对物品和物品来源（如原料供应商）的质量分析。

⑧统计分析。提供库存周转分析、仓库利用分析等功能，并可对滞留货品进

行报警提示。

⑨条码设计与打印。提供专业的物料编码、条码设计服务，系统设计有灵活的单个和批量打印模式。

4. 用户评价

系统实施以后，企业的库存准确率提高到99.8%，并通过与ERP数据交互，保证了ERP中的实施库存数据的准确性。出入库采用条码扫描方式，速度快，数据准确，使用一年多来，未出现以前人工操作时物料出入库错误的现象。同时，采用批次管理后，实现了先进先出，并且加快了库存周转率，减少了库存资金的占用。

7.5 物流运输配送系统规划案例：科龙电器物流运输装载标准制定①

为保证科龙电器产品运输质量和运输安全，规范产品装载，满足物流运作及市场销售的实际需求，根据目前物流运输实际情况制定《科龙电器物流运输装载标准》，细则如下：

1. 适用范围

本标准适用于科龙电器物流运作过程中的干线汽车运输、本地过仓运输和装载环节。涉及搬运、装卸、装车捆绑加固的条款，不列在本标准，详细内容见相关的运输合同和规定。

2. 产品摆放原则

2.1 产品装车时必须遵守大不压小、重不压轻的原则。

2.2 不同类产品之间的混装，底层产品所承受的重量不能超过产品在静止状态下外包装所标示层数的重量之和。

2.3 产品摆放必须严格按照产品外包装箱上所标示的方向进行摆放，不允许随意翻转。

2.4 对于一些特殊要求的产品必须严格按照产品标志的要求进行装载运输。

---

① http：//www.logclub.com，物流沙龙，2009年6月。

3. 产品装载运输基本要求

3.1　高度限制：所有产品的装载高度以货物顶部距地面4.5米为准，特殊情况下允许轻微超出，但不允许突破4.6米的限制。

3.2　宽度限制：装载时的最大宽度以车厢两边的侧板放下后两侧各向外伸出10厘米为限。

3.3　长度限制：装载时以用承运车辆长度为限，严禁吊尾板。

4.　产品发货计划执行

4.1　计划管理：发货计划的下达统一归口由各营销部门营销管理科负责，各地分公司不得接受承运商直接提出的增补计划要求。

4.2　业务范围：公司同各车队签订的合同为干线整车及零担运输合同，不包括二次配送业务，对于不同城市之间的配货在目前的条件下无法执行。

4.3　同城配货：省会城市及直辖市，每辆车最多只能安排在城区2个不同地点卸货；非省会城市，非直辖市，每车最多只能安排在城区3个不同的地点卸货。

4.4　非同城配货：每辆货车最多安排同一公路方向2个地区卸货，且两地区里程距离范围在100公里以内；广东省内每辆货车最多安排同一公路方向2个地区卸货，且两地区里程距离范围在30公里以内。

4.5　发货计划：营销部门应尽量下达整车发货计划，对不够整车的发货计划采用以下方法处理，不再执行ABC类计划到车时间考核标准：

4.5.1　对于不够整车发运的计划，用最快的方法和公司其他产品配车发货；

4.5.2　营销部门考虑发货的实际需求，根据计划缺口增补新计划，满足整车发运（对于发商业单位的不够整车发运的空调本部，计划可于第一时间退回本部重新调整，确保调整为整车计划后按ABC类计划发运）；

4.5.3　由营销部门把该计划改发到中转仓，由商业单位到中转仓提货；

4.5.4　三天内不能满足上述解决方法，经营销部门同意，取消该发货计划；

4.5.5　坚持非整车发货的，由营销部门承担超出物流预算的相关费用。

5. 货尾处理

5.1　发中转仓计划在优先保证指定的必发型号后，20台（套）以下产品不再安排发车，直接取消计划，20台以上则尽可能与其他产品配车发出。

5.2　发商业单位计划原则上不留货尾，如有货尾现象出现，由物流部于货物发出后的第二天上午11：30前，向各本部提交未发计划清单，由各营销部门24小时内决定货尾处理方式。

5.3 对不再生产且仓库又无库存的产品要货计划，由物流部直接取消发货计划，并于接到发货计划的第二天上午11：30前以书面通知各营销部门。

6. 为了保证货物能够及时发出，减少货尾现象，现提供各种车型装载量标准，作为今后营销部门下达发货计划时参考

6.1 冰箱、冷柜、空调产品在发往云南、贵州、四川、重庆、广西等省份时一般都采用9米的高栏板短车发运。按照现行公司规定的长宽高标准，该种车型的体积是9米（长）×2.4米（宽）×3.2米（高）为69立方米。由于产品高度等尺寸不一致，产品在装载过程中留有一定的空隙，行业一般采用的90%的有效空间，即一个车到62个立方米就可满足装载要求。

6.2 广东省内的发货都采用7.2米的短车，该车体积7.2米（长）×2.3米（宽）×3.2米（高）为53立方米，按照90%的标准计算，实际可用体积为48立方米。

6.3 除上述六省外，其余各省市更多使用的是14米的长车，该车长14米、宽2.6米,、高3.2米，体积为116.48立方米，按90%计算，实际可装载体积为105立方米。

6.4 小家电产品发货批量相对较小，一般都采用7.2米的短车发货，最低装载量应以45立方米为准。

7.6 物流信息系统规划案例：SAP助海尔物流信息系统建设案例分析[①]

为了与国际接轨，建立起高效、迅速的现代物流系统，海尔采用了SAP公司的ERP系统和BBP系统（原材料网上采购系统），对企业进行流程改造。经过近两年的实施，海尔的现代物流管理系统不仅很好地提高了物流效率，而且将海尔的电子商务平台扩展到了包含客户和供应商在内的整个供应链管理，极大地推动

① http：//www.examda.com/wuliu/anli/20060902/114050415.html，原载于《计算机世界报》，第45期。

了海尔电子商务的发展。

1. 需求分析

海尔集团认为，现代企业运作的驱动力只有一个，即订单。没有订单，现代企业就不可能运作。围绕订单而进行的采购、设计、制造、销售等一系列工作，最重要的一个流程就是物流。离开物流的支持，企业的采购与制造、销售等行为就会带有一定的盲目性和不可预知性。

建立高效、迅速的现代物流系统，才能建立企业最核心的竞争力。海尔需要这样的一套信息系统，使其能够在物流方面一只手抓住用户的需求，另一只手抓住可以满足用户需求的全球供应链。海尔实施信息化管理的目的主要有以下两个方面：

（1）现代物流区别于传统物流的主要特征是速度，而海尔物流信息化建设需要以订单信息流为中心，使供应链上的信息同步传递，能够实现以速度取胜。

（2）海尔物流需要以信息技术为基础，能够向客户提供竞争对手所不能给予的增值服务，使海尔顺利从企业物流向物流企业转变。

2. 解决方案

海尔采用了 SAP 公司提供的 ERP 和 BBP 系统，组建自己的物流管理系统。系统构成如下：

（1）ERP 系统。海尔物流的 ERP 系统共包括五大模块 MM（物料管理）、PP（制造与计划）、SD（销售与订单管理）、FI/CO（财务管理与成本管理）。

ERP 实施后，打破了原有的“信息孤岛”，使信息同步而集成，提高了信息的实时性与准确性，加快了对供应链的响应速度。如原来订单由客户下达传递到供应商需要 10 天以上的时间，而且准确率低，实施 ERP 后订单不但 1 天内完成“客户—商流—工厂计划—仓库—采购—供应商”的过程，而且准确率极高。

另外，对于每笔收货，扫描系统能够自动检验采购订单，防止暗箱收货，而财务在收货的同时自动生成入库凭证，使财务人员从繁重的记账工作中解放出来，发挥出真正的财务管理与财务监督职能，而且效率与准确性大大提高。

（2）BBP 系统。BBP 系统（原材料网上采购系统）主要是建立了与供应商之间基于因特网的业务和信息协同平台。该平台的主要功能：

①通过平台的业务协同功能，既可以通过因特网进行招投标，又可以通过因特网将所有与供应商相关的物流管理业务信息，如采购计划、采购订单、库存信息、供应商供货清单、配额以及采购价格和计划交货时间等发布给供应商，使供

应商可以足不出户就全面了解与自己相关的物流管理信息（根据采购计划备货，根据采购订单送货等）。

②对于非业务信息的协同，SAP 使用构架于 BBP 采购平台上的信息中心为海尔与供应商之间进行沟通交互和反馈提供集成环境。信息中心利用浏览器和互联网作为中介整合了海尔过去通过纸张、传真、电话和电子邮件等手段才能完成的信息交互方式，实现了非业务数据的集中存储和网上发布。

3. “一流三网”

实施和完善后的海尔物流管理系统，可以用“一流三网”来概括。这充分体现了现代物流的特征：“一流”是指以订单信息流为中心；“三网”分别是全球供应链资源网络、全球用户资源网络和计算机信息网络。

整个系统围绕订单信息流这一中心，将海尔遍布全球的分支机构整合之后的物流平台使供应商和客户、企业内部信息网络这“三网”同时开始执行，同步运动，为订单信息流的增值提供支持。

4. 经验总结

（1）海尔选择了 SAP/R3 成熟的 ERP 系统，而不是请软件公司根据海尔物流的现状进行开发，主要目的是借助于成熟的先进流程提升自己的管理水平。

（2）实施“一把手”工程与全员参与，有效推进信息系统的执行。海尔物流所有信息化的建设均是基于流程的优化，提高对客户的响应速度来进行的，所以应用面涉及海尔物流内部与外部很多部门，有时打破旧的管理办法，推行新流程的阻力非常巨大。海尔物流的信息化建设一直是部门一把手亲自抓的工作，亲自抓，亲自在现场发现问题，亲自推动，保证了信息化实施的效果。如在 ERP 上线初期，BOM 与数据不准确是困扰系统正常运转的“瓶颈”，它牵扯到企业的基础管理工作与长期工作习惯的改变，物流推进本部部长发现问题后，亲自推动制定出有效的管理模式，不但提高了系统的执行率，而且规范并提升了企业的基础管理（BOM 的准确率、现场管理），保证了信息系统的作用的发挥。

（3）培训工作同步进行，保证信息系统的实施效果。由于信息化工作的不断推进，原有的手工管理变为计算机操作，这对物流的基层工作者如保管员、司机、年纪较大的采购员均是挑战。在实施 ERP 信息系统时，海尔物流开展了全员培训，并对相关操作人员进行了严格的技能考试，考试通过后才能获得上岗证书。物流信息中心也开通了内部培训的网站，详细介绍系统的基础知识、业务操作指导书与对操作的问题进行答疑，这些均保证了信息化使用的效果。

该系统“通过业务流程的再造，建立现代物流”以及利用 MYSAP. COM 协同化电子商务解决方案，成功地将海尔的电子商务平台扩展到客户和供货商在内的整个供应链管理，有效地提高了采购效率，大大降低了供应链的成本。

该系统是为订单采购设计的，其结果使采购成本降低，库存资金周转从 30 天降低到 12 天，呆滞物资降低 73.8%，库存面积减少 50%，节约资金 7 亿元，同比减少 67%。整合了 2336 家供货商，优化为 840 家，提高了国际化大集团组成的供货商的比例，达到 71.3%。

系统是在基于 SAP 系统基础上开发而成的，所开发的 ERP 和 BBP（基于协同电子商务解决方案）具有典型的企业标准化的特征，开发的系统覆盖了集团原材料的集中采购、库存和立体仓库的管理、19 个事业部的生产计划、事业部原料配送、成品下线的原料消耗倒冲以及物流本部零部件采购公司的财务等业务，建立了海尔集团的内部标准供应链。

目前海尔已实现了即时采购、即时配送和即时分拨物流的同步流程。100% 的采购订单由网上下达，提高了劳动效率，以信息代替库存商品。

海尔的物流系统不仅实现了“零库存”、“零距离”和“零营运资本”，而且整合了内部，协同了供货商，提高了企业效益和生产力，方便了使用者。

不足之处是，该案例介绍的流程分析和改造比较少。建议进一步将业务流程标准化，并在此基础上形成标准的供应链物流系统。

7.7 物流金融系统规划案例：物流金融支持下的喜马洋酒分销模式改革案例

1. 案例背景①

国内著名的洋酒公司喜马洋酒主要通过经销商分销的方式进行销售（如图 7－7 所示），这种分销模式给喜马洋酒造成了许多问题：一是所有的渠道都控制在了经销商的手里，一些大的经销商明显有“客大欺店”的心态，仗着手里掌握的渠道，向喜马洋酒压价；二是采用经销商的模式，使得喜马洋酒距离终端客

① 王嘉豪，纳克卓．金融服务的鲜花与陷阱［J］．环球供应链，2006，(5)。

户更加遥远，对于最终消费者的实际需求的了解需要更长的回馈时间；三是由于批发环节增多，每个经销商手中都或多或少的囤积了一些存货，喜马洋酒掌握不到这部分存货的数量，生产计划很难控制，要么产量过剩，导致存货积压，要么一下子产能不够，导致市场缺货；四是有一些经销商私自向其他一些经销商分货，由此层层分拨，层层加价，最后到达消费者手中的产品不仅价格昂贵，而且货损率也相当高。

为了解决上述问题，喜马洋酒近日决定开拓新的渠道模式（如图 7－8 所示），即跳过经销商，直接向零售商供货。

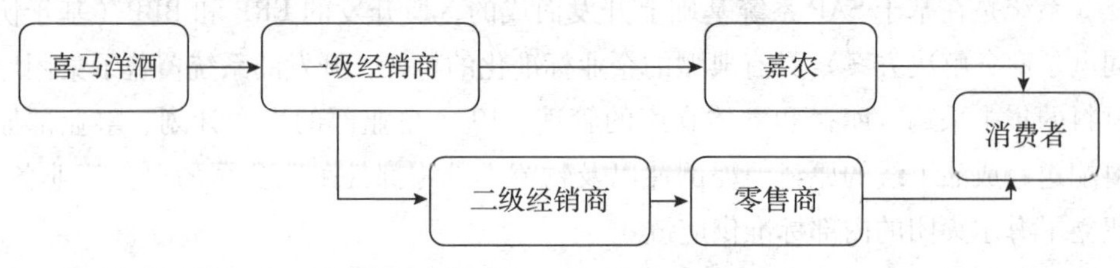

图 7－7 喜马洋酒现有渠道模式

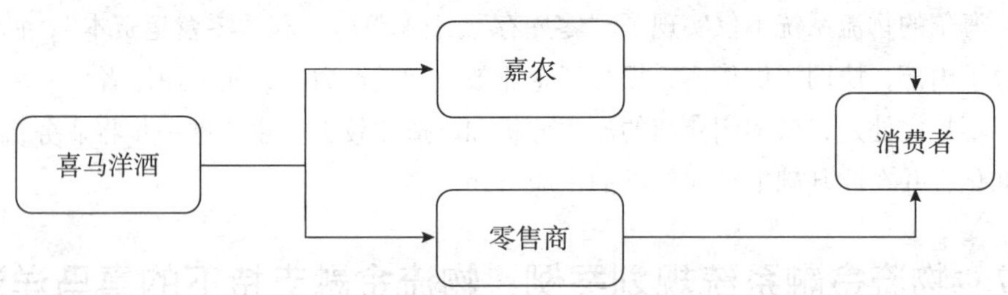

图 7－8 喜马洋酒希望采用的渠道模式

喜马洋酒首先选择了作为零售终端的嘉农合作开展直销模式，以此来降低双方的成本。当然天下没有白吃的午餐，由于喜马洋酒是一个中外合资的公司，作为控股方的外方投资曾经规定，任何的客户都必须实行款到发货、现金结算的方法，不适用任何的账期，否则宁可不要这单生意，因此喜马洋酒在降低价格的同时，提出货款现结的条件来取代之前经销商给予嘉农的 30 天账期。也就是说，以前当嘉农向经销商发出订单后，两个小时内，经销商会安排车辆把所订购的货物送到嘉农的仓库。等到嘉农将所送到的货物确认无误，收货完毕后，开始计算

30 天的账期，嘉农只需在 30 天后把该笔货款付清就可以了。在这种情况下，嘉农的现金流状况十分良好。而现在如果直接和喜马交易，嘉农就需要填补这 30 天的资金缺口。经过权衡资金成本和风险，嘉农不愿意采取喜马提出的现金结算的方式，双方陷入困境。

正在这时，灵孚物流公司联系喜马提出了一套解决方案。灵孚是一家总部设在澳大利亚的物流集团公司，刚刚开始在国内的业务，资金实力雄厚，它们在澳洲市场，除了向客户提供传统意义上的物流服务，还提供其他多种增值服务，其中就包括物流金融业务。针对喜马洋酒的分销模式改革，灵孚物流不仅能够替喜马洋酒执行直销模式所需的物流配送，而且它还提出用澳洲市场上采取的物流金融模式来解决喜马和嘉农遇到的付款方式上的矛盾。其解决方案是由灵孚来提供贷款，先替嘉农付给喜马洋酒，然后等嘉农的账期到了之后再从嘉农那里把贷款收回，这样就能解决喜马洋酒和嘉农所争执不下的 30 天账期问题。当然灵孚得从中收取一定比例的服务费用，比如货款的 3%，由喜马洋酒和嘉农共同承担。

这种做法既可以让喜马在不违反公司财务制度的情况下推行直销模式的改革，又可以让嘉农继续享受 30 天账期的条件。而且灵孚作为专业的第三方物流，拥有自己的运输网络，可以以更有优势的运输成本来负责从武汉喜马洋酒工厂到上海嘉农仓库的物流配送。

但是喜马对灵孚所描述的物流金融业务究竟能否实施仍心存疑惑：澳洲和中国的法律情况不同，在中国这种模式是否可行？如果由灵孚来提供金融贷款，那是否就意味着喜马洋酒把货先卖给灵孚，然后再由灵孚卖给嘉农，这当中会不会产生重复征税？灵孚会不会又变成另一个变种的经销商呢？而且，这业务操作流程如何？业务参与方的责任和风险怎样，特别是灵孚本身的利润和风险又如何去控制呢？

2. 案例分析

（1）在贷款通则（中国人民银行［1996］173 号）的第六十一条中规定，各级行政部门和企事业单位、供销合作社等合作经济组织、农村合作基金会和其他基金会，不得经营存贷款等金融业务；企业之间不得违反国家规定办理借贷或者变相借贷融资业务。

因此不同于国外，灵孚物流在中国单独开展这种物流金融服务，将会面临法律上的约束。但现阶段可以考虑灵孚物流和银行合作开展物流金融业务的模式。

在这种情况下，既可采取由银行提供资金并委托物流企业进行相关业务控制的方式，也可采取由银行统一授信给物流企业，然后物流企业依银行规定自行开展物流金融业务的方式。但无论哪种方式，灵孚物流都会面临与银行合作资质的认定问题。

从以上分析可知，灵孚可通过与银行的合作来提供物流金融服务，此时灵孚不是变种的经销商，也不会产生重复征税。比较国外，在中国开展物流金融业务遇到的制度和管理障碍较多，运营更为烦琐，不能充分发挥物流仓储企业的独特优势，效率较低，对企业物流的支持力度较小。

（2）若灵孚物流能够和银行合作开展物流金融业务，那么针对融资对象的不同，可以采取两种不同的融资形式。如果针对喜马洋酒提供融资，则是应收账款融资，分可追索和不可追索两种。在可追索的情况下，银行和灵孚物流如果收不回嘉农的应收账款，喜马将承担偿还责任，在不可追索下，银行和灵孚物流独自承担应收账款融资违约的风险。如果针对嘉农提供融资，则实际上是一种存货质押融资的方式，银行可根据嘉农的具体情况，采取就地仓储的保管方式降低运输和仓储费用，可要求嘉农交纳适当的保证金和在灵孚物流的协助下动态监控存货来控制业务的风险，还可通过嘉农对存货的销售来收回贷款。在这种情况下，如果合约不要求喜马洋酒回购嘉农卖不出的存货，喜马将不用承担任何资金风险，而银行借助灵孚物流对业务进行的科学控制，也能较好地规避风险。

参考文献

[1] 钱学森，许国志，王寿云．组织管理的技术——系统工程［N］．文汇报，1978－9－27.

[2] 许国志．系统科学与工程研究［M］．上海：上海科技教育出版社，2000.

[3] 汪应洛．系统工程［M］．北京：机械工业出版社，2005.

[4] 何明珂．物流系统论［M］．北京：高等教育出版社，2004.

[5] 沈祖志，李浩，肖亮，等．物流系统分析与设计［M］．北京：高等教育出版社，2005.

[6] 李华，胡奇英．预测与决策［M］．西安：西安电子科技大学出版社，2005.

[7] 宁宣熙，刘思峰．管理预测与决策方法［M］．北京：科学出版社，2009.

[8] MARTIN CHRISTOPHER. Logistics and Supply Chain Management［M］．电子工业出版社，2003.

[9] 谢如鹤，张得志，罗荣武，等．物流系统规划［M］．北京：中国物资出版社，2007.

[10] 张文杰，张可明．物流系统分析［M］．北京：高等教育出版社，2008.

[11] 吴清一．物流系统工程［M］．北京：中国物资出版社，2004.

[12] 王长琼．物流系统工程［M］．北京：中国物资出版社，2009.

[13] 李霞．区域物流规划与管理［M］．北京：经济科学出版社，2008.

[14] 张锦．物流规划原理与方法［M］．成都：西南交通大学出版社，2009.

[15] 黄静．仓储管理实务［M］．大连：大连理工大学出版社，2007.

[16] 徐渝，贾涛．运筹学［M］．北京：清华大学出版社，2005.

[17] 谭刚，姚振美．仓储与配送管理［M］．北京：中央广播电视大学出版社，2005.

[18] 郭成．物流信息技术应用现状及趋势［J］．中国储运，2007（3）：97－99.

[19] 孙红．物流信息管理［M］．北京：立信会计出版社，2006.

[20] 冯耕中．现代物流规划理论与实践［M］．北京：清华大学出版社，2005.

[21] 冯耕中．物流配送中心规划与设计［M］．西安：西安交通大学出版社，2004.

[22] 冯耕中，周南，等．物流信息系统［M］．北京：机械工业出版社，2009.

[23] 蔡临宁．物流系统规划——建模与实例分析［M］．北京：机械工业出版社，2007.

[24] 深发展银行与中欧国际工商学院“供应链金融”课题组．供应链金融：新经济下的新金融［M］．上海：上海远东出版社，2009.

[25] 李毅学，张媛媛，汪寿阳，等．物流与供应链金融创新：存货质押融资风险管理［M］．北京：科学出版社，2010.

[26] 李毅学，汪寿阳，冯耕中，等．物流与供应链金融评论［M］．北京：科学出版社，2010.

[27] BARSKY N P, CATANACH A H. Evaluating business risks in the commercial lending decision [J]. Commercial Lending Review, 2005, 20(3): 3－10.

[28] Comptroller of the Currency. Administrator of national banks. accounts receivable and inventory financing [R]. Controller's Handbook, 2000: 1－75.